여성의 역사

여성의 역사

침묵하던 여자들의 개인사는 어떻게 여성사가 되었나

Mon histoire des femmes
Michelle Perrot

미셸 페로 지음
배영란 옮김

글항아리

편집자 서문

이제 여성들에게도 1년 중 하루는 자신들을 기념할 날이 생겼다. 그 날만큼은 언론에서도 여성들을 다루고 정치권에서도 여성들을 떠받 든다. 그러나 겉만 번지르르한 인사치레보다 현실을 더 직시하려는 사람들은 지금도 여전히 남녀 차별이 존재한다는 사실을 상기시킨 다. 급여는 물론 실업률과 고용 안정성도 여성 쪽 상황이 더 안 좋을 뿐 아니라 사회 어디서든 남성이 더 높이 인정받고 좋은 평을 듣기 때문이다. 정치권은 말할 것도 없다. 여성들의 참여 비중 자체도 낮 은 데다 권력을 행사하는 여성도 극소수에 불과하다.

앞으로의 세상은 어떻게 될까? 과연 지금과 달라질 수 있을까? 여 성에 대한 인식은 좋아졌나? 여성에 대한 역차별이란 게 가능하긴 한 걸까, 아니면 한때 유행처럼 번지고 마는 걸까?

확실한 건 여성들에게도 분명 역사라는 게 존재한다는 점이다. 다만 이들의 역사를 구축하는 작업이 뒤늦게 시작된 탓에 여성들은 최근에야 비로소 스스로의 역사를 갖게 됐다.

프랑스에서도 여성운동에 있어 여성의 활약을 중시하는 여성 사학자가 늘고 있다. 여성의 권리 신장과 자립을 위한 전략 수립 과정에서 여성이 담당한 비중을 높이 사는 것이다. 이 책의 저자 미셸 페로도 그중 한 명이었다. 미셸 페로는 늘 여성운동 대오에 동참하여 여권신장을 위해 아낌없이 노력하고 관심을 보여왔으며, 프랑스 퀼튀르 라디오에서도 여성사의 윤곽을 그려줄 최고의 적임자로서 활약했다.

미셸 페로는 실로 애정을 가지고 적극적으로 방송에 임했으며, 방송도 크게 인기를 끌었다. 당시 방송 에피소드를 책으로 엮어달라는 청취자들의 요청이 많았으니 이제 그들의 바람도 이뤄진 셈이다.

　　　　　　　　　　　　　　　　　　여성의 역사

차례

1장

여성

___

역사에서 누락된 존재

여성사 연구의 계기

역사가로서 내가 가장 다루고 싶은 역사는 바로 여성들의 이야기다. '여성이 빠진 역사'를 생각하기 힘든 지금이야 '여성사'라는 개념이 지극히 당연시되지만, 여성의 이야기가 언제나 역사로 존재했던 것은 아니다. 적어도 집단으로서의 역사에서는 그랬다. 여성들의 삶과 생애가 잘 알려지지 않은 것은 물론 집단으로서의 여성은 그 존재 자체가 오랜 기간 역사 속에서 지워져 있었다. 여성들의 이야기가 쓰이기 시작한 것도 30년 전쯤의 일이다. 그러니 여성사는 비교적 최근에 와서야 비로소 시작되었다고 할 수 있다. 그렇다면 우리는 왜 그동안 여성들의 이야기를 꺼내지 않은 걸까? 그리고 침묵은 왜 깨지기 시작했을까?

나는 이 과정을 지켜봐온 한 사람이자 다른 여성 사학자와 마찬가지로 변화의 주체가 되었던 한 사람이다. 그런 만큼 내 경험도 좀 풀어놓고 싶은데, (여성에 대한) 침묵이 깨지고 시각이 달라진 과정이 내 경험을 통해서도 잘 드러나기 때문이다. 그런 변화의 양상들은 새로이 이 시대의 역사를 만들어가기도 하고, 과거와 현재의 끊임없는 대화로 이루어진 역사라는 담론 속에서 새로운 화두를 이끌어내는 요소가 되기도 한다.

원래 나는 여성의 역사는 물론 여성들에 대해서도 별 관심이 없었다. 사춘기 시절 내 바람은 남자들의 세계에 입성하는 것이었고, 나는 남자들이 누리는 일과 직업의 세계, 이들이 장악한 지식세계 안으로 들어가길 꿈꾸었다. 가정환경도 그리 나쁜 편은 아니었다. 부모님이 페미니스트 이론가까진 아니어도 여성해방 문제에 관심이 많은 남녀평등주의자였던 터라 집에서도 나는 성차별을 받지 않으며 자랐고, 부모님도 내게 공부를 계속하고 꿈도 크게 가지라고 격려하셨다. 전쟁이 끝난 1950년대, 소르본대학의 교수진은 모두 남자뿐이었으나 여학생 수는 점점 더 늘어났다(물론 중간에 휴학하는 경우도 없진 않았다). 교내에서 여자라고 차별하는 경우를 겪어본 적도 없었다. 그런데 1949년, 시몬 드 보부아르의 저서 『제2의 성』이 출간되면서 세상이 발칵 뒤집혔다. 물론 나도 저자의 생각에는 전적으로 동의했지만, 잠깐 읽은 바로는 별 감흥을 얻지 못했다. 그리고 나중이 돼서야 비로소 이 책의 진가를 깨달았다.

전후 복구에 여념이 없던 그 당시 모든 관심은 경제와 사회로 집중됐다. 사회를 바라보는 시각과 역사에 대한 관점 또한 이러한 사회적 상황의 영향에서 벗어날 수 없었다. 따라서 공산주의와 마르크스주의, 실존주의에 대한 논의가 이어졌으며, 우리의 운명과 이 세상의 운명은 노동자의 손에 달린 것으로 간주됐다. 생시몽의 표현대로 "가장 빈곤하면서도 그 수가 가장 많은" 노동자 계층은 모든 압제의 상징으로서 '참을 수 없는 부당함의 명예로운 피해자'였다. 따라서 노동자의 역사를 쓴다는 것은 곧 이러한 노동자 계층과 연대하는 하나의 방식이었다. 소르본대학에서도 페르낭 브로델과 더불어 사학계의 또 다른 대부인 에르네스트 라브루스가 노동자의 역사에 대한 연구를 발전시켰고, 필자 역시 그의 지도하에 '파업 중인 노동자들'에 관한 논문을 썼다. 여성들에 대한 이야기는 그 안에 한 챕터 정도로만 간신히 들어갔을 뿐이다. 여자들이 주도했던 식량 폭동과는 달리 노동자들의 파업은 적어도 19세기 상황에서는 남자다운 행위로 여겨졌다. 여성들의 투쟁을 비웃는 듯한 이 같은 인식의 온도차에 짐짓 놀라기는 했지만 이에 대한 고민을 깊이 해보지는 않았다. 그보다는 비숙련 노동자나 외국인 노동자들이 직면한 문제에 더 관심이 갔다. 노동계의 성차별주의 문제보다는 외국인 혐오주의 문제에 더 끌린 셈이다.

그러던 내가 여성사로 눈을 돌린 것은 1970년대의 일이었다. 1968년 5월에 68혁명이 일어나면서, 특히 여성해방운동이 대두되면서 여성사 문제에 눈을 떴다. 조교로 있던 소르본대학과 개교한 지 얼마 안 되어 혁신적인 사상에 개방적이었던 파리7대학(쥐시외)에 적을 두면서 이 모든 사회운동의 직격타를 맞은 나로서는 당연한 변화였는지 모르겠다. 그렇다고 이 문제에 대한 관심이 어느 날 갑자기 생긴 것은 아니었다. 전후 20년간 많은 것이 달라졌고, 개인적으로도 여러 변화를 겪었다. 여성운동에 참여하면서 여성들의 역사에 대해 좀더 알고 싶어진 나는 직접 여성사를 써보고 싶다는 생각이 들었다. 기록으로 남은 여성사라고 할 만한 게 거의 없었기 때문이다. 이에 여성사 연구에 대한 수요가 높은 상황에서 박사 학위를 받고 교수가 된 나는 이제 뜻을 펼칠 수 있게 됐다. 그래서 1973년 폴린 슈미트, 파비앤 보크와 함께 '여성에게도 역사가 있을까?'라는 제목의 강좌를 개설했으며, 제목에서부터 이미 여성사에 대한 인식 부재를 확신하는 우리의 우려를 드러냈다. 클로드 레비스트로스의 구조주의("재화의 거래, 여성의 거래")에서도 가족의 재생산과 혈연관계 측면에서만 여성의 역할을 강조해온 만큼 기존 역사에서 여성이 빠져 있다는 점은 확실했지만, 사료조차 없는 여성들의 역사를 어떻게 가르칠 것인가가 또 문제였다. 우리에겐 자료도 방법론도 없었으며, 그저 문제의식만 있을 뿐이었다. 그래서 선배 사회학자[1]와 동료 사학자들을 찾아가 이들의 역사 연구 자료 중 여성과 관련된 부분을 물어보았다.[2] 덕분에 강의는 성공적으로 마무리됐다. 여성사 연구에 대한 움직임도 나타났으며, 관심은 이후에도 지속됐다. 역사를 기록해나간 사람들에 대한 언급은 일단 현재로서는 이쯤에서 접어둘까 한다. 여성사가 어떤 식으로 기록되어나갔는지, 그 성과는 무엇이었는지에 대해서는 이후에 차차 다뤄볼 예정이니 말이다. 그런데 이렇듯 여성사의 부재를 인식하고 이를 무대 위로 이끌어내려 한 게 비단 나 혼자만은 아니었다. 학계의 상황만 보더라도 액상프로방스대학[3]이나 툴루즈대학,[4] 파리8대학,[5] 리옹대학(사회심리학) 등에서 여성사와 관련해 동일한 문제 인식이 나타났기 때문이다. 해외에서는 더 일찍, 훨씬 더 왕성하게 여성사 부재의 문제가 다뤄졌다. 특히 흥미로웠던 것은 미국과 영국에서 여성의 교육 수준이 높아짐에 따라 이에 대한 문제 인식이 빠르게 이뤄졌다는 점이다.[6] 여성사 연구에 대한 움직임은 이후 네덜란드나 독일(빌레펠트대학 및 베를린자유대학) 등지로도 빠르게 확산되며 다양해졌고, 이탈리아에서도 굉장히 활발하고 독창적인 방향으로 여성사 인식 운동이 전개됐다. 얼마 후에는 스페인과 포르투갈로도 움직임이 확대되었으니 한마디로 전 세계적인 운동의 흐름으로 나타난 것이다. 특히 최근에는 퀘벡과 브라질을 중심으로 한 라틴아메리카 지역, 인도, 일본 등지에서 여성사 연구에 대한 활발한 움직임이 나타나고 있다. 이러한 여성사 연구의 확대는 알게 모르게 여성해방운동을 수반하는데, 이는 역사적·사회적 차원에서 여성의 지위에 대한 좀더 포괄적인 인식이 이뤄질 경우 그만큼 여권신장운동이 발달한다는 뜻이다.

30년 만에 이미 수차례 지식의 세대교체가 이뤄졌고, 그간 수많은 논문과 저서가 쌓이면서 '본원적 축적'의 단계를 넘어섰다. 이제는 『클리오: 여성과 역사, 그리고 사회Clio. Histoire, femmes et sociétés』 같은 잡지나 관련 단체 및 기관도 많아졌고,[7] 수많은 학회와 분석 자료도 생겨났다. 매년 프랑스 중부 블루아 지방에서 개최되는 역사학술제Rendez-vous de l'histoire에서도 2004년 '역사 속 여성'이라는 주제가 크게 인기를 끌었다.

이제 여성사는 내용에 있어서나 관점에 있어서나 전과 다른 양상을 보인다. 전에는 여성의 몸이나 사적 영역에서의 역할을 주로 이야기했다면 이제는 공적 영역에서 활약하는 여성들의 이야기나 정치, 노동, 전쟁, 창작 분야에서의 활동들이 주된 관심의 대상이다. 여성을 바라보는 관점도 기존의 희생적인 여성상에서 벗어나 좀더 적극적인 여성상, 즉 다양한 상호작용 속에서 변화를 만들어내는 여성의 모습에 초점을 맞추고 있다. 그리고 여성사 자체에만 한정되지 않고 젠더의 역사로 시야를 넓혀 남녀 간의 관계나 남성성의 문제 등을 함께 다룬다. 여성사에 대한 공간적, 종교적, 문화적 시각이 한층 더 확대된 것이다.

이 책에서도 그러한 부분들을 총체적으로 다뤄나갈 예정이다. 사실 여성사 전반을 되도록 포괄적으로 다루고 싶은데, 여성들의 역사는 비단 '나의' 이야기만이 아닌 '우리의' 이야기이기 때문이다. 그렇다고 여성사라는 이 거대한 담론을 지루할 정도로 장황하게 풀어가고 싶지는 않다. 이에 '여성사 담론의 부재와 사료의 유형' '여성의 몸' '여성의 정신세계' '여성과 일' '시민으로서의 여성'이라는 몇 가지 테마를 정한 뒤, 시대와 장소를 불문하고 가능한 한 포괄적인 방향에서 여러 사례와 인물, 사건과 이야기들을 뽑아보고자 했다. 다만 내 개인적인 역량과 여건의 한계상 논의의 중심은 프랑스 역사와 오늘날의 서구사회가 될 것이다.

그런데 이 모든 과정에서 여전히 어렴풋이 남는 한 가지 문제는 과연 오늘날 남녀 관계에서 무엇이 얼마만큼 달라졌느냐는 것이다. 남녀의 삶이나 표현 양상에 있어 과연 무엇이 달라졌으며, 어떻게 그리고 왜 이런 변화가 생겼을까? 아울러 그러한 변화에 따른 결과는 무엇일까?

역사 속으로 들어온 여성들

여성의 역사를 쓴다는 것은 그동안 여성을 둘러싸고 있던 침묵의 벽을 깬다는 걸 의미한다. 여성들은 왜 이런 침묵 속에 갇혀 있어야 했을까? 여성들에게는 학문으로서의 '역사'가 아닌 개인으로서의 '이야기'만 있었던 걸까? 하지만 조르주 상드의 말처럼 모든 것은 다 이야기가 되며Tout est histoire, 마르그리트 유르스나르도 지나간 모든 게 다 역사Tout est l'histoire라고 했다. 그런데 왜 유독 여성들만 역사에서 빠져 있었던 걸까?

　문제는 '역사'라는 단어에 어떤 의미를 부여하느냐에 달려 있다. 우리가 흔히 말하는 '역사'란 일단 지나간 과거의 일을 뜻한다. 여러 사건과 변화가 연이어 일어나고 혁명과 발전이 거듭되는 가운데 수많은 것이 축적되며 한 사회의 미래를 엮어가는 것, 그게 바로 '역사history'다. 하지만 역사는 이 모든 것을 엮어 만든 '이야기story'이기도 하다. 그리고 여성들은 바로 이 '(역사적) 이야기'의 범주 밖으로 오랫동안 밀려나 있었다. 마치 그 시대에는 존재하지도 않았던 것처럼, 아니면 적어도 주요 역사적 사건과는 무관한 존재였던 것처럼 여성들은 언제나 역사 저편의 깊은 침묵 속에 갇혀 있었다.

　물론 이러한 침묵 속에 갇혀 있던 게 비단 여성뿐만은 아니었다. 전 세계 수많은 사람의 삶이 미처 기록조차 되지 못한 채 기억 저편으로 사라졌다. 하지만 여성들의 역사가 유독 더 깊은 침묵 속에 잠겨 있던 데에는 몇 가지 이유가 있다.

공적 영역에서의 부재

우선 첫 번째는 여성들이 공적 영역에서 눈에 띄는 경우가 별로 없었다는 점이다. 그동안 역사 분야에서는 주로 대외적인 활약상에 관심을 두며 서사를 기록했는데, 여성들은 보통 집 안에서 가사활동 같은 것에만 전념했던 탓에 쉽게 눈에 띄지 않았다. 대부분의 사회는 이렇듯 여성들의 대외활동이 부재한 상황을 지극히 당연시했는데, 그래야만 세상이 잠잠할 수 있다고 생각했기 때문이다. 세상은 여성들이 뭉치는 걸 두려워했고, 그리스인들에게 있어서도 이는 곧 '스타시스stasis', 즉 '분란'을 의미했다.[8] 따라서 대외적인 발언을 하는 것은 정숙지 못한 행동이었으며, 사도 바울도 여성의 존재는 침묵 속에 있어야 한다고 했다. 아담이 먼저 만들어졌고 이브는 그다음에 생긴 존재인 데다 뱀의 유혹에 넘어가 결국 규칙을 어긴 것도 이브였기 때문이다.[9] 그러므로 여성들은 영원한 침묵 속에 그 존재가 묻히는 걸로 죗값을 치러야 했다.

여성의 몸도 우려의 대상이었다. 사람들은 차라리 여성의 몸을 가리는 게 더 낫다고 생각했다. 남자들은 하나의 고유한 인격체로서 성씨를 소유하고 이를 물려줄 수도 있었으며, 프랑스어에서는 '위대한 남자grands hommes'라는 표현이 '위인'을 의미하기도 한다. 반면 여성들은 아버지나 남편의 성을 따라야 했고, 개인이 아닌 집단으로서만 존재했다. '레이디 퍼스트'라든가 '여성과 아이' 혹은 '여성과 아이 먼저' '여성과 아이를 제외하고'라는 식의 표현에서는 이렇듯 여성을 개별 개체가 아닌 집단적인 존재로만 인식하는 관행이 드러난다. 레비스트로스의 『슬픈 열대Tristes Tropiques』 앞부분에서 남자들이 사냥하러 떠나고 난 후의 마을을 묘사하는 대목도 '여자와 아이를 빼고' 남은 '사람'은 아무도 없었다는 식으로 기술되어 있다.

눈에 잘 띄지 않으면 그만큼 언급되는 빈도가 줄고, 그에 따라 관련 자료도 빈약해진다. 여성사가 침묵 속에 갇혀 있었던 두 번째 이유다. 여성들은 글이든 그 외 어떤 물리적인 형태로든 스스로의 흔적을 남기는 경우가 별로 없다. 게다가 여성들이 글을 쓰기 시작한 것도 한참 후의 일이었다. 음식이 됐든 물건이 됐든 여성들이 집 안에서 만들어낸 무언가는 그 성격상 금세 소비되고 뿔뿔이 흩어져 사라진다. 심지어 여자들 스스로 자신의 흔적을 지워버릴 때도 있다. 자신과 관련된 모든 흔적이 하찮다고 여기기 때문이다. 당시의 시각에서 보면 어찌 됐든 여자란 별 볼 일 없는 하찮은 존재였다. 따라서 스스로를 부끄럽게 여기며 자신과 관련된 기억이나 기록까지도 전부 부끄러워할 때가 많았고, 여자들 스스로 자신의 가치를 폄하했다. 그러니 체면을 지키려면 자신의 흔적이 없어야 했다. 대부분 남성이 주를 이룬 학계에서도 여성들은 별 관심의 대상이 되지 못했고, 그나마도 고정관념 아래 있었다.

물론 여성들에 대한 언급이 전혀 없는 것은 아니다. 다만 '여자가……'라거나 '여자들이란……' 식으로 일반화하여 말하는 게 대부분이다. 신기한 것은 여성에 대한 자세하고 정확한 정보가 없음에도 이렇듯 여자가 어떻다는 식의 말이 많다는 점이다. 여성에 대한 이미지도 그렇다. 대부분 남자들이 만들어낸 전형적인 여성상은 실제 여성의 모습이라기보다는 이를 표현한 예술가의 두려움이나 공상에 더 가깝다. 지금껏 우리가 알아온 여성의 모습이란 우리 머릿

속에 고착화된 가공의 이미지일 뿐 정확한 자료를 기반으로 기술된 게 아니다. 그러다보니 제대로 된 진짜 여성들의 이야기는 침묵 속에 갇히고 베일 뒤로 감춰진다. 남성들에 비해 사료도 빈약한 데다 여성상 자체도 (남성에 비해 더 큰 격차를 보이며) 시대별로 다르게 나타났기 때문이다.

하지만 무엇보다 가장 큰 문제는 여성들과 관련된 '사건'의 기록이 남아 있지 않다는 점이다. 고대 그리스와 로마의 초창기 사학자들이 기록한 역사는 주로 전쟁이나 왕위, 혹은 고관이나 관리 등에 대한 것으로, 공적인 활동이 그 중심이었다. 중세 시대의 연대기나 성인들에 대한 기록도 마찬가지다. '성녀'보다는 '성인'에 관한 기록이 더 많고, 선교나 출장 등의 대외활동도 모두 남자의 몫이었다. 여자들은 그저 순결을 지키며 기도나 하는 게 전부였다. 아니면 고귀한 명예를 지키는 순교의 영광을 안거나.

따라서 역사에 그 이름을 남긴다는 것은 피비린내 나는 싸움을 거듭한 메로빙거 왕조의 잔인한 왕비들이나 르네상스 시대 자유분방한 연애로 이름을 날린 여자들, 혹은 유명한 화류계 인사 정도는 되어야 누릴 수 있는 호사였다. 즉, 여자들은 독실한 성녀가 되거나 떠들썩한 파문을 일으켜야만 역사에 남을 수 있었다.

역사가 좀더 학술적이고 전문적으로 변해가던 18세기나 19세기에는 역사학에서 여성을 다루는 비중이 더 늘어났을까? 남녀 문제에 대한 관심은 전보다 더 많아졌을까? 물론 상황이 조금 나아지기는 했다. 역사학자 쥘 미슐레도 프랑스사와 관련하여 여성에 대해 다루었는데, 다만 그 대상이 카트린 드 메디시스라는 게 문제였다. 드 메디시스의 끔찍했던 섭정은 여성이 권력을 잡았을 때의 폐단을 보여주었고, 미슐레의 시각에서는 성 바르톨로메오 축일의 대학살[10]도 남자가 할 일을 여자가 해서 생긴 결과였다. 반면 여성들이 어머니로서, 주부로서의 본분을 다하며 혁명에 동참했던 1789년 10월 5일과 6일의 상황에 대해서는 긍정적인 평을 내린다.[11] 기본적으로 쥘미슐레의 사관에서는 고전적인 성 역할이 두드러졌으며, 그는 "서민층 여성"을 높이 평가했다. "여성이 가장 서민적인 존재"이기 때문이다. 그리고 제3공화국(1870~1940)의 역사 교과서에도 바로 이런 식으로 여성의 모습이 그려진다. 여성으로서 유일한 국민적 영웅이었던 잔 다르크를 빼면 교과서에서 여성들을 다루는 비중은 상당히 적었다.[12]

그러나 이 시기의 주된 변화 중 하나는 일부 여성 작가의 활약으로 여성들의 전기와 일대기를 담은 책이 늘어나기 시작했다는 점이다(이자벨 에르노의 연구[13] 참고). 이들은 대개 글로 돈을 벌고자 했던 상류층 출신으로, 『프랑스 왕비들의 범죄Crimes des reines de France』(1791)를 쓴 루이즈 드 케랄리오와 로르 다브랑테스, 오르탕스 알라르, 드 렌빌 부인 등이 대표적이다. 전기의 소재가 된 것은 루이 9세의 어머니인 프랑스 왕비 블랑슈 드 카스티유, 나바르 여왕 잔 달브레, 루이 14세의 정부 드 맹트농 부인 등 주로 여왕이나 화류계 인사 혹은 성녀 등 여자들 사이에서 화제성이 높았던 인물로, 특히 마리 앙투아네트의 이야기가 자주 등장했다. 일각에서는 그를 '프랑스인들의 고혈을 빼먹은 화근'으로 여겼지만, 왕비의 복권을 시도한 또 다른 일각에서는 '불행한 왕비'로 보기도 했다. 18세기 여성운동가 올랭프 드 구주가 여성 인권선언을 그에게 헌정한 이유다. 이와는 달리 여성들의 삶이 변화해온 양상을 좀더 장기적인 안목에서 조명하려는 시도도 일부 존재하긴 했다. 가령 19세기 여성운동가 올랭프 오두아르는 『산부인과학: 6000년간의 진화사Gynécologie. La Femme depuis six mille ans』(1873)를 펴내 기독교가 출산의 변천사에 미친 영향을 연구했다. 이로 미루어볼 때 교권이 우세하며 보수적이었던 제2제정기(1852~1870)에 이 문제에 대한 관심이 어느 정도였는지를 알 수 있다. 뒤팡루 주교로 대표되던 성직자 우선주의와 피에르조제프 프루동의 여성혐오 사상에 대한 도전 격으로 이러한 연구가 이루어진 것이기 때문이다.

제1차 세계대전과 제2차 세계대전 사이에는 여성도 상아탑에 진입한다. 이와 함께 여성사, 특히 여성해방운동사에 관심을 보이는 사람이 늘었는데, 마르그리트 티베르나 에디트 토마[14] 등이 대표적이었다. 다만 여성사 연구에 대한 이 같은 관심은 여전히 비주류일 수밖에 없었다. 이 시기 프랑스에서는 '아날학파'가 역사학계의 혁명을 일으켰기 때문이다. 마르크 블로크와 뤼시앵 페브르가 중심이 된 아날학파는 동명의 학술지 『아날Annales』에서 이름을 따온 연구 학파로, 양차 대전 사이에 비약적인 성공을 이루었다. 따라서 여성사 연구에 대한 관심은 상대적으로 뒤로 밀릴 수밖에 없었다.

당대로서는 굉장히 혁신적이었던 아날학파는 지나치게 정치에만 초점을 맞추던 사관에서 벗어나 당대의 사회경제사를 중점적으로 연구한다. 다만 아날학파에서는 성별의 문제를 분석 대상으로 보지 않았기 때문에 이에 대해서는 별 관심을 두지 않는다. 그래도 아날학파의 수장 뤼시앵 페브르만큼은 나바르의 여왕 마고에 대해 훌륭한 에세이 한 편을 저술한다. 「신성한 사랑과 속세의 사랑: 『헵타메론』을 중심으로Amour sacré, amour profane: autour de l'Heptaméron」(1944)라는 제목의 이 글에서 뤼시앵 페브르는 연애사, 그리고 강간의 역사를 다루며 그 윤곽을 잡는다. 다만 안타깝게도 페르낭 브로델과 에르네스트 라브루스가 이끌어간 2세대 아날학파에서는 이에 대한 연구가 전혀 지속되지 않았다.

그렇다면 이후의 상황이 달라진 계기는 무엇이었을까? 여성이 이야기의 주체이자 객체가 되어 여성에 대해 서술한 '여성사'는 과연 어떻게 탄생한 것일까?

여성사의 태동[15]

여성사는 1960년대 영국과 미국에서 맨 처음 태동했으며, 프랑스에서는 그로부터 10년 후에 여성사 연구가 시작됐다. 여기에는 학술적, 사회적, 정치적 요인이 복합적으로 작용했는데, 여러 요인이 뒤섞이며 역사학을 비롯한 인문학 전반에 걸쳐 '여성'이란 주제가 부상한 것이다. 이에 대해 간략히 정리하면 다음과 같다.

학술적 요인: 1970년대에는 일단 문제 인식의 전환이 이뤄진다. 마르크스주의나 구조주의 같은 기존의 사유 체계가 흔들린 데다 학문 간의 연계도 새로워지고, 아울러 주체 의식도 부각된 시기였기 때문이다. 이에 인류학과 손잡은 역사학도 가족 및 가정사의 측면으로 눈을 돌린다. 당시 한창 부흥기에 있던 역사인구학 쪽에서 이미 모든 자료 연구의 토대도 마련해준 터였다. 하여 출생률, 결혼 통계,

　　　　　　　　여성의 역사

혼인 연령, 사망률 등을 그 자체로만 보지 않고 역사적 관점에서 조명하자 행동 양식에 있어서의 성별에 따른 특징이 조금씩 파악되기 시작한다. 그리고 이와 함께 여성의 주체성 문제도 제기됐다. 이는 특히 조르주 뒤비의 접근 방식에서 잘 드러났는데, 인류학적인 관점에서 여성사를 다룬 조르주 뒤비는 저서 『중세의 결혼: 기사, 여성, 성직자』[16]를 통해 12세기 봉건제도하에서의 결혼 풍습을 짚어보며 여성사에 대한 문제를 인식한다. '여성들의 경우는 어떠한가? 우리는 이 여성들에 대해 무엇을 알고 있는가?'라는 문제는 그의 이후 연구에서도 중심 화두로 자리잡는다.

가족 문제가 제기되자 이와 함께 아동과 청년의 문제도 제기됐고, 아울러 인생에서 나이의 문제와 사생활이라는 또 다른 질문도 이어졌다. 필리프 아리에스와 조르주 뒤비는 이에 대한 대규모 연구[17]를 진행했는데, 여성에 관한 부분도 자연히 함께 다룰 수밖에 없었다. 미셸 푸코도 '광기'의 역사 이후 '성'의 역사를 파고들었고,[18] 여기서 여성의 히스테리 문제를 한 권의 책으로 다룰 거라 예고하기도 했다. 3세대 아날학파라 불리는 '신역사학파'에서도 관련 연구를 다수 쏟아냈다.[19] 간혹 지나치게 세분화했다는 지적을 받기도 했지만, 발전적인 방향으로의 추진력 역할을 해주었다는 데에는 의심의 여지가 없다. 이제 학계에서의 분위기는 달라졌으며, 역사를 기술하는 방식에 있어서도 변화가 나타났다.

사회적 요인: 여성의 대학 진학률 증가 역시 여성사에 대한 관심을 야기한 요인이었다. 1970년대에는 전체 학생 중 3분의 1이 여학생일 정도로 여대생의 수가 많아졌고, 오랜 기간 반대 여론이 지속되

었던 여성 교원의 수 역시 늘어났다. 제2차 세계대전 이후에는 여성들도 대학에서 교편을 잡았으며, 지금은 전체 교원의 3분의 1이 여성이다. 이렇듯 대학 내 여성의 비중이 늘면서 여성에 대한 또 다른 수요도 계속해서 생겨났고, 학내 여성 인구에 대한 부정적 인식도 줄어든다.

정치적 요인: 넓게 보면 여성사 연구에 대한 관심이 늘어난 결정적 계기는 바로 정치적인 의식 변화였다. 1970년대부터 전개된 여성해방운동[20]은 비단 학계에서의 변화만 추구한 게 아니었으며, 역사 연구 이외의 다른 여러 문제에 대해서도 논의를 이어갔다. 다만 그 운동 기반이 되었던 세력은 여성 지식인층, 특히 시몬 드 보부아르의 글을 읽고 '제2의 성'과 이별을 고하기로 한 여성 독자층이었다. 따라서 여성해방운동은 최소한 두 가지 차원에서 학계에 영향을 미친다. 첫 번째는 '기억화 작업'의 시작이다. 여성해방 운동가들은 과거의 흔적들을 찾아 보여줌으로써 옛 기억을 복원하고 정통성을 추구했다. 그리고 이러한 움직임은 이후 사회 전반으로 확산된다. 이어 좀더 장기적인 관점에서 기존 원칙을 뒤집어놓으려는 시도도 나타났다. 이들은 남성 중심의 시각에서 구축되었으면서도 그게 보편적이라 여기던 기존 학계를 비판했다. 이에 1970년대와 1980년대에는 아예 '근본적인 단절'에 대한 의지까지 드러난다. 이는 주로 인문과학 및 사회과학 쪽에서의 각성이었지만, 수학 분야에서도 비슷한 움직임이 나타난다.[21]

여성들의 이야기, 그리고 여성들의 역사를 쓰고자 하는 욕구는 이와 같은 배경에서 생겨난 것이었다.

여성에 대한 담론과 이미지

역사를 쓰려면 일단 사료와 문헌, 과거의 기록이나 흔적이 필요하다. 그런데 여성사의 경우 남아 있는 자료가 별로 없다. 여성들이 존재했던 흔적은 지워지곤 했고, 관련 기록이나 자취들도 대개는 파기되거나 소멸됐기 때문이다. 즉, 연구할 자료 자체가 없거나 부족하다.

상황이 이렇게 된 데에는 기록화 작업이 제대로 이뤄지지 않은 탓도 있지만, 언어적 요소에 따른 영향도 무시할 수 없다. 남성 명사와 여성 명사가 따로 나뉘어 있는 프랑스어의 경우, 남녀 모두에 대해 이야기할 때는 대부분 남성 명사로만 이를 지칭하므로 그 안에 포함된 여성들의 상황은 묻히고 만다. 가령 '남성들les hommes'과 '여성들les femmes'이 무언가를 했다고 하면 '그들ils'과 '그녀들elles'로 지칭되는 게 아니라 '그들ils'이라는 남성형 대명사의 복수형으로 통칭되는 것이다. 따라서 남녀가 함께 파업을 하더라도 전체 파업자 수 가운데 여성의 수가 얼마인지는 따로 알려지지 않는다.

통계 수치에서도 보통 성별이 구분되지 않는데, 특히 경제 부문에서 산업 수치 통계나 노동 관련 통계가 그렇다. 통계 수치를 남녀 따로 구분해서 집계한 것은 비교적 최근의 일로, 그나마도 페미니즘 노동사회학자들의 요구에 따라 생겨난 변화였다. 남녀 성비를 알아야만 관련 분석을 할 수 있었기 때문이다. 요즘은 민족의 기원을 알아보는 연구에서 비슷한 문제가 나타나는데, 이를 규명하는 문제를 두고 인구학자들 사이에서도 크게 의견이 엇갈리는 분위기다.

결혼 후 성씨가 바뀌는 (서양의) 관행 또한 여성의 계보를 추적하기 어렵게 만드는 요소다. 프랑스를 비롯한 다수의 국가에서는 대개 여성들이 결혼 후 성씨를 잃어버린다. 따라서 여성들의 족보를 만드는 작업은 사실상 불가능에 가깝다. '트라^{tra}'로 시작하는 성을 중심으로 가계도를 작성해 인구 이동을 연구하는 '트라TRA' 인구조사에서도 같은 이유로 여성들에 대한 조사를 배제했다. 결혼이 늦어지고 여자도 성씨를 유지하거나 물려줄 수 있게 되면서 인구학과 계보학 쪽의 연구는 더 복잡해졌지만, 이와 같은 사회적 변화가 갖는 의미는 상당히 클 것이다.

여성의 대외활동에 대한 부정적인 인식도 자료 부족을 초래한 요인 중 하나였다. 여성이 대외적인 활동을 하면 사람들은 보통 달갑지 않게 여겼고, 그러다보니 여자들도 대개는 무리를 지어 함께 움직였다. 여성들의 집단행동 방식 또한 이 같은 대중 인식의 영향에 좌우될 때가 많았다. 어머니나 주부로서, 집안 살림을 지키는 파수꾼으로서만 대중 앞에 나선 것이다. 앞에 나서는 여성들에 대한 고정관념도 많았다. 경찰들은 여성 시위대를 두고 '드센 여자들'이라 칭했으며, 여성들이 조금만 언성을 높여도 '히스테리'로 치부했다. 군중심리학에서도 군중심리를 논할 때 '여성성'을 들먹였으며, 군중은 여성들처럼 광적으로 흥분하고 과민하며 폭력적인, 나아가 야만적인 성격을 보인다고 규정했다.

여성의 기록이나 흔적이 폐기될 때도 있었는데, 그게 시대적 분위기이도 했거니와 성차별적 대우도 이유로 작용했다. 가령 부부 중 남편이 유명하다면 그와 관련된 신분 자료는 모두 보존하되 아내 쪽 자료는 따로 보관하지 않는 것이다. 따라서 토크빌이 아내에게 보낸

여성의 역사

편지들은 모두 남아 있지만, 아내가 토크빌에게 보낸 편지들은 보존되지 않았다. 최근까지도 사적인 고문서 기록 자료들은 등한시되어 온 게 사실이며, 공공 기록 보관소들도 관리 매뉴얼이 따로 마련되어 있지 않은 자료는 등록을 꺼렸다. 지금도 여전히 정치인이나 작가들에 대한 자료는 거의 자동적으로 등재되지만 일반인이라면, 더더군다나 여성들이라면 이야기가 달라진다. 이에 1990년대 후반에는 자서전 전문가 필리프 르죈의 추진하에 사적인 고문서 기록을 보관하고 이를 장려하기 위한 협회가 창설되기도 했다.

그뿐만 아니라 여성들이 스스로 자료를 폐기하기도 한다. 자신의 삶이 별 가치가 없다고 여기거나, 오랜 수치심에 길들어 지나간 삶 전체를 부끄럽게 여긴 나머지 인생 말년에 개인적인 기록들을 스스로 말소해버리는 것이다. 실제로 수많은 여성이 그와 같이 자신의 지나간 기록들을 없앴거나 없애고 있는데, 빈방에서 남몰래 예전 기록들을 태우는 일은 노년기 여성들이 자주 보이는 행동이다.

따라서 '집단'으로서의 여성에 대한 기록은 그나마 조금 남아 있을지 몰라도 '개인'으로서의 여성에 관한 자료는 거의 남아 있지 않다. 과거의 기록을 담아놓은 역사라는 무대 위에서 여성이라는 존재가 늘 흐릿한 그늘에 가려 있는 이유다.

여성에 대한 수많은 담론

반면 여성에 대한 담론은 과할 정도로 차고 넘친다. 문학작품이나 미술작품에서도 여성의 이미지는 수없이 쏟아진다. 하지만 대부분 남자들이 만들어낸 이러한 표현 양상에 대해 정작 여성들 자신은 어떻게 생각하는지, 또 여성들이 이를 어떻게 보고 느끼는지 우리는 알고 있을까?

여자에 대한 이야기는 끝이 없다. 다들 여자는 어떻고 여자란 어때야 하는지 거의 집착에 가까울 만큼 말이 많다. 철학자들도 예외는 아니다. 프랑수아즈 콜랭, 에블린 피지에, 엘레니 바리카스 등은 철학자들의 여성관을 모아 '비평 선집'[22]을 펴냈는데, 이 책에서는 성별의 차이나 철학에 관한 논제보다 여성에 대한 내용이 집중적으로 다뤄진다. "철학에서는 성적 차이의 문제가 언제나 여자의 문제로 귀결"되는데, 루소가 "우리의 성性과 저들의 성"이라고 표현한 것처럼 기준점이 되는 것은 남자이므로 여자가 남자와 얼마나 다른지만 알아보면 되기 때문이다. 55명의 남성 철학자와 4명의 여성 철학자의 글이 실려 있는 이 책에서 철학자 성비의 불균형은 곧 성에 대한 철학적 담론의 불균형으로 이어진다. 찾기 힘든 문헌들 일부를 포함하여 주요 고전들의 발췌본을 수록하고 있는 이 책은 그리스 철학, 교부철학, 신학, 계몽주의 철학, 혁신적인 영국 철학, 독일 철학, 프루동, 프랑크푸르트학파(아도르노) 등으로 내용을 분류하여 여러 철학자의 여성관을 보여준다. 또한 역설적이게도 여성성에 대해서는 그리 정통하지 못했던 프로이트의 진귀한 텍스트도 함께 실려 있다.

이 책을 훑어보면 여성을 둘러싼 수많은 담론을 접할 수 있다. 모든 것을 둘로 나눈 아리스토텔레스는 플라톤과 달리 모든 그리스 철학자 가운데 가장 극단적으로 남성의 우월성을 정립한 인물이다.[23] 그에게 있어 여성은 도시국가polis에서 살아가던 교양인과 야만인의 경계에 선 존재로, 인간과 짐승의 중간쯤에 해당했다. 따라서 여성은 잠재적으로 한 나라의 조화로운 삶을 위협하는 존재였으니 어떻게 이들을 배척할 것인가가 관건이었다. 심지어 여성은 단순히 남성과 다르기만 한 것이 아니라 불완전한 미완의 존재였다. 즉 남자가 될 여건을 갖추지 못한 '결함'이 있는 존재였던 것이다. 또한 여성의 냉혹함은 남성의 온기에 대비되었으며, 여성은 밤이었고 남성은 낮이었다. 수동적인 여성과 달리 능동적인 남성은 자신의 숨결pneuma을 불어넣고 씨앗을 잉태시키는 창조주였으며, 발생론적 시각에서 보면 여성은 그저 씨앗을 받아줄 그릇에 불과했다. 이러한 아리스토텔레스의 생각은 오랜 기간 성별 차이에 대한 사고의 기틀이 된다. 이후 고대 그리스의 의사 갈레노스 또한 정도의 차이는 있으나 비슷한 생각을 이어갔고, 중세에는 토마스 아퀴나스를 통해서도 그 사상적 대물림이 이뤄진다.

사도 바울의 경우 『신약성서』 「디모데전서」에서 여성들에게 침묵을 강권했다. 교육을 받을 때 여성들은 전적으로 복종하는 가운데 침묵을 유지해야 한다는 것이다. 또한 여자들은 남을 가르치지도, 남편에게 권위를 세우지도 말아야 한다고 생각했다.

절대주의를 옹호했던 17세기 가톨릭 신학자 보쉬에는 절대왕정처럼 부부 사이에도 남편의 절대 권력이 구축되어야 한다고 보았다. "이브는 지극히 불행하고 저주받은 성별"이기 때문이다. 그리고 위로하듯 이렇게 덧붙인다. "여성들이 할 일이라곤 그저 자신들의 기원에 대해 떠올리는 것밖에 없다. 여성들은 스스로의 섬세함을 내세우기보다는 신이 집어넣고자 했던 아름다움 외에 아무것도 없는 여분의 뼈로부터 비롯된 존재임을 유념해야 한다."

남녀 위계질서의 종교적 뿌리에 대해서는 다시 짚어볼 기회가 있을 것이다. 어쨌든 이후 계몽 시대가 열리고 과학이 발전했지만 상황은 크게 달라지지 않았다. 대다수의 철학자는 자연과학과 의학 분야의 새로운 지식을 동원하여 여성의 열등함을 입증하는 추가 논거를 찾았다. 루소에서 콩트에 이르기까지 수많은 철학자 사이에서는 "여성이 상대적으로 열등하다는 분명한 사실에 대해서는 지금도 여전히 반박할 여지가 전혀 없다"는 생각이 지배적이었으며, 이들은 "지적 능력을 지속적으로 요하는 작업도, 아울러 고강도의 지적 능력을 요하는 작업도 여자보다는 남자가 더 적합하다"고 생각했다. "자체적인 지적 역량도 부족하거니와 심신도 몹시 미약하기 때문"이다. 남성 우월주의에 대한 생각이 확고했던 프루동은 더 말할 것도 없다.

다행히 여성들에게도 위안이 될 만한 주장을 편 인물이 있기는 하다. 18세기 수학자 겸 정치가 콩도르세는 여성에게도 공민권을 부여하고 학술 분야에 등용될 기회를 주어야 한다며 다분히 남녀평등적인 시각을 보여준다. 그에 따르면 "여성에게는 남성과 동등한 권리가 있으며, 따라서 여성도 남성과 똑같이 쉽게 지식을 획득할 수 있어야 한다. 그래야만 실질적으로 여성들도 남성들과 동일한 범위 내에서 남성들처럼 독립적으로 권리를 수행할 수 있다".

여기서 내가 지적하고 싶은 것은 남녀 차이에 대한 철학적 사유가 필요하다는 게 아니라 학자들 사이에서도 여성에 대한 담론이 존재했다는 점이다. 소설이나 시 같은 문학작품에서, 사람들 사이에서 이야기가 나왔던 것 못지않게, 여성이란 학자들 사이에서도 담론의 대상으로 자주 오르내렸다.

여성에 대한 수많은 이미지

선사시대 동굴 벽화에서 최근의 그림이나 사진에 이르기까지 우리는 다양한 방식으로 여성의 모습을 표현해왔다. 도심의 담벼락은 여성들의 수많은 이미지로 넘쳐나는데, 이로부터 우리가 여성의 삶과 욕구에 대해 알 수 있는 건 무엇일까?

여성 이미지에 대한 해석의 문제를 제기한 이는 각각 고대와 중세를 전공한 사학자 폴 벤과 조르주 뒤비였다. 두 사람은 자신들이 연구하는 고대와 중세 시대에 여성 관련 기록이 없다는 점을 의아하게 생각했다. 폼페이 신비의 저택Villa of Mysteries 벽화에 대한 훌륭한 분석을 담아놓은 『규방의 비밀Les Mystères du gynécée』에서 폴 벤은 벽화의 그림으로 미루어 알 수 있는 여성들의 모습과 이들의 욕구에 대해 짚어본다. 하지만 이 그림들이 누구의 시선을 반영한 것인지 알기란 쉽지 않다며 유보적인 입장을 보였는데, 여성들의 실제 생활 환경과 그림으로 표현된 모습에는 서로 차이가 있을 수 있기 때문이다. 프랑수아즈 프롱티지뒤크루는 더 단호한 입장을 보인다. 이미지로 표현된 대상에 어느 쪽 성별의 시각이 반영된 것인지 알아보는 흥미로운 연구를 진행한 그는 누구의 시선이 반영된 것인지 알 수 없는 이 과거의 이미지들을 두고 "남자들의 상상에 따른 구축물"이라고 일축했다.

조르주 뒤비도 그리 긍정적인 입장은 아니었다. 『여성의 이미지

Image de femmes』 서문에서 뒤비는 남자들이 여성의 모습을 표현할 때—여성들의 반⁺암묵적인 동의하에—유독 여성들이 관객의 위치에만 놓이도록 한다는 생각이 머릿속을 떠나지 않았다고 이야기한다. 그에 따르면 "여성들은 스스로를 표현하지 않는다. 오직 표현될 뿐이다. (…) 지금도 여전히 남자의 시선은 여자에게로 향해 있다". 남자는 계속해서 여자를 이러이러한 모습으로 한정짓고 여자의 마음을 사려 한다. 그리고 이렇게 남자의 시선으로 표현되는 모습을 여자들도 (가끔은) 좋아해주었으면 하고 기대한다.

어찌 됐든 우리가 갖고 있는 여성의 이미지는 실제 여성의 모습이라기보다는 남자들의 공상이 만들어낸 결과물에 더 가깝다. 그렇다면 남자들의 시선에 의한 여성들의 이미지로 우리는 무엇을 할 수 있을까? 먼저 남자들이 생각하는 여성스러움이 무엇인지 정리해볼 수 있을 듯하다. 그리고 특정 시대의 미적 기준에 대해서도 생각해볼 수 있을 것이다.[24] 또한 화가들이 여성스러움을 담아내던 방식도 살펴볼 수 있다. 이와 관련해서는 특히 화가 콜레트 드블레의 연구가 인상적이다. 수년 전부터 미켈란젤로, 필리프 드 샹파뉴, 지로데트리오종, 펠릭스 발로통 등의 유명 화가 작품들을 바탕으로 여성의 모습을 표현하고 있는 그가 여성에 대한 대가들의 시선에서 느낀 것은 바로 '두려움'이었다. 하지만 그는 이 화가들이 "여자를 두려워하면서도 굉장히 사랑했다"고 말한다.

그렇다면 여성들은 과연 스스로를 어떻게 바라봤을까? 또 남자의 시선에 의해 표현되는 자신들의 모습을 어떻게 생각했을까? 이를 순순히 받아들였을까, 아니면 거부했을까? 혹은 달갑게 여겼을까, 지극히 혐오했을까? 이러한 이미지들을 뒤집고자 했을까, 아니면 그에 맞춰 살고자 했을까? 사실 여자들에게 있어 남자들이 만들어놓은 이 '여성스러움'의 이미지는 구속적인 면이 더 컸다. 남자들이 만들어놓은 이상적인 몸매나 의복 기준에 자신을 맞추어야 했기 때문이다. 하지만 그렇게 표현되는 자신들의 모습을 좋아하기도 했기에 그 안에서 묘한 즐거움과 만족감을 느끼기도 했다. 마리조 보네의 저서 『예술로 보는 여성Les Femmes dans l'art』(2004)에서 알 수 있는 것처럼 확실히 예술작품을 통해 짚어보면 흥미로울 문제인데, 패션이나 외양, 디자인 등에 대해서는 차후에 살펴볼 기회가 있을 것이다.

상황이 이러한 고로, 여성을 나타낸 이미지 속에서 여성의 삶을 엿볼 수 있으리란 기대는 버리는 게 낫다. 다만 여성이 이에 미친 영향력을 알아볼 수는 있다. 여성들도 나름대로 자기 시각에서 이러한 이미지를 해석하여 활용했을 것이기 때문이다. 그뿐만 아니라 각 이미지의 속성별로 나타나는 차이점을 살펴보는 일도 흥미로울 수 있다. 가령 그림과 사진에서는 어떤 차이가 나타나는지, 정지 화상과 동영상의 이미지는 또 어떻게 다른지 알아보는 것이다. 사실 영화에서는 성별에 따른 시각차에 대한 연구가 이제 막 태동한 상황임에도 불구하고 영화 언어가 구축되고 있기는 하다. 또한 시대별로, 예술가별로 살펴볼 수도 있다. 좀더 상징적인 혹은 지극히 관념적인 시각으로 접근한 경우, 또 좀더 현실적이거나 사실적인 시각에서 접근한 경우도 있을 것이다. 어쨌든 여성들의 이미지는 수수께끼 같은 미지의 영역이다. 이미지로 표현된 여성들의 모습은 여성들에 대해, 그리고 이를 표현한 남성들에 대해 우리에게 많은 것을 알려주는 만큼 그 이면에 여러 사실이 숨어 있다.

고문서에 남아 있는 여성의 모습들

이렇듯 여성에 대한 수많은 이미지와 담론이 여성의 실체를 겹겹이 둘러싸고 있다. 그렇다면 어떻게 무수한 장애물을 뚫고 여성의 본모습에 다다를 수 있을까? 어떻게 하면 그간의 침묵을 깨고 여성에 대한 고정관념을 뛰어넘어 진짜 여성의 모습을 밝혀낼 수 있을까?

요원한 과제 같지만 참고할 만한 자료가 없는 것은 아니다. 여자들에 대해 언급하는 자료도 있고, 여자들 스스로 만들어내 이들의 목소리를 직접 들어볼 수 있는 자료도 있다. 도서관에 가면 인쇄물이나 단행본, 신문 및 잡지 등의 관련 자료를 찾아볼 수 있으며, 공공 혹은 사적인 고문서 자료들도 있다. 상호 연계되고 보완되는 자료이니 어느 한쪽을 우선시해서는 안 되겠지만, 자료의 인위성 여부에는 어느 정도 차이가 있는 만큼 이 점만 감안해서 보면 된다. 필자 역시 다방면으로 자료들을 활용하고 있는데, 그중 특기할 만한 자료 몇 가지만 소개해볼까 한다.

먼저 공공 문서 자료는 경찰 문건 및 법률 문건에 여성 관련 기록이 풍부하게 남아 있다. 특히 17세기와 18세기부터는 (플랑드르 지방에서처럼) 과할 정도로 거리 정비가 이뤄졌는데, 이때 여성들이 유독 거리 질서를 어지럽히곤 했다. 이와 관련해서는 사학자 아를레트 파르주의 연구가 꽤 흥미롭다. 고문서 기록에 남은 여성들의 발자취를 찾고자 한 그는 파리 시경 고문서를 뒤지며 자료를 찾아내고 이를 책으로 엮어 『거리의 삶Vivre dans la rue』과 『약자의 삶La Vie fragile』[25]

을 펴냈다. 파리 시민의 삶이 그대로 살아 숨 쉬는 이들 책에서는 과거의 여성들도 서서히 그 실체를 드러낸다. 고집스러운 상인과 노련한 하녀, 격노한 아내, 괜히 마음을 허락했다가 이내 버림받은 혼기의 처녀 등 수많은 여성이 자질구레한 사건의 주인공으로 등장하는데, 이를 통해 우리는 당대에 어떤 사회적 갈등이 있었으며 가정환경 내에서는 어떤 어려움이 있었는지 알 수 있다. 그뿐만 아니라 녹록지 않은 도시의 삶 속에서 어떻게든 이를 헤쳐나가려 애쓰는 서민 아낙들의 끈질긴 생명력과 서로 돕는 모습까지 그대로 드러난다. 지금보다는 덜 규격화되어 있는 당시의 경찰 조서 자료에는 그 시절 시민과 여성들의 욕설 및 불만, 성토의 말들이 그대로 살아 있다.

장 니콜라는 『반란의 프랑스La Rébellion française』[26]라는 저서에서, 17세기 말에서 대혁명 기간의 생계형 폭동에 대한 연구를 총망라해 놓았다. 이 책에는 '거리의 여왕들'로서 활약한 여성들의 모습이 묘사되어 있는데, 그에 따르면 언제나 '불같았던' 이 여성들은 투쟁을 불사하면서까지 '공정한' 곡물 가격을 지키는 수호자였다. 당시 여성들이 공적인 영역에서 맡았던 역할을 가늠하게 해주는 대목이다. 생필품 물가 안정 같은 여성들의 역할은 사실 대혁명 이후보다 이전 시기에 더 두드러졌는데, 대혁명 이후인 19세기에는 물자의 가격이 정상화되고 빵의 공정 가격이 제도적으로 고정되면서 이러한 분쟁이 차츰 사라졌기 때문이다.

1870년과 1930년 사이 여성들의 사생활과 부부관계에 대해서는 안마리 손의 연구를 통해 알 수 있다.[27] 성에 대한 관념이 달라지고 욕구의 표현에 있어서도 변화가 나타나는 이 시기를 연구하기 위해 안마리 손은 도청에 남아 있는 고문서 자료실에서 사생활 분쟁과 관련한 경범재판소 및 중죄 법원의 법률 문건 7000여 개를 뒤졌다. 그 결과, 서민층 여성 4분의 3이 배우자의 불륜이나 가정 폭력의 피해자였음을 알 수 있었다(간통의 주체는 대개 남자 쪽이다). 여성들은 보통 피해 상황에서도 딱히 반발하지 못했지만, 이러한 현실에 안주하지 않고 욕구를 찾아 떠난 도시 여성들도 있었다. 어찌 보면 도시가 여성들에겐 해방의 공간이기도 했던 셈이다.

아니크 틸리에는 19세기 여성들의 주요 범죄 사례, 특히 브르타뉴 서부 지방의 영아 살해 사건에 대해 연구했다. 이를 위해 관련 소송 문건을 모두 조사해보니[28] 영아 살해의 주범은 농촌 여성들이었고, 대개는 농장의 하녀들이었다. 원치 않는 임신을 하게 된 여성들이 비위생적인 환경에서 아이를 낳고 유기한 것이었다. 이로 미루어 당시 브르타뉴 농촌 지역의 실태가 얼마나 열악했는지 알 수 있으며, 또한 본의 아니게 침묵해야 했던 여성들이 얼마나 힘들고 외로운 삶을 살아갔을지도 짐작할 수 있다.

이렇듯 사법 당국의 취조 자료나 심리 자료들, 당시 당사자들의 증언 자료들을 참고하면 서민층 여성들의 실제 일상을 어느 정도 가늠할 수 있다. 경찰이나 헌병대가 있는 그대로 혹은 나름대로 정리해서 조서에 기입하고자 했던 단어들 하나하나를 살펴보면 당시 여성들의 생생한 육성이 드러난다. 물론 차마 입으로 다 뱉어내지 못한 말이나 묵묵히 삼켜야 했던 말도 많을 것이다. 겉으로 드러난 자료 뒤에 숨은 이야기가 얼마나 많을지는 감히 헤아리기조차 힘들다.

여성들이 집안에서 차지하는 위치로 봤을 때, 이들의 발자취는 사실 사적인 자료로 남아 있을 가능성이 더 높다. 그동안 이러한 개인 자료들은 확실한 사료로 인정하기에 애매한 부분이 많았는데, 국립 및 도립 공공 고문서 보관소에서도 워낙 행정 문건을 중심으로 자료를 취합하다보니 그만큼 개인 자료들은 뒤로 밀려날 때가 많았다. 심지어 이런 자료들의 취합 자체를 꺼리는 분위기였다. 따라서 이러한 고문서 보관소는 소수의 개인 기록물만 선별적으로 취합했는데, 작가나 정치인, 기업 정도는 되어야 해당 기록물이 보관될 수 있었다. 그러니 일반인이 기록을 남겨 공공 보관소에 기탁하기란 쉬운 일이 아니었고, 여자들의 경우는 말할 것도 없었다.

공적인 기록물은 늘어나는 반면 사적인 기록물은 부족해지자 이를 보완하기 위해 다양한 조직이 생겨난다. 캉 지역 인근의 아르덴 수도원에 위치한 현대출판기록물연구소IMEC도 그중 하나다. 출판사와 잡지사의 고문서 자료들을 보관하고 있고, 부차적으로 마르그리트 뒤라스나 미셸 푸코 같은 작가와 학자의 기록들도 함께 보관하고 있다. 동시대 지식인들의 삶을 엿볼 수 있는 귀중한 보관소다.

자서전 전문가로서 '일상의 기록'에 관한 한 독보적 존재인 필리프 르죈은 1993년 앙베리외앙뷔제에 자서전및자전적유산협회APA를 세운다. 일상적인 기록에 있어 자료 보관의 어려움을 잘 알고 있는 필리프 르죈이 세운 이 협회는 오늘날 '자서전의 성지'로 자리잡으며 2000건 이상의 문서 자료를 보관하고 있고, 그중 절반 가까이가 여성 관련 자료다. 자료는 크게 세 형태로 분류되는데, 자서전과 일기, 서신 등의 개인 자료들로 구성되어 있다. 『라 포트 아 루소La Faute à Rousseau』라는 이름의 자서전 전문지도 생겨났는데, 이 정기

간행물은 자료 집계 현황을 알리면서 관련 논제를 제시하는 한편 곳곳의 토론 및 강독 모임에 관한 정보를 제공한다. 자서전 분야의 학회도 주기적으로 개최되는데, 이렇듯 자서전 분야가 확대되고 있는 것은 오늘날 자신을 표현하려는 욕구가 증대되고 있음을 뜻한다. 글과 말 양쪽에서 남녀 비중은 고르게 나타나는 편이다.

이러한 고문서에서 여성들이 차지하는 비중은 글쓰기 방식에 따라 달라진다. 사적인 글이나 외부에 공개하지 않는 개인적인 글, 가족과 연관된 글, 방 안에서 조용히 밤에 주로 쓰인 글, 누군가의 편지에 대한 답장, 하루 일과를 정리하는 일기일수록, 혹은 (좀더 이례적이긴 하나) 자신의 삶을 이야기하려고 쓴 글일수록 여성의 비중이 더 높게 나타난다. 특히 더 여성성이 두드러지는 장르라고 볼 수는 없지만, 편지나 일기, 자서전 등은 특유의 사적인 성격 때문에 (불공평하다고 볼 수도 있겠지만) 여성들의 접근이 더 용이한 편이었다.

자서전에서 여성이 주인공이 되는 경우는 별로 없는데, 장르의 성격 때문이다. 자서전은 보통 사적인 영역보다는 공적인 영역에서 두각을 나타낸 사람들이 인생의 전환점이나 말년에 스스로를 돌아보며 삶을 정리하여 하나의 흔적으로 남긴 글이다. 하지만 이러한 행위는 여성적 성향과 거리가 멀다. 대부분의 여성은 자기 삶이 대수롭지 않다고 여겨 굳이 이야기할 필요성을 못 느끼고, 자서전이란 잘 알려진 인물 혹은 동시대의 유명한 '위인'들이나 쓰는 것으로 생각한다. 따라서 자서전 집필을 시도했던 여성들도 대개는 당대의 회고록 같은 형식으로 글을 썼다. 마리 다구, 말비다 폰 마이젠부크 등이 대표적인데, 특히 말비다 폰 마이젠부크는 『어느 이상주의자의

여성의 역사

회고록Mémoires d'une idéaliste』[29](1869, 1876)을 통해 알렉산드르 게르첸, 바그너, 니체, 가브리엘 모노드, 로맹 롤랑 등 자신이 만난 그 시기 유명 인사들과 당대의 혁명과 망명에 대해 이야기했다. 조르주 상드도 1847년과 1854년 사이의 개인사를 정리하여 『내 인생 이야기Histoire de ma vie』[30]라는 자서전을 펴냈다. 지극히 사적인 내면 이야기까지 다루고 있지는 않지만 나름대로 꽤 개인적인 측면을 다룬 이 훌륭한 자서전에서 상드는 삼대에 걸친 자신의 가정사를 전해준다. 개인이란 가족 내에서 계승된 유산과 시간이 만들어낸 결과물인 만큼 상드에게 있어 가족은 곧 기억의 '터전'이었다. 20세기 들어 공적인 영역에서 여성의 비중이 늘어나긴 했으나 그럼에도 상드는 당시 사회에 일대 혁신을 가져온 '위대한 여성'이었다.

그에 반해 '서간문'은 굉장히 여성적인 장르의 글이다. 서간문학의 원조인 세비녜 부인 이후 편지는 여성들에게 있어 하나의 즐거움인 동시에 으레 갖춰야 할 자격이자 의무 같은 것이었다. 특히 집안에서 편지를 가장 많이 쓰는 사람은 바로 어머니였다. 어머니들은 노쇠한 부모님께도 편지를 썼고, 출타 중인 남편이나 기숙사에서 학교를 다니는 아이들, 결혼한 딸은 물론 수녀원에 있는 친구들에게도 편지를 썼다. 아마 집안사람 누구나 어머니의 편지를 받지 않은 이가 없었을 것이다. 편지를 쓴다는 것은 사교성과 여성성을 드러내는 하나의 표현이었다. 그것도 사회적 용인하에, 나아가 사회적 권고하에 이뤄지는 행위였다. 원거리에서도 주고받을 수 있는 연애편지는 직접 만나는 것보다 더 편하고 덜 위험한 연애 방식으로, 만남을 대신하는 것은 물론 연애의 핵심이 될 때도 있었다. 편지는 서간문 형식의 소설처럼 문학작품의 소재 겸 주제가 되기도 했고 풍속화, 특히 네덜란드 미술에서 주요 모티브로 등장한다. 집 안에서 혹은 안과 밖의 경계인 창가에서 편지를 읽으며 먼 곳이나 전쟁터로 떠난 연인 또는 남편을 떠올리는 여인의 모습은 네덜란드 회화의 주된 소재였다(요하네스 페르메이르 그림 참고).

그러나 프랑수아 기조가 딸 앙리에트와 주고받은 편지라든가 마르크스의 딸들이 아버지와 주고받은 편지처럼 유명 인사들이 등장하는 게 아니라면 여자들이 개인적으로 쓴 편지가 책으로 엮여 출간되는 일은 드물었다. 다만 조르주 상드의 『편지』는 굉장히 이례적이었는데, 이 책에 수록된 서신들은 조르주 뢰뱅이 전 25권으로 출간할 만큼[31] 분량도 방대했거니와 편지를 주고받은 기간도 상당할 뿐 아니라 내용도 다양했다. 연인이나 가족, 친구 사이의 밀도 있는 대화뿐 아니라 예술적, 정치적으로 깊이 있는 내용도 많았기 때문이다. 상드는 뮈세, 플로베르, 아그리콜 페르디기에, 피에르 르루, 마치니, 바르베스 등은 물론 나폴레옹 보나파르트에 이르기까지 무수한 명사와 편지를 주고받았는데, 여기에는 물론 남편 카시미르 뒤드방과의 편지도 빠지지 않는다. 상드는 남편과의 결혼생활에 대한 기대 및 그에 따른 실망감을 장장 스물두 장에 걸친 편지로 써내려갔다(1822). 중학생이 된 아들 모리스에게는 시민, 그리고 국민으로서 깨우쳐야 할 교육 내용에 대한 조언을 아끼지 않았고, 자신을 떠난 연인 미셸 드 부르주에게는 실연에 대한 비통한 마음을 담아 편지를 썼다. '친애하는 음유시인' 플로베르와 주고받은 편지에서는 문학에 대한 논쟁은 물론 나이에 따른 고충이나 친구로서의 즐거움도 공유

했다.[32]

그러나 일반적이고 평범한 편지라면 작성자를 찾기도 힘들고 자료도 파기될 때가 많다. 역사학자 폴라 코사르는 이런 편지 1500여 통을 파리 고문서 보관소에서 거의 무작위로 발굴하여 서간집을 펴냈는데, 대부분 간통 위주의 연애편지였다. 지식과 낭만을 표방하던 19세기 부르주아 부부들이 외간 연인과 주고받은 이 편지들에는 혼인관계를 유지했어야 마땅할 이들이 어떤 식으로 감정을 즐기며 연애했는지가 고스란히 담겨 있다.[33] 이 밖에도 각 가정의 다락방 속에 숨어 있는 수많은 비밀을 발견할 수 있다면 좋겠지만, 이 귀중한 자료들은 안타깝게도 점차 소실되어가고 있다.

필리프 르죈은 일상의 기록 가운데 일기 자료들을 먼저 조사했다.[34] 사춘기 소년 소녀들이 흔히 쓰는 비밀 일기는 특히 여성들 사이에서 보편화되어 있다. 일기는 가톨릭, 개신교 할 것 없이 모든 교회에서 권장했는데, 자신을 다스리고 신앙심을 다지는 도구로서 활용될 수 있는 생활 습관이었기 때문이다. 다만 과도한 내적 성찰을 유도한다는 이유로 일기를 꺼리는 교사들도 없진 않았다.

일기는 특히 기혼 여성들에게도 일종의 탈출구가 된다. 결혼 후 혼자만의 공간을 갖기 어려운 여성들이 일기를 쓰는 순간만큼은 제한적이나마 온전히 자기 시간을 가질 수 있기 때문이다. 비록 짧은 시간이지만 일기를 쓸 때는 잠시나마 결혼 전의 자기 방으로 돌아가 오롯이 자기 자신을 표현할 수 있었다.

이 다양한 글쓰기 형태는 '나'라는 존재를 확인시켜주는 귀중한 연구 자료다. 이러한 자료들 덕분에 우리는 여성들이 말하는 '나'의 목소리를 들어볼 수 있다. 물론 이런 자료를 남긴 여성들은 그나마 교육의 기회를 접해봤거나 최소한 글을 쓸 줄 알았던 소수에 불과하다. 게다가 그 자료가 보존된 극히 일부의 경우에 해당한다. 따라서 대다수 여성의 삶을 포괄할 수 있는 자료로 보기는 힘들다.

과거의 자료들을 모으고 보존하여 문서화하는 작업은 자기애는 물론 자기 삶과 기록에 대한 어느 정도의 애착이 전제된다. 이는 여성들의 성향과는 확실히 거리가 멀다. 여성들의 자료가 소실되고 때로는 본인에 의해 파기되는 이유다. 후손들도 집안의 위인으로 기록된 남자에 대해서는 관심이 많지만, 그늘에 가린 여자 조상에 대해서는 별 관심이 없다. 따라서 이들과 관련된 자료는 폐기하거나 팔아넘길 때가 많다. 조르주 리베유는 생투앙 벼룩시장에서 카롤린 브람의 일기 한 권을 발견했는데, 제2제정 시기 포부르 생제르맹에 살았던 이 소녀의 일기는 그의 서가를 채운 수많은 종교서와 함께 헐값에 팔려나갔을 것이다.[35] 이는 재산이 처분되는 과정에서 흔히 있는 일이기 때문이다. 그래서 이렇게 무심한 후손의 경솔한 행동을 피하기 위해, 아니 어쩌면 이를 비웃기라도 하듯 대다수의 여성은 말년에 자기 물건을 정리하면서 자신이 쓴 편지들을 분류한 뒤 연애편지들을 깔끔하게 불태운다. 특히 해당 편지의 내용으로 인해 체면이 깎일 것이라면 더더욱 흔적을 남기지 않는다. 그뿐만 아니라 감정과 좌절감, 과거의 가슴 아픈 순간들을 담고 있는 일기들도 모두 폐기한다. 감추고 없애는 편이 차라리 낫다고 생각하기 때문이다. 무심하고 문외한 이들의 호기심에 노출되어 좋을 게 뭐가 있겠는가?

따라서 20세기 초 페미니스트들을 중심으로 여성들의 고문서 자

료를 보관해 잊히고 흩어진 기억들을 집대성해야 한다는 문제의식
이 생겨난다. 배우 출신 저널리스트 겸 페미니스트로서 최초의 페미
니즘 신문 『라 프롱드La Fronde』(1897~1905)를 창간한 마르그리트
뒤랑의 지인이자 직원이었던 마리루이즈 부글레도 페미니즘 관련
문건과 전단지, 포스터, 서신, 물품들을 수집했다. 대개는 센강 가에
서 고본古本을 판매하는 '부키니스트(헌책방)'에서 구입한 것들이었
다. 마리루이즈 부글레는 원래 마르그리트뒤랑도서관에 이 자료들
을 보내고자 했으나, 그의 사후 남편이 제2차 세계대전 중 경황이 없
는 가운데 쥘리앵 캥 관장의 공조하에 수집품 일체를 프랑스 국립도
서관에 기탁한다. 그리고 이 남편마저 세상을 떠나자 마리루이즈 부
글레의 수집품들은 세간의 기억 속에서 완전히 사라졌다가 1970년
대 파리시 역사도서관으로 이관되고, 이후 역사가 마이테 알비스튀
르 덕분에 뒤늦게 분류가 이루어져 자료 조회가 가능해졌다.

　사학자 크리스틴 바르는 이 같은 사태를 반복하지 않기 위해 2000
년 프랑스 서부 앙제의 대학 도서관 내에 협약의 형태로 '페미니즘
고문서관'을 구축했다. 지금은 상당한 분량의 자료가 집계되어 있는
데, 급진파 정당 소속의 페미니스트 세실 브룅슈비크의 자료 기증에
힘입은 바가 컸다. 여성에게 참정권이 없었던 인민전선 정부 시절
레옹 블룸이 임명한 세 명의 국무차관 가운데 하나였던 세실 브룅슈
비크는 여성의 권리 해방을 위한 모든 운동을 지지한 인물이다. 그
뿐만 아니라 1901년에 창설된 프랑스 최초의 여성 단체 프랑스국립
여성심의회 자료도 이쪽으로 귀속됐고, 사회당 소속의 전 여성부 장
관 이베트 루디의 자료와 프랑스에서 가족계획을 상징하던 인물 수

잔 케페스의 자료를 비롯한 다수의 자료가 이쪽 기록 보관소로 취합됐다.[36] 이로써 여성사를 쓰기 위한 여성들의 고문서 기록 보관소가 제 모습을 갖추었다.

매체 속에서 나타나는 여성의 모습들

고문서 자료 외에 인쇄물이나 도서관 장서에서도 과거 여성들의 지나간 흔적을 찾아볼 수 있다. 그런데『여성의 말Les mots des femmes』[37]을 들으려면 여성에 관한 책이나 소설 외에 여성들이 직접 쓴 글도 살펴봐야 한다. 18세기부터 여성들이 손을 대기 시작한 신문이나 잡지도 들춰봐야 하고, 이로써 여성들이 지식활동과 창작활동에 접근하는 것을 가로막던 장애물도 극복해야 한다.

그렇다면 여성들이 오랜 기간 금단의 영역이었던 글의 세계로 진입하게 된 경로는 무엇일까? 일단 종교와 허구 문학의 영향이 컸다. 기도문이나 명상문처럼 신앙심을 키우는 글과 시, 소설 등 가공의 이야기를 시작으로 글을 접한 것이다. 초창기 여성 문인들도 경로는 비슷했다. 고대 그리스의 베일에 싸인 시인 사포는 기원전 7세기 말 레스보스에서 상류층 출신 소녀들의 성가대 모임을 추진했고, 빙겐의 성녀 힐데가르트는 12세기에 일찍이『호르투스 델리키아룸Hortus deliciarum』(기쁨의 정원—그레고리오 성가집)을 집필했으며, 14세기에는 마르그리트 포레테가『단순한 영혼의 거울Le Miroir des âmes simples et anéanties』을 펴냈다(이후 그는 이단으로 몰려 화형에 처해졌다). 시에나의 성녀 카타리나도 교황의 서기 겸 비서로 일했고, 크리스틴 드 피상은 『여성들의 도시』[38]를 펴내 15세기 사회에 상당한 파장을 일으켰다. 특히 드 피상은 르네상스 직전 평등을 향한 갈증이 극에 달한 가운데 "신께서 나를 여자로 태어나게 한 것에 대해 극히 실망했다"고 토로하기도 했다.

과거에 여성들이 글을 쓰기에 적합했던 공간은 수도원과 개인 살롱 두 군데였다. 여성들은 산책이나 명상을 하던 수도원 경내에서, 혹은 담화를 주고받는 개인 살롱에서 글을 썼다. 중세 수도원은 여성들에게도 읽기와 쓰기를 장려했고, 필사본 작업도 맡아 하던 수녀들은 여성들에겐 금지됐던 라틴어도 사용할 수 있었다. 그러다보니 13세기 말에는 귀족층 여성의 문화적 수준이 남성들보다 높은 편이었다. 남자들은 십자군전쟁을 비롯해 전쟁터에 나가 전투를 하느라 바빴기 때문이다. 젊은 기사와 귀부인이 순수하게 정신적인 사랑을 즐기는 궁정 연애도 어쩌면 남다른 방식으로 사랑을 하고 싶었던 이 교양 있는 여성들 때문에 탄생한 것인지도 모르겠다.

17세기의 수도원은 이용자층도 확대되고 역할도 다양해졌으나, 그래도 여전히 점점 더 취향이 까다로워지는 여자들만의 문화 공간이었다. 당대의 대표적인 여성 저술가들로는 아빌라의 테레사와 포르루아얄 수도원의 수녀들, 부르고뉴 지방의 가브리엘 쉬숑 등이 있는데, 특히 가브리엘은 성직자 신분을 벗은 뒤 1693년 『도덕과 정치에 관한 논고Traité de la morale et la politique』를 펴내 크게 호평을 받았다.[39] 여성들의 저술활동이 더 이상 종교에만 국한되지 않았다는 방증이다. 또한 17세기에는 랑부예 후작 부인의 살롱이 고상한 연애

소설을 요구하던 귀부인들의 보루로 자리잡는다. 이후에 등장한 마들렌 드 스퀴데리도 다수의 소설을 연달아 집필하며 연애 감정의 표현 방식에 혁신을 불러왔고, 라파예트 부인 또한『클레브 공작부인』이라는 걸작을 내놓는다. 바야흐로 여성 문필가의 시대였다. 그러자 19세기에 여성혐오주의가 생겨나며 여성들의 저술활동을 제한하려는 움직임이 일었으나 별 효과는 없었다. 글을 쓰는 여성들은 대개 가난한 상류층 신분으로, 어려운 집안 형편 속에서도 당당히 글로써 생계를 이어갔다. 조르주 상드도 그중 한 명이었는데, 그가 남긴 수많은 작품은 오늘날 파리시 역사도서관과 프랑스 국립도서관 서고를 가득 메우고 있다. 국립도서관의 보유 장서 목록은 상드의 작품만으로도 여러 페이지가 넘어갈 정도다.

여성들의 집필활동을 유발한 요인은 이외에도 여러 가지가 있다. 가령 여성 작가들의 작품에 공감하거나 이입하기 쉬운 여성 독자층의 존재도 여성 문필가의 성장을 불러일으킨 요인이다. 일부 장르에서는 유독 여성 독자들의 수요가 높았는데, 1889년 스타프 남작 부인이 펴낸『편리한 생활 가이드Guide des usages du monde』처럼 요리나 생활 상식을 다룬 책, 교육 관련서, 패션지, 소설 등이 대표적이다. 조르주 상드 역시 이러한 여성 독자층을 타깃으로 이들의 사고방식을 바꾸고자 했던 것이다. 그뿐만 아니라 종교적이든 아니든 모든 형태의 페미니즘 또한 여성들의 저술활동을 부추겼다. 특히 페미니스트들의 목소리가 표출되는 창구였던 언론 매체 분야에서 여성들의 저술이 활발하게 이뤄졌다.

물론 기존 남성 문필가들의 영역을 침범할 정도로 여성들의 저술활동이 폭발적으로 늘어난 것은 아니었다. 여성들의 저작물은 그저 남성 위주의 출판 분야에 조금씩 발만 담그던 수준이었다. 하지만 여성들도 글을 쓰기 시작했다는 점, 여성의 이름이 들어간 책의 출판이 점차 일반화되었다는 점에서는 의의가 크다. 그렇다면 오늘날엔 남녀 저자의 비중이 비슷하게 나타날까? 그것까지는 잘 모르겠으나 어쨌든 여성들의 목소리도 커졌고 목소리를 내는 여성도 많아졌다. 이제는 여성이 쓴 책을 쉽게 찾아볼 수 있으며, 그 안에서 이들의 목소리도 쉽게 들어볼 수 있으니까.

언론과 여성

여성들은 책 이외에 신문이나 잡지 같은 매체로도 진출한다. 독자로서 읽을 때도 있었고, 직접 글을 쓰는 주체가 될 때도 있었다. 남자들을 위한 정치 기사 위주인 일간지는 별로 안 읽었는데, 일간지 하단에 실린 연재소설은 보통 여성 독자들 차지였다. 25년 전 안마리 티스가 1900년대 여성 독자들에 관해 수행한 연구[40]에 따르면, 옛날 여성 독자들은 등불을 밝힌 방 안에서 약간의 죄책감 및 짜릿한 스릴감과 함께 남몰래 '빵 배달부 아가씨'나 '빨래터 꼬마'의 험난한 인생 이야기를 읽으며 행복한 시간을 보냈다.

　최초의 여성 매체는 18세기부터 발전하기 시작한 패션지였다. 원래는 남성 기자들이 주로 기사를 썼지만, 파리에서 발간된 『주르날 데 담Journal des dames』(여성신문, 1759~1778) 같은 매체에서 글을 쓰는 여성 기자도 차츰 늘어갔다. 런던에서는 작가 겸 언론인 엘리자 헤이우드의 수많은 글이 게재된 시사지 『피메일 스펙테이터

Female Spectator』[41]가 2년간(1744~1746) 꾸준히 발간되기도 했다.

이러한 여성 매체들은 당대 패션 코드에 대한 조언을 담아 19세기 여성들 사이에서 크게 인기를 끌었다. 그리고 여성들도 차츰 발행의 주체로 자리잡는다. 대표적인 예는 요절한 크리스틴 레제가 논문으로도 다뤘던『주르날 데 드무아젤Journal des demoiselles』로, 여성들이 내용 기획 및 기사 작성을 담당하고 일부나마 자본도 대곤 했던 월간지다. 주제도 패션에서 요리, 독특한 판화 삽화가 들어간 여행기에서 시작해 일부 유명 여성의 전기에 이르기까지 상당히 다양했다. 전기라는 장르가 크게 붐을 이루던 그 당시, 여왕이나 성녀들의 전기는 실로 굉장한 인기였다. 그런데 겉으로는 별다를 바 없어 보이는 흔한 전기라도 인물의 선정이나 어조를 살펴보면 교육을 통해, 나아가 지식의 습득과 노동을 통해 여성해방을 이루려는 의지가 엿보였다. 어린 여학생들에게는 외국어 공부를 장려하기도 했는데, 번역이 하나의 일거리, 나아가 여자가 할 만한 직업이 될 수도 있었기 때문이다. 물론 번역을 여성의 직업으로만 한정짓기는 힘들지만, 여자가 직업을 갖기 힘들었던 그 당시 금단의 세계로 들어가는 하나의 돌파구일 수는 있었다.

에블린 쉴르로가 입증한 바와 같이[42] 19세기와 20세기에는 여성지의 역할이 점차 증대된다. 홍보 담당자들도 잠재적 소비자가 될 여성들을 사로잡는 데 주력했으며, 여성들의 취향과 구매 패턴을 리드하고자 노력했다. 특히 화장품 업계와 생활용품 업계에서는 '광택지'를 사용하여 여성들의 눈길을 끌었다. 양차 대전 사이, 미국의 가정학 선구자 크리스틴 프레더릭으로부터 영향을 받은 폴레트 베르

여성의 역사

네주가 주필로 있던 잡지 『몽 셰 무아Mon chez moi』는 가정주부라는 직업의 전문화를 추구했는데, 전력 생산업체들과 연계하여 설비가 잘 갖추어진 환경에서 일하는 가정주부의 모습을 선보인 것이다. 일부 여성은 이러한 언론 매체에서의 발언 기회를 통해 여성해방운동도 발전시켰는데, 여성지 『마리클레르』의 공동 창업자 마르셀 오클레르는 잡지 내 '연애 상담' 코너에서 굉장히 자유로운 방식으로 독자들의 서신에 답하고 피임을 위한 조언을 다양하게 제시하면서 여성의 피임권을 옹호했다. 여성에 대한 고착화된 이미지를 지속하는 한편 여성해방적인 행동을 권장하는 여성지의 이중적인 측면이었다.

페미니즘 언론에서는 좀더 현실에 참여하는 양상을 보인다. 초창기 여성 기자의 수도 부쩍 늘었는데, 이들은 정부 권력을 비판하며 정치적 영향력을 행사하기도 했다(로르 아들러[43] 및 미셸 리오사르세[44]의 연구 참고). 페미니즘 진영에서는 언론이 여론 형성에 미치는 영향을 인지했고, 이에 전문성과 이상향을 동시에 드러내며 언론 발언대를 활용했다. 여성들은 남편의 성을 따르지 않고 스스로 성을 정하기도 했는데, 마리잔 베레르, 데지레 게이, 외제니 니보예, 클레르 데마르를 비롯한 다수의 페미니스트도 이러한 움직임에 동참했다. 당시 페미니즘 진영의 주장은 크게 둘로 나뉜다. 먼저 1830~1832년 진보 성향의 여성지 『라 팜 리브르La Femme libre』는 동등한 시민으로서 사생활을 보장받을 권리(이혼권 등)와 함께 여성의 자유를 주장했다. 조르주 상드가 저서 『앵디아나』(1832) 및 『렐리아Lélia』(1833)나 자신의 삶을 통해서 열심히 부르짖던 연애의 자유, 성생활의 자유를 내세운 것이다. 그에 반해 클레르 데마르는『내가 생각하는 미래의 법Ma loi d'avenir』(1833)에서 여성을 열등한 위치에 가둬두는 '잡다한 관례 일체'에 대해 반대의 목소리를 높였다. 남자의 지배에 항의하는 이 같은 외침을 남긴 후, 클레르는 자살로 생을 마감했다.

1848년 외제니 니보예, 데지레 게이, 잔 드루앵 등이 활동하던 매체에서는 정치적이고 사회적인 성격이 더 강해진다.[45] 이들 매체는 여성의 노동권을 주장했으며, 평등한 임금과 함께 조합 결성권을 요구했다. 그뿐만 아니라 당시로서는 허용되지 않았던 여성의 참정권도 주장했다.

이 초창기 페미니즘 언론들은 내용 면에 있어서나 방식에 있어서나 다분히 혁신적이었다. 남자의 성을 따르던 관례에 대한 거부를 넘어 아예 '여성 독자들의 발언대'를 개설함으로써 여성 문제에 대해 더욱더 많은 관심을 불러일으키고, 여성들의 네트워크를 결성하겠다는 의지도 드러냈다. 근대 저널리즘의 토대를 마련한 1881년 법으로 규제가 풀리면서 제3공화정 시기에는 여성 언론 매체의 수가 더욱 급증한다(로랑스 클레망 및 플로랑스 로슈포르의 연구 참고).[46] 이에 1880년과 1914년 사이 수십 개의 여성지가 생겨났는데, 그중 위베르틴 오클레르의『라 시투아엔La Citoyenne』, 특히 마르그리트뒤랑의『라 프롱드』등이 두각을 나타냈다. 1897년에서 1901년까지는 일간지로 발행되다가 이후 1901년과 1905년 사이 월간지로 전환한『라 프롱드』는 순수하게 여성들이 기사를 작성하고 잡지의 내용을 구성하는 체제로 운영됐다. 출판 인쇄업계에서 여성들의 고용을 꺼리던 당시 관행에 비춰볼 때 결코 쉽지 않은 일이었다.

이제 프랑스에서든 대다수 서구권 국가에서든 신문이나 잡지라는 형태는 여성들의 한 표현 방식으로 자리잡는다. 게다가 남성들에게만 국한되어 있던 언론계로의 진출 또한 활발해졌다. 간간이 언론인 역할을 했던 조르주 상드나 델핀 드 지라르댕 이후로 콜레트, 세브린, 짐, 루이즈 바이스 등과 같은 언론인들이 여성 언론의 새로운 지평을 열었으며, 좀더 분명한 목소리로 더욱 과감한 행보를 이어갔다. 양차 대전 사이 여성들은 위험을 무릅쓰고 대대적인 취재를 진행했으며, 이에 앙드레 비올리 같은 이도 1935년부터 『르 프티 파리지앵Le Petit Parisien』[47]을 통해 프랑스 식민 치하 통킹만 지역 농민들의 상황에 대한 여론의 경각심을 고취시켰다. 지금은 전 세계 각지에서 여성 특파원들이 활약 중이다.

이처럼 글로 남은 고전적인 사료 외에 '구두로' 제작된 사료들도 있다. 녹취록을 담은 '육성 자서전'이다. 1970년대에는 이러한 포맷의 자료가 크게 인기를 끌었는데, 그동안 역사 속에서 침묵을 지켜왔던 노동자와 여성 등의 목소리를 알리겠다는 문화적 포퓰리즘의 영향 때문이었다. 이러한 자료들이 흥미로운 것은 여자들에 대해 알 수 있을 뿐 아니라 사생활에 관한 측면 역시 알기 쉽다는 점이다. 가령 사회운동가 부부가 있다고 할 때, 남편은 자신이 벌인 활동에 대해 이야기하는 반면 아내는 가정에 대해 이야기한다. 서로의 역할에 대한 기억이 각자 다르게 남아 있는 것이다. 이와 관련해서는 프랑스현대사연구회가 특히 적극적인 행보를 보였으며,[48] 안 로슈와 마리클로드 타랑제도 마르세유 지역 여성들의 회고담을 수집하여 『글을 쓰지 않은 이들의 이야기Celles qui n'ont pas écrit』[49]라는 선언적인 책을 펴냈다. '마르세유 젊은 여성 노동자의 삶'처럼 시사점이 많은 글과 함께 방법론적인 지침을 알려주는 책이었다.

대중 예술 및 전통 박물관과 생태 박물관에서도 여성들의 일상에 대해 알아볼 수 있는 수많은 자료를 제공한다. 한 여성복 디자이너의 작업실도 소개되고 있는데, 예전이라면 유럽 및 지중해 문명사 박물관 같은 곳에서 결코 소개하지 않았을 것이다.

여성사 관련 자료 보관소

여성사 기록을 위한 사료들은 남성들의 역사가 담긴 사료와 함께 곳곳에 뒤섞여 있지만, 여성사에 특화된 도서관과 서고도 몇몇 있다. 특히 프랑스 국립도서관은 '역사의 바다'이자 '여성사의 어머니'라고 할 수 있다. 이곳에는 여성에 관한 책은 물론 여성이 쓴 책도 많다. 시몬 드 보부아르와 시몬 베유의 자필 원고 전문을 비롯해 수기 원고도 많고, 이제는 시청각 자료까지 소장하고 있다. 해당 자료 목록은 국립시청각연구원INA의 최근 심포지엄을 통해 구축된 상태다. 아니크 틸리에가 작성한 『편람Guide』도 있는데, 여성 및 종교사와 관련하여 프랑스 국립도서관 내에 산재된 인쇄물 자료를 소개하고 있을 뿐만 아니라 수기 원고 자료 목록(루이즈 바이스, 나탈리 사로트, 엘렌 시수스 장서 등), 여성 배우 및 예술가들 관련 서류를 보유한 아르스날도서관 장서 목록, 수백 권의 도서가 정리되어 있는 방대한 서지 목록도 수록되어 있어 연구에 도움이 된다.[50]

유럽(암스테르담), 미국(슐레진저도서관), 파리 등지에도 여성 특화 도서관이 몇 군데 있는데, 특히 양차 대전 사이 마르그리트뒤랑이 지은 도서관[51]에는 수많은 기증 자료가 소장되어 있다. 수천 권의 도서 자료 및 문헌 자료뿐 아니라 일기, 수기 원고도 총망라되어 있어 30여 년 전부터 사람들이 즐겨 찾는 자료 보관소다.

끝으로 크리스틴 바르와 코린 부슈가 만든 여성사 및 젠더의 역사에 관한 사이버 도서관 'Musea'(musea.univ.angers.fr)도 있는데, 업데이트도 꾸준히 이뤄지고 다양한 성격의 온라인 자료들도 풍부하게 제공된다.

이렇듯 찾고자 하면 자료는 많다. 이들 자료를 찾아 연구하는 한 사람 한 사람의 시각이 곧 이야기를 만들고 역사를 만들어갈 것이다.

선사시대와 관련해서는 클로딘 코엔의 연구가 주목할 만한데, 선사시대 유물과 동굴 벽화를 조사한 클로딘 코엔은 '태초의 여성 femme des origines'[52]에 관해 종교적 시각이나 외설적 시각에서 벗어나 연구할 거리를 제공한다. 이 밖에도 다수의 선사시대 연구자가 여성의 발자취를 증명해주고 있는데, 동굴 벽화에 남아 있는 손의 흔적을 조사하여 그림을 그린 이가 누구인지 규명함으로써 추측만 가능했던 여성의 존재를 확인시켜주고 있다.

2장

여성의 몸

이번에는 여성의 몸에 대해 살펴보자. 한결같은 속성의 부동적인 몸이 아니라 역사 속에 비춰진, 즉 시간의 흐름에 따라 인식이 달라지는 여성의 몸을 말하는 것이다. 역사학자들 사이에서도 최근 들어 차츰 관심이 고조되는 몸에는 하나의 역사가 깃들어 있다. 물리적, 심미적, 정치적, 관념적, 물질적 역사가 함축되어 있는 것이다.[1] 남녀의 신체적 성별을 나타내는 방식이 그 대표적인 사례다. 중세 시대 소년, 소녀의 겉모습은 21세기와 분명 달랐다. 과거의 생활 양식을 연령대별로 구분하여 연구한 필리프 아리에스는 『대혁명 이전 시기의 아동과 가정생활L'Enfant et la Vie de famille sous l'Ancien Régime』[2] 이란 책으로 관련 연구의 선구자가 된다. 대혁명 이전 구체제하의 프랑스에서는 아이들의 겉모습에서 성별 차이를 드러내지 않았는데, 그 정확한 이유에 대해서는 아직 제대로 알려진 바가 없다. 당시

여성의 역사

의 실제 관행이었을까, 아니면 이를 기술한 역사학자의 이야기에 불과할까?

앞으로 이 장에서는 이렇게 몸에 대한 측면들을 역사성에 비추어 살펴볼 것이다. 나이에 따른 여자의 삶은 물론 머리카락을 비롯한 여자의 외모, 여성의 성생활과 모성, 매춘 등을 역사적 관점에서 조망해보는 것이다.

나이에 따른 여자의 삶

우선 한 가지 짚고 넘어갈 점은 여성의 기대 수명이 꽤 길다는 사실이다. 오늘날 프랑스에서도 여성의 기대 수명은 남성보다 8년 더 길다. 하지만 늘 그래왔던 것은 아니다. 중세와 근대에는 여성의 사망률이 남성보다 높았던 듯하다. 당시에는 출산으로 목숨을 잃는 여성이 많았는데, (제왕절개 시술이 행해지던 초창기 이탈리아처럼) 분만 상황이 좋지 않아 제왕절개를 할 때에도 산모보다는 아이를 살리는 경우가 더 많았기에 출산 시 여성 사망률은 높을 수밖에 없었다. 또한 19세기에는 만성 영양실조에 시달리던 서민층을 중심으로 결핵에 걸리는 여성도 많았다.

여성의 수명이 길어진 것은 비교적 최근의 일로, 산부인과 의술이 발달하고 영양 상태가 개선된 결과였다. 적절한 검진과 절제된 생활 습관도 여성들의 장수 요인이었다. 특히 여성들은 예전부터 늘 조신하게 자라도록 교육을 받았으며, 루소의 말처럼 "여자아이는 일찌감치 불편한 생활을 감수해야" 했다. 그에 반해 남자들의 세계에서는 그 모든 형태의 위험을 감수해야 남자다워질 수 있었다. 위험은 남자들 문화에 내재된 태생적 요소였다. 그런데 요즘은 남녀 간의 격차가 줄면서 여성들의 생활 방식도 점점 남성들과 비슷해지고 있다. 여자들도 남자들과 똑같이 담배를 피우고 술을 마시며, 일을 하고 차를 몰고 여행을 다니는 것이다. 그러자 여자들이 살고 죽는 것도 남자들과 비슷해졌다. 결국 여자들의 긴 수명은 원래부터 타고난 것이라기보다 생활 습관과 문화적 요인의 영향이 더 크다고 볼 수 있다. 어떤 생물학적 특성을 타고났느냐보다는 실제 어떤 생활 환경에서 살아가고 있느냐가 더 중요한 것이다.

어쨌든 이로써 노년기의 성비는 여성 쪽이 더 높다. 양로원에 있는 이들도 대부분 여성이고, 가진 돈이 적은 데다 연금도 얼마 받지 못해 근근이 살아가는 황혼기 여성의 고독과 외로움은 진보의 양면성을 보여주는 시대적 과제가 되었다.

그럼 모든 것의 시작인 '탄생'의 순간부터 짚어보자. 태어날 때부터 여자아이는 기피의 대상이었다. 아이를 낳고 나서 '아들'이라는 소리를 들으면 '딸'이라는 말을 들을 때보다 어깨에 더 힘이 들어갔기 때문이다. 남녀의 성별에 차등적인 가치를 부여해서 나타나는 현상인데, 인류학자 프랑수아즈 에리티에는 이를 두고 '성에 대한 차별적 수용'이라 칭했다. 과거 농촌 지역에서는 심지어 여아의 세례식이나 여성의 장례식 때 종을 더 짧게 치는 관행도 있었다.[3] 소리로까지 차별한 것이다.

여아에 대한 영아 살해도 뿌리 깊은 관행이다. 인도와 중국에서는

여성의 역사

오늘날까지도 여전히 여아에 대한 대대적인 영아 살해가 자행된다. 특히 중국은 한 자녀 낳기 운동에 따른 출산 제한 정책으로 인해 아들을 낳을 때까지 (이제는 주로 낙태의 방식으로) 여자 아이들을 '제거'했다. 이러한 영아 살해로 인해 태어나지 못한 여아의 수는 무려 수십만 명에 달한다. 이렇듯 성비 불균형이 점점 심각해지자 인도 산부인과 협회에서는 1986년 여아에 대한 '태아 살해'를 '반인륜 범죄'로 선포하기도 했다. 여아 부족에 따른 성비 불균형은 점차 심화되고 있으며, 이는 인구 절벽의 문제까지 가져올 수 있어 인구학자들 사이에서도 우려의 목소리가 높다.

유년기는 다른 연령대에 비해 상대적으로 성별의 차이가 두드러지지 않는 편이다. 명사에 남녀 성별을 두는 프랑스어권에서도 '어린이'라는 단어는 남성형으로만 쓰이는데도 중성적인 느낌으로 다가온다. 프랑스에서는 세 살이나 네 살 정도까지 아이들에게 남녀 구분 없이 똑같은 옷을 입힌다. '생리 현상'을 해결하는 데 더 편리하다는 이유로 남아 여아 모두 원피스를 입히는 것이다. 머리도 똑같이 길고, 놀이에도 남녀 구분이 없으며, 양쪽 다 여자들 품 안에서 큰다. 고아원에서도 남자아이와 여자아이를 섞어 함께 키우며, 성별에 따른 분리 과정은 이후에 천천히 이뤄진다.

과거 여아들의 삶에 대해서는 알려진 바가 별로 없다. 20세기 이전에 쓰인 글 가운데 유년기 여자아이의 삶을 다룬 글이 별로 없기 때문이다. 조르주 상드가 남긴 자서전 『내 인생 이야기』 정도가 예외다. 이 책에서 상드는 자신의 일상생활과 어머니, 할머니를 비롯한 가족 간의 관계와 자신의 유년 시절 놀이에 대해 세세하게 전해준다. 따라서 이 책을 보면 어린 시절 상드가 어떤 인형을 갖고 놀았으며 어떤 책을 읽었는지, 지루한 낮잠 시간 동안 카펫에서 뒹굴며 명하니 벽지를 바라보다 어떤 몽상에 잠겼는지 알 수 있다. 상드 이후로는 이렇게 유년기를 다룬 여성 작가들의 자서전도 꽤 늘었다. 마르그리트 오두, 콜레트, 나탈리 사로트, 크리스타 볼프 등이 대표적이다. 19세기에 나온 교훈적인 내용의 문학작품이나 어린 소녀들의 이야기를 다룬 소설작품에서도 당대 소녀들의 삶이 그려졌다. 세귀르 백작 부인의 작품에 나오는 소피나 루이스 캐럴의 앨리스, 상드의 파데트, 빅토르 위고의 코제트 등을 통해 당시 소녀들의 삶을 엿볼 수 있다. 1989년 오르세 미술관에서 개최된 한 전시[4]에서는 회화작품, 특히 인상주의 화가들의 작품에 소녀들이 등장해 크게 부각되었다. 자신의 딸을 모티브로 한 엘리자베트 비제르브룅과 베르트 모리조의 그림에서는 딸들의 연령대별 모습이 잘 표현되어 있었다.

하지만 문학작품이나 미술작품에서의 묘사를 넘어서서 당시 여아들의 실제 삶을 파악하기란 쉽지 않다. 딸은 아들보다 더 많은 감시와 통제를 받으며 집 안에 갇혀 지냈고, 너무 나대는 모습을 보일 때면 심지어 선머슴 같다는 소리까지 들었다. 서민층이나 농가, 노동자 가정에서는 이른 나이부터 돈을 벌어야 했고, 특히 장녀라면 일찌감치 학교를 그만두고 직업 전선에 뛰어들었다. 장차 한 집안의 어머니가 될 사람으로서 각종 집안일을 도맡던 딸은 어머니의 빈자리도 채워야 했다. 따라서 딸에게 필요한 것은 학교 공부보다 여자로서의 본분에 대한 가정교육이었다. 대부분의 가톨릭 국가에서 여아들의 취학이 남아들보다 늦어진 이유다. 남녀 구분 없이 모두가 성서를 읽을 수 있도록 권장한 개신교의 경우, 아이들의 취학 문제에 관한 한 훨씬 더 평등한 편이었다. 가톨릭 교회에는 수녀들이 주관하는 공방이 있었는데, 이곳에서 여자아이들은 간단한 읽기 및 기도하는 법과 함께 바느질을 배웠다. 모임의 실질적인 목적은 글을 읽고 기도하는 법보다 바느질을 배우는 데 있었으며, 어릴 때 일찍이 바느질을 익힌 여자아이들은 레이스 산업 분야에서 어엿한 인력으로 활약하기도 했다. 그에 따라 17세기, 특히 18세기 바이외, 캉 지역 등을 비롯한 노르망디 남부에서는 여성들을 주축으로 한 레이스 산업이 발달했다.

여자아이들은 매우 어릴 때부터 종교의 굴레에 얽매였는데, 뒤팡루 주교 식으로 말하면 여자아이들은 "교회의 슬하에서 자라야" 하기 때문이었다. 따라서 소녀들에게 있어 신앙심은 의무 이상의 무의식적인 습성habitus으로 자리잡아야 했다.

1881년 쥘 페리 법의 시행으로 12세까지는 남녀 모두가 동일한 내용의 비종교적인 의무 교육을 무상으로 받을 수 있게 되었는데, 이로써 여자아이들도 남자아이들과 똑같은 교육을 받고 똑같이 졸업할 수 있는 길이 열렸다(그러나 여학생은 졸업하기까지 남학생보다 보통 더 오랜 시간이 걸렸다). 당시로서 이는 실로 하나의 혁명이었다. 물론 여자아이들도 이미 읽고 쓰는 법 정도는 알고 있었으나, 학교에 가는 것은 또 다른 문제였다. 다만 세간의 부정적인 인식을 우려하여 교내에 여학생 혹은 남학생 출입 제한 공간을 만들어 남녀를 따로 분리해두었다.

반면 청소년기 여자아이들에 대한 기록은 눈에 훨씬 더 많이 띈다. 사춘기 소녀들에 대한 연구는 꽤 많은 편이며, 문학작품에서도 이 나이대의 소녀가 등장하는 예가 점점 늘어난다. 제인 오스틴 작품을 비롯한 영어권 소설에서도 이 나이대 소녀들의 등장이 두드러지며, 그보다 정도는 덜하지만 발자크나 조르주 상드의 작품에서도 사춘기 소녀들이 눈에 띈다. 특히 프루스트의 작품에는 소녀들이 거의 무더기로 등장한다. 소녀들의 영원한 팬인 카프카도 맥을 못 출만큼 문학작품에 수많은 소녀가 등장하는 이유는 아마도 이 시기 소녀들의 특징인 풋풋하고 수줍은 매력, 신비하고 순수한 이미지 등이 작가들을 사로잡은 탓이었을 것이다.

여자아이의 삶은 사춘기와 더불어 새로운 세계로 접어든다. 그러나 서구 문화권에서는 사춘기에 접어드는 것을 딱히 기념하지 않았고, 오히려 이에 대한 별다른 내색을 하지 않는 것이 일반적이었다. 따라서 사춘기의 통과의례 같은 것은 거의 없었으며, 부르기뇽의 일부 시골 마을 정도에나 기념 의식 같은 게 있을 뿐이었다. 그중 하나가 이본 베르디에의 연구에 나오는 미노 마을로, 사춘기에 접어든 이 지역 소녀들은 열다섯 살 겨울에 재봉사를 찾아가 장차 혼수로 쓸 이불보에 붉은색 수를 새기며 시간을 보냈다고 한다. 아이가 아닌 여자로서의 삶을 시작하는 일종의 관문이었던 셈이었다.

하지만 사춘기에 대해서는 대개 쉬쉬하게 마련이었으며, 나아가 부끄럽게 여기기도 했다. 이는 여성이 흘리는 피에 대한 부정적인 인식과 맥을 같이한다. 여성의 생리혈은 불결하며, 스스로의 의지와 무관하게 흐르는 이 피는 곧 '손실'을 의미하는 죽음의 표식이라는 것이다. 반면 남자들이 전쟁터에서 흘리는 피는 영광의 상징이었으며, 정자는 다산의 씨앗이었다. 남녀 간에는 피와 세포에도 서열이 있었던 셈이다. 여자로서 '피를 본다'는 것, 그리고 나중에 더는 이 피를 볼 수 없게 된다는 것은 굉장히 중요한 문제였지만, 이는 혼자서만 알아야 하는 신체상의 비밀 아닌 비밀이었다. 여성들은 보통 불편함을 감수하면서까지 이 '기밀'을 지켜야 했고, 엄마들은 1970년대가 되어서야 비로소 딸들에게 생리에 대해 미리 언질해줄 수 있었다. 생리할 때의 청결 문제가 중시된 것이나 광고에서 '새지 않는 안전함'을 강조할 수 있었던 것도 모두 1970년대 이후의 일이었다.

처녀의 순결은 거의 집착에 가까울 정도로 중시되었다. 미혼 여성이라면 으레 처녀성을 지킬 것을 강요 혹은 권유받았으며, 감시당하기도 했다. 교회는 동정녀 마리아의 선례를 들며 처녀성을 여자가 지켜야 할 최고의 미덕으로 꼽았고, 젊은 여인의 비좁은 침실 안에서 무릎을 꿇으며 잉태 소식을 전하는 천사의 수태고지 장면은 중세 화가들의 단골 메뉴였다. 종교적 차원에서 지켜지던 순결의 의무는 교회 밖으로도 퍼져갔고, 이는 여성으로서 지켜야 할 신성한 도리로 인식되었다. 이에 제2제정(1852~1870) 아래서는 순백의 결혼식으로 신부의 순결을 상징했다.

따라서 처녀의 순결을 지키고 보호하는 것은 곧 가정과 사회의 의무였다. 강간은 '위험'했기 때문이다. 중세 시대 남자들은 으레 통과 의례처럼 젊은 처녀들을 강간했고, 사냥감이 될 처녀에게는 크나큰 불행이었지만 청년들에게 젊은 처녀는 쉽게 '사냥'할 수 있는 대상으로 인식됐다. 한번 처녀성을 잃은 여자, 특히 집단 강간으로 처녀성을 잃은 여자는 더 이상 타깃이 되지 않았으며, 몸이 '더럽혀진' 여자는 결국 매춘의 세계로 들어갔다(조르주 뒤비 및 자크 로시오[5]의 연구 참고). 19세기에는 집단 강간만이 법적 처벌의 대상이었으며, 남자 혼자 강간한 경우라면 피해자는 (어리든 아니든) 관계에 동의한 것으로 간주됐다. 여자 쪽에서 얼마든지 관계를 거부할 수도 있었는데 그러지 않았다는 것이다. 게다가 강간은 '구타나 상처' 정도의 경범죄로 취급됐다. 프랑스에서 강간이 중대한 '범죄'로 규정된 것은 지금으로부터 불과 몇십 년도 되지 않은 1976년의 일이었다.

과거에는 신분 차가 컸던 만큼 사회적 신분은 여성들의 삶을 결정짓는 중요한 요소였다. 상류층 여성은 승마와 펜싱을 즐기는 것은 물론 남자 형제들처럼 가정교사도 따로 두고 기초 라틴어도 배우는 등 비교적 자유로운 삶을 누렸다. 반면 어머니의 엄격한 관리를 받던 중산층 여성은 어머니로부터 집안일과 함께 피아노 같은 고상한 취미활동을 배웠다. 아울러 다년간의 수업이나 기숙사 생활로 교양을 익혔고, 특히 혼인 성사를 위한 사교계 입문에 필수적인 예의범절도 깨우쳤다. 서민층 여성은 어린 나이부터 하녀로 일하는 게 일반적이었고, 마르그리트 오두의 작품 『마리 클레르』(1910)에서처럼 농장 일꾼으로 일하던 경우는 고된 노동과 남자들의 추파를 감당해야 했다(물론 도시의 '하녀'들 또한 농락당하기 쉬운 입장이긴 매한가지였다). 그 밖에 수선집이나 양복점, 공장 등지에서 일을 배우는 여성도 많았다.

자신의 의지와 무관하게 몸과 마음의 구속에 시달리던 젊은 여인의 삶은 결코 녹록지 않았다. 이들은 스스로의 미래도 직접 결정할 권한이 없었으며, 연애도 마음대로 못 하고 거리의 추파나 희롱도

여성의 역사

감내해야 했다. 원치 않게 미혼모가 되기도 했는데, 아이의 아버지를 찾는 것 또한 19세기 초 공포된 민법에 의해 금지되어 있었다. 사회와 사람들로부터 외면당한 채 외롭게 살아가던 여성들은 극도의 우울증이나 거식증 같은 병에 시달리기도 했다. '거식증'이란 말은 1880년 무렵 영국에서 처음으로 등장했는데, 이로써 우리는 당시 여성들이 마른 몸매에 대한 강박관념에 얼마나 시달렸는지를 알 수 있다. 또한 이는 결혼밖에 갈 길이 없는 여성들의 거부 반응이기도 하다.

결혼은 사실 여성들의 사회적 신분[6]에 있어 중요한 분기점이다. 여성들 대부분이 때가 되면 결혼을 했으며, 1900년 무렵 프랑스 여성들의 혼인율은 영국보다 조금 적은 90퍼센트였다. 이슬람 국가나 아프리카 국가로 가면 이 비율은 조금 더 높아진다. 이들 지역에는 독신이란 개념 자체가 없기 때문이다. '독신'이란 개념은 기독교 문화권에서 생겨난 것으로, 기독교 문화에서 여자 혼자 산다는 것은 곧 지고지순한 여성으로 거듭나는 길이었다. 하지만 19세기가 되면 상황은 달라진다. 엄마로서의 역할과 여자로서의 가치가 부각됐기 때문이다. 따라서 독신 여성은 곧 '상품 가치'가 떨어지는 '노처녀'로 인식되거나, 상속 재산만 많은 '골드 미스' 혹은 영악한 모사꾼(예: 발자크의 『인간희곡』 중 「사촌 베트」)처럼 여겨졌다. 독신으로 살려면 어느 정도의 경제적인 독립이 전제돼야 했으므로 이는 사실 여자로서 쉽지 않은 선택이었다. 그럼에도 20세기에는 독신을 택하는 여성이 점점 늘었으며, 특히 '별 볼 일 없는 여자redundant women'를 한탄하던 영국에서는 그 수가 더 늘어났다.

가족 간의 이해관계에 따른 정략결혼에서는 연애 감정보다 집안 간의 동맹이 더 중시됐고, 당사자들이 서로 사랑한다면 좋겠지만 연애가 결혼에 필수는 아니었다. 부모들은 젊은 남녀의 불같은 사랑을 경계했으며 일시적인 연애 감정이 안정적인 가정을 이루는 데 방해가 되어 자식의 인생을 망친다고 생각했다. 따라서 연애 감정 없이 좋은 집안과 사돈을 맺어 가문을 안정시킬 수 있는 지속적인 관계를 원했는데, 피에르 드 부르데유(일명 브랑톰)의 말처럼 "사랑으로 맺어진 결혼은 결국 깨진다"고 보았기 때문이다.

중세 시대에는 가족을 하나의 공동체로 보는 전체론적 관점이 일반적이었다. 가족은 구성원 개개인의 상호 관계에 의존하며, 따라서 가족이라는 공동체가 각 구성원의 운명을 통제할 수 있다고 본 것이다. 특히 가문을 중시했던 상류층일수록 이러한 경향이 두드러졌다. 이들은 교회와 손을 잡고 결혼을 혼인성사婚姻聖事로 만들어 신성성을 부여했는데, 이러한 의식은 형식적으로나마 혼인 당사자의 동의를 구하는 방식으로 이뤄졌다. 진정한 의미에서의 동의라기보다는 명목상의 절차에 불과했지만, 그래도 이로써 여성의 독립성이 인정되는 한편 결혼은 개인의 일이라는 인식의 밑바탕이 마련된다. 이후 시간이 흐름에 따라 서서히 변화가 생기면서 연애결혼이 조금씩 부각된다. 변화의 주역은 여성들이었으며, 제인 오스틴이나 조르주 상드 같은 작가들도 적극적으로 호응해주었다. 연애결혼의 도입으로 남녀 당사자가 결혼의 주체가 됨에 따라 근대적 부부관계가 태동했으며 20세기에는 연애결혼이 주를 이루었다. 그 결과 결혼의 조건도 복잡해졌는데, 외모도 하나의 조건으로 작용하게 된 것이다. 이제

가난한 여자도 미모가 뒷받침된다면 부유층 남자의 환심을 살 수 있었고, 젊은 여인의 매력은 곧 하나의 자본이었다.

결혼 후 금슬이 좋은 부부도 있었지만 운 좋게 배우자를 잘 만나거나 부부로서 서로에 대한 도리를 잘 지켜 그리된 경우가 대부분이었다. 그래서 외도하는 일이 흔했는데, 여기서도 남녀 차별이 나타난다. 성욕을 억제하기 힘든 것으로 인식되는 남자들의 외도는 대개 용서되었지만 여자들은 그렇지 않았다. 여자들은 간통죄로 법정에 설 수도 있었지만, 남자들은 부부가 사는 집 안에서 외도를 행했을 경우에만 간통이 성립됐기 때문이다. 따라서 잠깐이나마 행복한 삶을 바라는 여자라면 결국 연애결혼을 바랄 수밖에 없었다.

결혼하고 나면 여성은 집에 구속되는 동시에 집안을 관장하는 안주인이 된다. 따라서 자신에게 부여된(혹은 맡겨진) 권력을 활용할 줄 아는 것도 아내 된 여성의 몫이었다. 법적으로도 남편에게 종속된 아내는 혼인 전 사용하던 성씨를 잃어버리고, 가정을 지키기 위해 만들어진 구체제(대혁명 이전) 당시의 온갖 법규에 얽매였다. 대혁명 이후 나폴레옹이 공포한 민법 또한 여성들에게 불리하긴 매한가지였다. 프랑스에서 제정되어 다른 유럽 국가에도 영향을 미친 나폴레옹 법전은 여성에게 어떤 실질적인 권한도 부여하지 않았다.

성적으로도 여성은 남편에게 구속됐다. 고해신부의 추천에 따라 아내는 '부부로서의 의무'에 충실해야 했으며 여자답게 엄마로서의 의무도 다해야 했다. 공포와 수치심의 대상이었던 불임은 언제나 여성의 탓으로 치부됐고, 여성은 다산의 씨앗을 받아줄 그릇이라는 인식이 당연시되었다. 그러므로 불임은 정당한 이혼 사유였다. 조제핀 역시 후사가 없다는 이유로 나폴레옹 곁을 떠나야 했다.

신체까지도 남편에게 예속당한 아내는 '체벌'도 감내해야 했다. 집안 질서를 좌우하는 가장이 말 안 듣는 아이를 훈육하는 것처럼, 남편이 아내의 행동을 '교정'한 것이다. "사랑하는 만큼 매로 다스린다"는 말도 있듯이 아내를 때리는 것은 지나친 수준만 아니라면 흔히 받아들여지는 일반적인 관행이었다. 따라서 학대받는 여성의 비명 소리가 들려도 이웃집에서는 관여하지 않았다. 아무리 하찮은 일을 하는 잡부라도 집에 가면 남편인 그가 곧 왕이었다.

아내는 혼인 계약과 사회적 관행에 따라 경제적으로도 남편에게 의존적이었기 때문에 집안 재산은 모두 남편이 관리했다. 집을 고르거나 집안 대소사의 결정을 내리는 이도 모두 남편이었고, 자녀 교육이나 결혼 문제에 있어서도 최종 결정권은 언제나 남편에게 있었다.

하지만 아내에게도 안주인으로서의 힘과 영향력이 있기는 했다. 사회학자 프레데리크 르 플레의 초창기 가족관계 관련 논문[7]을 보면 서민층 집안의 가계 운영에서 여성이 어느 정도의 역할을 맡았는지 알 수 있다. 보니 스미스의 연구[8]에 따르면 프랑스 북부 중산층 가정에서도 사업가의 아내들은 집안일에 신경을 상당히 많이 썼다. 대부분 가톨릭 신자인 이들은 하루하루를 충실하게 보내는 동시에 여자로서의 본분에도 최선을 다했다. 아이를 낳고 기르며 집안일을 챙기는 데 부족함이 없도록 사력을 다한 것이다. 대가족을 이끌어가는 어머니로서 이들은 자식들에게, 특히 딸에게 가정교육 및 사교 예절과 관련해 자신이 알고 있는 것을 전수해주어야 한다는 책임감이 강했다. 중산층 사회에서 접대와 식사 자리는 굉장히 중요했기 때문이다. 그런 만큼 할 일이 많았던 이 여성들은 자기 일을 하나하나 완수해나가면서 집안의 화목에서 행복을 찾았다. 소설가 마틸드 부르동이나 드골 장군의 모친 조제핀 드골 등은 빅토리아조 특유의 가정소설domestic novels을 통해 이들의 삶과 애환을 상세히 묘사했다.

그러나 어머니로서의 바쁜 삶도 그리 오래 지속되진 않았다. 얼마 안 가 폐경기가 찾아왔기 때문이다. 사춘기만큼이나 쉬쉬하던 폐경기가 되면 여자는 더 이상 아이를 낳을 수 없는 몸이 되고, 19세기의 관념상 자연히 여자로서의 삶이 끝난다. 상드의 표현대로 "더는 여자가 아닌 존재"가 되는 것이었다. 여자로서 더 이상 피를 보지 못한다는 것은 어머니로서의 삶과 이성을 유혹할 수 있는 여자로서의 삶이 끝났음을 의미했다.[9]

과부가 되는 여자도 당연히 많았지만 그 양상은 신분과 재정 상태, 혼인 서약 내용에 따라 크게 달라졌다. 과부가 되면 돈에 대한 관점이 상당히 달라지는데, 시골 과부와 도시 과부를 비교해보면 그 차이는 더욱 극명해진다. 과거 옥시타니 지방의 제보당 같은 지역에서는 장자상속권의 전통이 으레 좋은 것인 양 지속되는 바람에 시골에서 홀몸이 된 노파는 어쩔 수 없이 아들에게 더부살이를 하며 눈칫밥을 먹어야 했다. 반면 발자크의 작품에 등장하는 파리 지역 중산층 여성들은 건물주나 용익권자로서 적잖은 수입을 누리며 사교계에서 활동하고 존경받는 후원자로 활약한다. 일부 여성은 남편의 사망을 계기로 집안의 실권을 쥐고 그동안의 설욕을 갚기도 했다.[10]

노년기에 이르면 여성은 더더욱 주목받지 못하는 신세가 되지만,

자전적 에세이나 소설에서는 할머니의 비중이 꽤 크게 나타난다. 조르주 상드의 경우 『내 인생 이야기』나 농촌 소설 『나농Nanon』 등을 통해 할머니 마리오로르에 대한 이야기를 상세히 기술했고, 손녀 오로르를 위해서 『할머니 이야기Contes d'une grand-mère』까지 집필했다. 프루스트도 어린 소년이 처음으로 경험한 죽음의 순간으로서 할머니의 임종에 대해 묘사한 바 있다. 알제리에서도 할머니란 존재는 농촌 지역의 전통문화와 관습의 전수에 있어 중요한 위치를 차지했는데, 집에서든 사회에서든 옛일을 회고하고 구전으로 계승하는 일은 주로 할머니가 담당했기 때문이다(아시아 제바르의 작품 참고).

그러나 이농 현상이 나타나고 농촌사회가 붕괴되자 집안에서 할머니의 중요성이 줄어들고, 나이 든 여성은 근근이 삶을 이어가는 신세가 된다. 새로운 사회 구조에 적응하지 못한 노인들은 결국 양로원 신세를 지고, 19세기에 접어들며 점점 늘어난 양로원은 노년기의 고독한 삶을 가까스로 연장하는 수단이 된다.

여성의 죽음은 그 생애만큼이나 외면당했다. 영면에 접어드는 마지막 순간에 유언을 남기거나 임종을 고하는 것도 모두 한 집안의 가장이나 사회에서 활약한 남자들 몫이었으며, 거창한 장례식도 대부분 남자들 차지였다. 일부 예외라면 크게 명성을 떨쳤던 루이즈 미셸이나 사라 베르나르 정도였다. 심지어 19세기 영국을 포함한 일부 국가에서는 여성들이 장례식 날 아예 묘소에 가지 않기도 했다. 그러나 정작 묘지를 손보고 가꾸는 일은 모두 여자들 일이었다.

사회에서는 세상을 떠난 여자를 기리지 않았지만, 후손들은 그래도 마음속으로 늘 할머니를 그리워했다. 할머니는 오래도록 후손들

의 마음속에 살아남았으며, 후손들은 모든 것을 다 지켜본 산증인이
자 따뜻하고 다정한 사람이었던 할머니를 추억했다.

여성의 외모: 머리카락

여성의 모습은 일단 이미지로 형상화된다. 여성의 얼굴과 신체에는
고정된 이미지가 존재하며, 옷을 입고 있든 벗고 있든 여성의 몸은
각기 정형화된 이미지로 표현된다. 여성은 외모가 먼저 두드러지기
때문이다. 유대-기독교 문화에서는 여성이 바깥에서 눈에 띄지 않
아야 했던 만큼 여성의 외모 문제가 더 크게 부각됐다. 여성은 모습
을 드러내야 할 때도 있었고 숨겨야 할 때도 있었는데, 여성이 특정
신체 부위를 드러낼 때에는 해당 사회의 관습적 규약에 따라야 했
다. 여성의 성적 매력이 집약된 머리카락도 물론 예외는 아니었다.
　여성이 따라야 했던 첫 번째 계율은 '아름다움'이다. 아마 태초 이
래로 줄곧 여성들에게는 "아름다움을 유지하고 침묵을 지켜라"라는
계율이 요구되어왔을 것이다. 특히 르네상스 시대에는 여성의 미와
남성의 힘을 양분하는 성적 인식이 뚜렷했다. 조르주 비가렐로의 저
서[11]에는 시대에 따른 취향의 변화, 특히 신체 부위에 부여하는 가치
의 변화 양상이 잘 드러나 있다. 이에 따르면 사람들은 19세기까지
만 해도 '위쪽'을 눈여겨보았으며 얼굴 생김새를 중시했고 가슴 쪽
에 관심이 많았다. 당시만 해도 다리에 대한 관심은 상대적으로 적
었는데, 사람들의 시선이 차츰 아래쪽을 향하면서 원피스도 허리 라

인을 점점 강조하는 형태가 되고 치맛단도 발목을 드러내는 형태로 바뀌었다. 다리가 크게 부각된 20세기에는 허벅지까지 오는 형태의 밴드스타킹과 팬티스타킹이 일반화되면서 타이즈의 길이도 늘어난다. 그와 동시에 날씬한 몸매를 추구하는 사람도 많아진다. 1900년대만 하더라도 살집이 많고 풍만한 몸매가 인기였지만, 이제는 거식증을 마다하지 않을 정도로 깡마른 몸매에 집착한다.

연애나 결혼에 있어서도 외모는 하나의 자산이었다. 구애의 주체는 주로 남자였기에 역할 분담이 공평하진 않았지만, 구애를 '당하는' 여자 역시 수동적이나마 나름대로 재기를 발휘하여 남자의 마음을 샀다. 마리보의 소설 『마리안의 일생La Vie de Marianne』에 나오는 마리안도 예쁜 손수건 매듭으로 매력을 발산했다. 외모가 박색이면 좋은 소리를 듣지 못하던 세상은 20세기가 되어서야 비로소 바뀌기 시작한다. 모든 여자가 아름다워질 수 있는 세상이 되었기 때문이다. 여성지의 조언처럼 여성의 미모는 분첩과 화장품으로 꾸미기 나름이었고, 옷도 외모를 가꾸는 수단이 됐다. 그에 따라 패션 분야의 비중도 커졌는데, 여성들에게 외모를 가꾸는 즐거움과 함께 치장에 대한 의무감을 부여하고 외모에 대한 절대적인 기준을 강요하며 막강한 권위를 행사했다. 『마리끌레르』지의 마르셀 오클레르도 이제 여성의 아름다움은 의지의 문제라고 발언했다. 한마디로 정리하면 이제 여성에게는 더 이상 못생길 권리가 없었다. 미를 가꾸는 것은 하나의 필수 덕목이었다.

따라서 여성은 외모를 가꾸어야 한다는 사회적 예속에 대해 일각에서 반발의 움직임이 일어났다. 버지니아 울프가 현실을 꿰뚫어본대로 "우리가 옷을 입는 게 아니라 옷이 우리를 입는 것"이나 마찬가지였기 때문이다. 조르주 상드는 자서전 앞부분에 자기소개를 하듯 장난스레 신체 치수를 적어놓고, 예쁜 축에는 끼지 못한다고 자조하며 자신은 거울 앞에서 지체할 시간에 다른 할 일이 더 많은 사람이라고 평했다. 어린 시절의 상드는 제국군 장교였던 아버지를 따라 가족이 함께 머물던 마드리드 대저택 안의 전신 거울에 자신의 벗은 몸을 비춰봐야 했다고 한다.

그럼 이제부터는 욕망의 불을 지피는 유혹의 도구로서 성적 매력이 집약된 여성성의 상징, 머리카락에 대해 살펴보도록 하자.

머리카락, 야생과 정체성의 경계

머리카락은 일단 체모와 관계된다.[12] 체모는 우리 몸에서 난다는 점, 그리고 생식기와 가까이 위치하기도 한다는 점에서 은밀한 신체 부위라는 고정적인 인식이 있다. 우리의 몸속, 디디에 앙지외의 표현대로라면 '피부 자아'[13] 안에 뿌리를 둔 체모는 얇은 막처럼 안과 밖의 경계를 나눠주며, 우리의 생식기도 덮고 있다.

체모는 우선 덥수룩한 동물 털을 연상시킨다. 19세기 프랑스 의사장 이타르가 교육한 야생의 소년이나 러디어드 키플링의 『정글북』속 모글리 모두 덥수룩한 머리를 하고 있으며, 이들은 문명의 세계로 들어오면서 머리카락부터 잘렸다. 덥수룩하고 긴 머리를 한 것은 오직 미개인뿐이기 때문이다. 18세기 학자의 시각에서 거의 야생동물에 가까웠던 한 호텐토트족 사람에 대해 박물학자 뷔퐁은 "뻗친 머리칼이나 구불구불 덥수룩한 털로 두상이 뒤덮여 있고, 얼굴도 긴 수염으로 덮인 가운데 거친 느낌의 두 눈썹이 수북하게 자라 있다"고 묘사했다.[14] 체모를 제대로 다듬지 않으면 야생의 느낌을 주는 만큼 과거 궁정사회에서는 가발을 필수로 할 정도로 모발 관리에 적극적이었다. 문명의 진화 과정에서 가발이 맡은 역할에 관해서는 독일의 사회학자 노르베르트 엘리아스의 연구를 참고하면 좋다.

모발과 체모는 우리의 일부를 이루는 요소다. 19세기에는 지인의 머리카락을 기념 삼아 간직하는 풍습까지 있었다. 가령 어린아이의 금발 머리카락이나 사랑하는 사람의 머리카락 일부를 펜던트에 넣어 간직하는 식이었다. 사랑하는 사람을 둔 여인은 머리카락을 담은 메달을 연인에게 주면서 가슴팍에 이를 고이 간직하도록 했고, 자기 또한 같은 방식으로 연인의 머리카락을 간직했다. 25년간 불륜관계로 연애편지를 주고받은 아델과 에메도 마찬가지였다. 폴라 코사르가 모은 편지[15] 가운데서도 눈에 띄는 아델과 에메의 편지에는 다음과 같은 내용이 나온다. "당신에게 보낼 머리카락을 가지런히 정리하기 위해 두 시간이나 빗질을 했어요. 이 머리카락들도 곧 당신에게 있는 머리카락과 합쳐지겠지요. 빗질하느라 고생했다고 생색내려는 것은 아니지만 이 한 올 한 올의 머리카락을 감히 건네줄 수 있을 만한 사람은 단언컨대 당신 한 명밖에 없습니다. 빗질로 머리카락을 정리하는 동안 나는 수천 가지 달콤한 상상을 한답니다." 그러니 머리카락을 내어준다는 것은 곧 자신의 일부를 내어준다는 것과 같았다. 즉, 시간이 흘러도 변치 않을 몸의 일부를 건네주는 셈이었다.

따라서 남자든 여자든 누군가의 머리를 민다는 것은 그 사람에 대한 소유권을 쥔다는 뜻이었고, 개성을 몰살하는 행위였다. 군인들의 머리를 짧게 미는 이유도 여기에 있다. 물론 위생상의 이유도 있지만 규율을 잡는 것도 큰 목적이다. 고대의 노예들도 모두 머리를 밀었으며, 포로들도 삭발의 대상이었다. 피고인과 복역자가 머리카락 및 수염의 길이로 확연히 구분되던 19세기 프랑스 감옥에서는 수감자들이 수염과 머리카락을 기를 권리를 주장하여 이를 관철시켰다. 제3공화정 체제하의 프랑스에서 수감자들에게 인정된 최초의 권리였다. 여성 수감자들 또한 단발까지만 머리를 깎아, 오송빌 자작의 표현대로 "외모가 무너지는 치욕"[16]은 면할 수 있었다. 하지만 나이가 어린 여성 수감자는 의무적으로 챙 없는 헝겊 모자를 쓰고 "머리카락 한 올도 빠져나오지 않도록" 해야 했다. 감옥에서의 규율은 외모를 정결히 하는 신체상의 규율에서부터 시작되었으며, 그중에서도 머리카락은 특히 민감한 부위였다.

수용소 수감자들 또한 삭발과 단발의 치욕을 겪어야 했다. 시몬 베유도 수용소에서 삭발이 행해지는 비참한 순간에 대해 언급[17]한 적이 있는데, 본인은 완전히 삭발을 당한 적이 없고 단발 정도의 길이를 유지할 수 있었기에 다행이라고 말했다. 수용소의 잔해 가운데서도 머리카락은 가장 끔찍한 흔적이다. 한 사람의 신체 일부가 거의 살아 있는 형태로 남아 있는 최후의 유물이기 때문이다.

자신의 일부인 머리카락을 잃는다는 것은 모두에게 견디기 힘든 일이지만, 여성들에게는 특히 더 민감하다. 주지하다시피 머리카락은 여성성의 상징이기 때문이다. 항암 치료 후 머리카락이 다 빠진 모습을 거울에 비춰보는 것은 그야말로 끔찍한 시련이자 고통이다.

남녀에 있어 체모 인식의 차이: 수염과 머리카락[18]

사도 바울은 「고린도전서」[19]에서 이렇게 적고 있다. "자연 그 자체가 가르쳐주는 대로 남자가 머리를 길게 기르면 수치가 되지만 여자의 긴 머리는 오히려 자랑이 되지 않습니까? 여자의 긴 머리카락은 그 머리를 가려주는 구실을 하는 것입니다." 이걸로 모든 게 정리된다. '본성(자연)'에 따라 느끼는 부끄러움의 여부로 성별에 따른 머리 길이가 정해지는 것이다. 신은 자기가 만들어놓은 자연의 규칙에 따르기만 하면 되고, 신을 믿는 자들 역시 마찬가지다.

체모의 종류와 용도에서도 남녀 차이는 극명하게 나타난다. 여성의 대표적인 체모는 머리카락이지만 남성의 대표적인 체모는 수염이다. 머리카락은 보통 여성성의 대표적인 상징으로 인식되는데, 낭만주의 시대나 68혁명 이후처럼 양성성이 대두되던 시기에는 머리를 기르는 남자도 많았다. 이 때문에 1960년대 후반 기업들이 장발 남성을 해고하겠다며 단속에 나섰고, 실제로 회사에서 잘리는 이들도 있었다. 남자들은 굴하지 않은 채 계속 머리를 길렀으며 이를 둘러싼 갈등이 잦았다.

반면 짧게 깎은 머리는 보통 남성스러움의 대명사로 여겨지는데, 고대 로마 시대와 그에 뒤이은 기독교 시대가 이에 해당됐다. 사도 바울은 여성들에겐 베일을 쓰도록 권유하는 반면 남자들에게는 머리카락을 짧게 깎기를 권장했다. "남자가 머리를 길게 기르면 수치가 되"기 때문이다. 이런 인식에 따라 군인들도 짧은 머리를 고수했고, 신나치주의자들도 이를 남성성의 상징으로 여겼다.

수염은 상황이 다르다. 수염은 남성성의 대표적인 상징으로서, 몰

여성의 역사

리에르 역시 희곡 『아내들의 학교』에서 주인공 아르놀프의 대사를 통해 "수염에 막강한 위력이 있다"고 언급한다. 처녀성을 지키고자 하는 성녀도 신에게 턱수염이 자라게 해달라고 부탁했는데, "수염이 난 성녀"는 남성 특유의 체모를 가짐으로써 몸을 지킬 수 있기 때문이었다.

남성성을 상징하는 수염은 사자의 갈기처럼 권능과 열정, 다산과 풍요, 용기, 그리고 지혜를 의미하며, 이에 하느님 아버지도 그를 대신하는 아브라함도 모두 수염이 난 모습으로 묘사된다. 기독교 신학자 알렉산드리아의 클레멘스는 수염을 통해 남자가 여자보다 앞서 있는 선행적 존재라고 주장했다. 그만큼 수염은 연륜과 시간, 부성父性을 상징한다.

하지만 수염도 정돈될 필요는 있었다. 이에 4세기 교부들은 '수염 난 사제들'[20]과 사투를 벌였으며, 특히 세바스테의 에우스타시우스를 따르던 사제들이 그 대상이었다. 에우스타시우스는 성적 특성을 버리고 엄격한 금욕주의를 실천하라고 설파하면서 머리카락과 수염도 자라는 대로 놔둘 것을 권유했기 때문이다. 모발의 차이가 없어지면 성적 구분이 두드러지지 않는다. 마찬가지 맥락에서 1970년대 이후에는 헤어스타일을 필두로 유니섹스 스타일이 나타났는데 지금은 그러한 경향이 다소 주춤한 상태다.

여성성의 표상, 머리카락: 이미지와 표현

머리카락은 여성의 외관을 다루는 주된 테마로, 특히 원초적이고 육감적인 성적 매력이나 원죄와의 연관성을 드러내고자 할 때 주로 머리카락이 소재로 다뤄진다. 이브와 마리아 막달레나도 머릿결이 풍성한 모습으로 묘사되었으며, 이렇듯 풍성한 머리카락은 중세 조각과 독일 르네상스 회화(뒤러, 크라나흐 등)의 심미성을 만들어낸 요인이었다.

긴 머리카락으로 예수의 발을 닦아준 마리아 막달레나는 성녀가 된 뒤에도 늘 풍성한 머릿결을 한 모습으로 표현됐다.[21] 창녀였던 마리아 막달레나에 대해 혹자는 예수의 연인이라고도 하고, 소설 『다빈치 코드』에서는 그녀가 예수의 딸 사라를 낳았을 것으로 보기도 했다. 이는 그만큼 마리아 막달레나가 세간의 상상력을 자극하는 존재라는 뜻이기도 하다.

여성의 머리카락을 소재로 한 회화작품은 상당히 많다. 수태고지 장면을 소재로 한 작품들에서도 마리아는 대개 어깨 위로 긴 머리를 늘어뜨린 젊은 여인의 모습으로 표현된다. 천사 가브리엘 역시 마리아처럼 긴 머리를 한 모습으로 그려진다. 천사들도 늘 머리카락이 있는 모습으로 묘사되는 만큼, 프랑스에서는 크리스마스트리에 사용되는 가느다란 반짝이 끈 장식을 '천사의 머리카락cheveux d'ange'이라고 부른다. 사실 천사와 머리카락은 다소 애매한 문제인데, 천사에겐 성별이 없지만 머리카락이 있으면 성별을 유추하게 되기 때문이다. 천사뿐 아니라 유디트나 살로메처럼 잔혹함으로 유명한 여성들도 긴 머리를 하고 있고, 이들이 참수한 홀로페르네스, 세례 요한 같은 인물도 머리가 길다. 마치 유디트와 살로메가 그들의 넘치는 정력을 노리기라도 한 것처럼 말이다.

르네상스 화가들의 관능미는 여성의 몸과 머리카락의 표현에서

여성의 역사

극에 달한다. 보티첼리, 틴토레토, 베로네세 등은 물론 퐁텐블로학파와 독일학파 모두 이브와 마녀, 그리고 침울함의 표상을 구불거리는 머리카락과 함께 표현했다. 인상주의 화가들은 실내에서 피아노를 치거나 바느질하는 여인들 혹은 정원의 여인들의 머리카락이 화사하게 빛나는 모습을 화폭에 담았는데, 그중 르누아르가 가장 대표적이다. 빈의 화가들 역시 관능적인 느낌으로 머리카락을 그려냈다.

소용돌이 장식이 주를 이루던 아르누보 양식에서도 여성의 머리카락은 특히 애용되던 모티브였다.[22] 머리카락 모티브는 건물 전면부나 지하철역 입구 등 도시 외관을 장식하는 주된 요소였을 뿐 아니라 실내 장식에도 널리 사용됐다. 낭시파의 장식미술에서도 (마조렐 빌라에서 볼 수 있듯이) 화병과 굴뚝 장식, 손잡이, 천장의 코니스(돌출 부분) 등이 모두 이 같은 머리카락 모티브 장식으로 휘감겨 있다.

머리카락은 문학 분야에서도 소재로 사용됐다. 소설에서는 모자 같은 머리 장식에 가려진 머리카락의 색상을 연상시키는 정도로 그쳤지만 시에서는 그 쓰임이 더욱 두드러진다. 보들레르는 시집 『악의 꽃』의 「머리카락La chevelure」[23]에서 머리카락의 색채와 향기를 노래하며 머리카락을 사방으로 넘실대는 바다에 비유했다. 머리카락의 관능미와 황홀감을 읊조린 이 시는 여성의 머리카락에서 영감을 받은 최고의 시다.

하지만 여자와 거리가 멀었던 철학자 키르케고르는 정반대의 언어를 구사했다. 『유혹자의 일기』에서 그는 남자들을 사로잡는 머리카락에 대한 생각을 정리했는데, 그 내용은 다음과 같다. "여성의 풍성한 머리카락보다, 이 굽실거리는 컬보다 더 아름다운 게 또 있을까마는 성서에서는 여러 이유를 대며 머리카락이 곧 여성의 불완전함을 나타낸다고 이야기한다. 실로 그렇지 아니한가? 길게 땋아 늘어뜨린 머리카락이 바닥에 닿을 정도로 머리를 기울인 여인을 보라. 흡사 땅에 닿을 듯 주렁주렁 꽃이 달린 포도 가지 같지 않은가? 그러니 이 여인은 시선을 하늘에 둔 채 땅은 그저 가볍게 스치기만 하는 남자보다 더 불완전한 본성을 가진 셈이다. 그런데도 이 머리카락은 여인을 아름답게 만들어줄 뿐 아니라 막강한 힘까지 부여한다. 어떤 시인의 말처럼 여인은 머리카락의 위력으로써 남자를 사로잡고 휘감으며 땅으로 끌어내리기 때문이다. 그러니 해방을 부르짖는 바보 같은 작자여, 불완전하기 짝이 없는 여자는 남자보다 더 약한 존재이니, 만일 그대에게 용기가 있다면 이 풍성한 곱슬머리를 자르고 묵직한 컬들을 잘라내라. 그리고 이 여인이 미친 사람 혹은 죄수처럼 모두를 겁에 질리게 하며 활보하게 놔두라."[24] 머리카락의 매혹적인 위력과 함께 머리카락에 대한 두려움과 증오심이 드러난 이 상징적인 글에서 키르케고르는 미친 사람이거나 죄수이거나 둘 중 하나인 여자들의 머리를 짧게 깎아야 한다고 주장한다. 그래야 여자들의 머리에 대한 집착으로부터, 나아가 이를 탐하는 죄의식으로부터 벗어날 수 있다는 것이다.

머리카락은 곧 여성이자 여성의 살결이었고, 여성성의 요체이자 유혹과 매력의 도구이면서 원죄의 상징이었다. 따라서 보이고 숨기는 미학의 관능성이 두드러진 19세기에는 특히 머리카락에 관능미가 부여됐다. 이는 클림트나 실레 등 주로 빈 출신 화가들에게서 세련된 형태로 나타나기도 하고, 식민지 여성이나 유대인 여성의 나체와 머리카락이 그려진 1900년대의 외설적인 엽서로 나타나기도 했다.

머리카락을 숨겨야 했던 여성의 운명: 베일의 오랜 역사[25]

고대 지중해 문화권에서는 베일이 흔하게 사용되었지만 종교적 의무에 따른 것은 아니었다. 물론 그리스 로마 시대에 희생 제의를 올릴 때에는 머리를 가렸지만, 이는 남녀 공통이었다. 성서에서도 구약이든 신약이든 이에 대한 특별한 규정은 없다.

그러나 사도 바울을 기점으로 모든 게 달라진다. 그가 쓴 「고린도전서」 11장 5~10절에서는 여럿이 모인 장소에서 남자들은 모자를 벗고 여자들은 머리를 가리라고 규정한다. "여자가 기도를 하거나 하느님의 말씀을 받아서 전할 때 머리에 무엇을 쓰지 않으면 그것은 자기 머리, 곧 자기 남편을 욕되게 하는 것입니다. 그것은 머리를 민 것이나 다름이 없습니다. 만일 여자가 머리에 아무것도 쓰지 않아도 된다면 머리를 깎아버려도 될 것입니다. 그러나 머리를 깎거나 미는 것이 여자에게는 부끄러운 일이니 무엇으로든지 머리를 가리십시오." 무릇 여자란 남자를 위해 창조된 존재이므로 "여자는 자기가 남편의 권위를 인정하는 표시로 머리를 가려야 합니다". 그러니 여자는 여럿이 모인 장소에서 침묵을 지켜야 했으며, 하느님의 말씀을 전할 때에도 베일을 써야 했다. 남자에게 의존하는 존재라는 표식으로서도 머리를 가려야 했는데, 그래야 남자의 권위를 인정하는 표시를 머리 위에 달아둘 수 있기 때문이다.

사도 바울 이후에는 교부들이 나서서 규제의 수위를 높였다. 교부 테르툴리아누스는 아예 기독교 문화 태동기의 주된 고민거리였던 '처녀의 베일 착용' 및 '여성의 몸단장'과 관련한 두 개의 강령까지 만들었다.

이렇듯 베일에는 여러 함의가 담겨 있으며, 신을 위해 쓴다는 종교적 의미 외에 신의 대리인인 남자를 위해서라는 민간적 차원에서의 의미도 있다. 여자가 쓰는 베일은 조신하고 명예로운 여성의 상징인 동시에 남자에 대한 종속을 의미하기 때문이다.

베일은 남편의 권위를 나타내는 상징으로서, 일찍이 로마 시대에도 결혼한 여성이 사각 베일 '리카rica'를 쓰지 않으면 이혼 사유가 됐다. 다만 나이가 어린 여성들은 베일을 쓰지 않았고, 심지어 베일 착용을 거부하기도 했다. 결혼한 여성은 '임자가 있는 몸'으로서 으레 베일을 써야 했으며, 이는 조신한 몸가짐을 위한 도구로도 활용되었다. 머리의 일부를 가리는 사각 베일만으로는 충분하지 않다고 본 테르툴리아누스는 머리카락 전체를 가리는 모자를 더 선호했다. 여성의 육체와 머리카락은 유혹의 도구이므로 가려야 마땅하다는 것이었다.

그뿐만 아니라 머리를 가리는 베일은 처녀성의 상징으로 '처녀막'(질입구주름)을 형상화하기도 한다. 신부의 처녀막을 찢을 수 있는 이는 오직 신랑뿐이듯 결혼하는 신부의 혼례용 면사포도 오직 남편만이 벗길 수 있다. 따라서 결혼한 여성이 쓰는 베일에는 신부의 봉헌과 헌신, 헌납이라는 의미가 담겨 있다. 수녀들의 봉헌 베일 역시 의미는 같다. 서원식 날 수녀들이 봉헌 베일을 쓰는 것은 신에게 머리카락을 헌납한다는 의미다. 교회는 특히 4세기부터 이러한 수녀의 베일을 의무화했으며, 수녀가 베일을 쓴다는 것은 영원히 신에게 귀속되어 순결을 지킨다는 뜻이다. 수녀들에게 요구된 베일은 수녀 이외의 여성들에게도 권장되었으며, 여성들은 최소한 민머리만큼은 내놓지 않아야 했다.

그러나 모두가 이러한 규정에 동의했던 것은 아니다. 자전적인 소설『마리 클레르』에서 마르그리트 오두는 이러한 복장 규정 때문에 힘들어하는 한 수녀 이야기를 들려준다. "수녀복을 입을 때면 항상 어두컴컴한 집 안에 있는 것 같은 느낌"이라고 평한 데지레 수녀는 매일 저녁 수녀복과 베일을 벗어던지며 홀가분함을 느꼈다. 죽을 날이 얼마 남지 않았을 때, 데지레 수녀는 아예 완전히 수녀복을 벗고 베일도 내던진 채 머리칼을 흩날리며 동료 수녀들을 경악하게 만든다. 이들의 입장에서는 데지레 수녀가 정결 서원을 어겼다고 생각할 수도 있었기 때문이다. 성녀 베로니카도 "수녀로서 자신의 머리카락을 내보이는 것은 수치스러운 일"이라고 생각했다.

베일 문제는 제2차 바티칸 공의회에서도 주교 및 수녀들 간의 주된 쟁점이었다. 기존의 의복이 오늘날의 생활 방식에 맞지 않는 만큼 복식의 간소화가 필요했기 때문이다. 교부회의 방침에 충실한 주교들은 베일을 좀더 간소화하더라도 관련 의무 규정은 계속 유지하길 원했다. (참고로 주교는 쉽게 일반 의상으로 갈아입을 수 있다.)

무슬림과 베일 문제는 논란이 뜨거운데, 여기서 이에 대한 담판을 지을 생각은 없다. 다만 알제리 인류학자 말레크 세벨[26]에 따르면 쿠란 경전에는 베일 착용에 대한 그 어떤 의무 규정도 없다고 한다. 문제는 이슬람교가 태동한 문화적 배경이다. 이슬람교는 여성을 숨기고 은폐하는 지중해 문화권을 기반으로 성장했으며, 규방과 하렘 같은 전용 거처에 여자들을 숨겨놓는 아랍 및 안달루시아 문화권을 바탕으로 발전했다. 무슬림의 베일 착용 문제는 여성들 내부에서도 그 의견이 분분한데, 아시아 제바르의 소설에서도 이 문제에 대한 알제리 여성들의 생각은 엇갈린다. 베일은 무슬림 여성들이 공공장소에서 돌아다닐 유일한 수단이기도 하지만, 알제리 전쟁의 숨은 영웅이었던 '묘비 없는 여자들'은 베일 속에 숨어 지하 무장 단체의 조력자 역할을 하기도 했다. 오늘날 이란의 여성들은 꽤 자유분방한 타입이더라도 베일을 착용한다. 자신을 보호하고 남의 눈을 피하며 정부와 남자들의 간섭을 배제하기 위해서다. 대신 베일 속의 옷차림은 자유롭다.

하지만 이러한 베일을 아랍화에 대한 저항의 표시로 활용할 수도 있다. 베르베르족 여성들은 베일을 쓰지 않으며, 마그레브(북아프리카) 지역의 페미니스트들은 비록 소수일지라도 베일 착용을 거부함으로써 자유를 내세운다. 모로코 지역도 상황은 비슷하다.

보수적인 문화가 여성을 이러한 틀 안에 가두려 할수록 여성들의 저항은 더 거세진다. 사실 베일은 여성에 대한 남성의 패권을 나타내는 상징으로서, 여성의 신체는 물론 존재 자체가 남성에게 귀속됨을 의미한다. 베일을 씌워준다는 것은 곧 대상을 소유한다는 뜻이기 때문이다. '우리는 창녀도 유순한 양도 아니다'라는 뜻의 여성운동 단체 '니 퓌트 니 수미즈Ni putes ni soumises'가 내건 요구 사항, 혹은 페미니즘 진영에서도 의견이 분분한 공교육 기관 내 이슬람 베일 착용 금지법 관련 논란만 보더라도 이 문제가 현재 얼마나 뜨거운 사안인지 알 수 있다.

유혹의 수단, 헤어스타일과 머리 장식

여성의 머리카락에 많은 의미가 깃든 만큼, 자연히 머리 장식도 예를 갖추거나 멋과 개성을 표현하는 수단이 되었다.

19세기에는 '품위 있는' 여성이라면 으레 머리에 무엇이든 써야 했다. 머리에 아무것도 쓰지 않은 여성은 서민층으로 간주됐고, 나아가 천박하다는 소리까지 들을 수 있었다. 신분 차이는 시장에서도 드러났다. 장을 보는 부르주아 계급 여성은 모자를 쓴 반면 상인들은 아무것도 쓰지 않았기 때문이다. 이에 따라 패션 모자 업계도 성행이었다. 남성용이든 여성용이든 가리지 않고 머리 장식과 관련한 패션 유행이 자리잡았으며, 특히 17세기와 18세기에는 여성용 머리 장식이 과하다 싶을 정도로 화려해졌다. 마리 앙투아네트 왕비가 즐기던 '벨 풀Belle Poule' 스타일[27]처럼 높게 장식을 쌓아 올리는 경우도 있었기 때문이다.

이어서 헤어스타일 자체에도 관심이 높아지면서 사람들은 저마다 다양하게 머리 모양을 가꾸기 시작했다. 다만 공공장소에서는 대개 머리를 풀지 않은 쪽진 머리였고, 집 안이나 침실 같은 곳에서만 머리를 편하게 풀어헤쳤다. 결혼식 날 신부는 초야를 치르기 전 남편을 위해 머리를 풀었는데, 이는 결혼식 이후로도 남편만 누릴 수 있는 '호사'였다. 독일 철학자 아도르노는 여성들에게 머리 장식에 관한 일종의 페티시즘이 있다고 보았다. 여성들이 머리 모양에 과할 정도로 신경을 쓴다는 지적이었다. 연인에게 흠뻑 빠진 여자가 원피스와 머리 모양에 집착하는 것에서도 이를 알 수 있다.

사람들이 머리 모양에 신경을 쓰자 헤어스타일도 하나의 옷이 되면서 예술작품이자 패션 아이템으로 등극했다. 이제는 머리카락도 매력과 우아함을 발산하는 데 한몫하게 되었으며, 모자 디자이너뿐 아니라 헤어 디자이너까지 등장하면서 미용사는 여성들에게 있어 단순한 파트너를 넘어 속내까지 털어놓는 '절친'으로 자리잡는다. 미용실이 과거의 규방 같은 역할을 하게 된 셈이다.

머리 기장과 커트, 염색 등을 보면 사회의 패션 경향과 기준을 가늠할 수 있다. 머리카락의 색상에 대해서만 논하더라도 한 챕터 분량은 될 것이다. 대다수의 남성은 금발을 좋아하는 것으로 알려져 있으며,[28] 화가들은 그러한 성향이 더 강하다. 베로네세나 틴토레토처럼 대부분의 화가가 그림을 화사하게 만드는 금발에 애착을 보였기 때문이다. 고야의 스페인 미술과 오리엔트 미술의 영향을 받은 낭만주의에서는 칠흑같이 어두운 색 머리를 더 선호했지만, 곧이어 금발이 다시금 인기를 끌었다. 영국의 온순하고 순종적인 이상적 여인상도 금발로 묘사됐고, 에밀 졸라의 뇌쇄적이고 관능적인 나나 역시 그의 다른 작품 속 여주인공과 마찬가지로 금발이었다. 르누아르를 비롯한 인상주의 화가들 작품에도 화려한 금발의 여인이 등장하며, 20세기에는 매릴린 먼로나 브리지트 바르도, 그레이스 켈리, 마돈나 등 요부의 아이콘이었던 여인들 대개가 금발이었다. 반면 툴루즈로트레크가 좋아했던 빨간머리는 인기가 별로 없었다. 피가 피부를 타고 올라온 듯한 느낌의 빨간머리 여인은 다소 마녀 같은 인상

을 주었기 때문이다.[29]

단발, 해방의 상징: '광란의' 1920년대[30][31]

가장 먼저 머리를 자른 이들은 1870~1880년대 민중의 건강을 돌보기 위해 의과대학에 들어간 러시아 여대생들로, 이들은 기존의 가치 체계를 거부하던 허무주의와 상관없이 단발을 택했다. 그에 따라 단발머리를 한 젊은 여성의 이미지가 새롭게 자리잡았다. 삭발이나 마찬가지라고 생각하는 사람이 간혹 있었으나, 이러한 '신여성'의 모습은 파리 코뮌에 가담한 사회주의 무정부주의자 루이즈 미셸에게도 꽤 매력적으로 보였던 듯하다. 그 역시 머리를 자르고 파리 코뮌에 가담했기 때문이다(이후로도 그는 늘 중간 정도의 기장을 유지했다). '벨 에포크Belle époque' 시대(1890~1914)의 이 '신여성'들은 정치적·관습적 해방을 요구했다. 때로는 남장을 하고 때로는 여성스럽게 꾸미는 등 다양한 외모를 보여준 시인 르네 비비앙처럼, 남장이나 동성애를 즐기는 한편 극단적인 여성성을 보이기도 했다. 1900년 무렵 유럽에서는 페미니즘이 들불 같은 기세로 발전하며 신체의 해방을 요구했는데, 그에 따라 코르셋도 퇴출되고 치마 길이는 물론 머리 기장도 짧아졌다. 20세기 초반의 프랑스 여성 작가 콜레트도 1902년부터는 '중성적인' 외양의 매력을 과시하며 자신의 주요 작중 인물이었던 클로딘의 머리를 짧게 만들었다.

이러한 움직임은 전쟁의 영향으로 더욱 가속화되었다. 당시의 시대상이 담긴 엽서에서도 나타나듯 전쟁 중 직무 수행의 편의를 위해 간호사나 전차 운전사, 군수 공장 직공 등의 외모와 복장이 차츰 근대화된 것이다.

전후에는 단발머리가 보편화되면서 스타일에 변화가 찾아왔다. 고데기를 써서 풀리지 않는 파마 스타일로 동글동글한 컬링을 준 단발머리 여성들도 있었고, 생머리를 짧게 잘라 소년 같은 느낌을 낸 여성들도 있었다. 특히 이런 쇼트커트 여성들이 넥타이와 함께 수트를 입고 담배를 피우면 영락없는 '남장 여자'의 모습이었다. 이 새로운 패션 스타일은 알렉상드르 드레앙의 노래 가사에서도 잘 드러난다. "그녀는 머리를 짧게 잘랐지요. / 귀여운 소녀처럼 / 짧게 머리를 잘랐어요. / '훨씬 더 잘 어울릴 거야' / 라고 생각했기 때문이죠. / 여자들이 다들 남자처럼 하고 다니니까 / 편하게 입는 / 유행에 따라 / 여자들이 모두 머리를 짧게 자르네요."

이런 중성적인 패션이 처음부터 거리낌 없이 받아들여진 것은 아니었다. 이 분야를 선도했던 작가 콜레트도 훗날 중성적인 스타일 때문에 여성적인 매력이 줄어드는 것을 비판했다. 보르트, 마들렌 비오네, 푸아레 같은 오트 쿠튀르 디자이너 숍도 이러한 '남성화'에 반대했다. 반면 또 다른 일각의 여성들은 이러한 패션 스타일의 유행으로 모종의 '해방감'을 느꼈고, 남자 같은 짧은 머리를 뽐냈던 이탈리아 여성 작가 시빌라 알레라모 역시 "새로운 시대로 넘어간 느낌"이라며 이 '혁신적인' 스타일을 예찬했다.

이에 따라 여러 양상이 나타났다. 젊고 근대적인 스타일이 등장했으며, 전쟁 이전의 스타일, 전쟁과 더불어 소멸된 이전 세계의 스타일에서 해방되려는 의지도 보였다. 사람들은 활동성 있는 가벼운 스타일을 선호했으며, 기존의 성적 인식에서 벗어나려는 조짐도 나타났다. 여성 동성애자들도 자신들의 구미에 맞는 이 새로운 패션 스타일을 옹호했다. 이어 사회 전반적으로 이러한 관행이 보편화되었는데, 『미네르바』『보그』 같은 잡지와 코코 샤넬을 필두로 한 일부 고급 의상 디자이너들도 새로운 패션 스타일을 추구했다.

이로써 패션계에는 중성적인 스타일이 자리잡았다. 여자들은 챙이 짧은 종 모양의 모자를 쓰고 샤넬 스타일 정장을 입었으며, 치마바지와 바지도 거리끼지 않았다. 행동에도 변화가 생겼다. 담배를 피우고, 자동차를 몰고, 공공장소에서 신문을 읽고, 카페에 드나드는 여성이 늘어난 것이다. 유럽 전역에서 동성애 붐[32]이 이는 가운데 성 개념에도 변화가 생겼으며, 콜레트와 쥐랑 남작 부인, 오데옹 거리의 유명한 출판계 인사로 제임스 조이스의 책을 펴낸 실비아 비치와 아드리엔 모니에 같은 동성애 커플도 생겨났다.[33] 이외에 마르셀 무어(본명은 수잔 말레르브), 거트루드 스타인, 로메인 브룩스, 유명 사진 작가 클로드 카윙 등도 당대의 유명한 동성애자(혹은 양성애자)였다. 이제 여성들은 아프리카로 떠난 제르멘 틸리옹과 드니즈 그리올처럼 기존의 성 역할과는 다른 새로운 역할을 기대했고, 대학에 가서 민족학이나 심리분석학 같은 신흥 학문도 공부했다. 기존에는 여성에게 허락되지 않았던 새로운 직업을 갖는 이도 늘었으며, 회화를 필두로 미술과 문학 분야에서 창작활동을 펼치는 여성들도 생겨났을 뿐 아니라 전위예술 분야로 진출한 여성들도 있었다. 여러 측면에서 결정적이었던 이와 같은 여성들의 약진은 갑작스레 맥이 끊기거나 중단되었는데, 페미니즘을 반대하는 전체주의가 대두되며 위기가 고조됐기 때문이다.

여하튼 '광란의' 1920년대에 불었던 단발 유행은 신여성과 이들의 새로운 여성성을 의미하는 것이었다.

여성의 삭발

예로부터 삭발은 치욕의 상징으로 여겨졌다. 삭발을 당하는 것은 패잔병이나 포로, 노예들 정도였다. 고대는 물론 중세에도 간혹 삭발이 이뤄졌는데, 특히 마녀로 몰린 여성들이 대상이었다. 이들의 긴 머리카락이 불길하게 여겨졌기 때문이다. 잔 다르크가 삭발을 당한 이유도 여기에 있다(드레이어 감독의 영화 「잔 다르크의 수난」에서 마리아 팔코네티는 훌륭히 삭발 장면을 소화해냈다).

제2차 세계대전과 독일 점령기 이후 프랑스에서는 '침실 부역' 혐의를 쓴 여성들에 대한 대대적인 삭발이 행해졌다. 이 문제에 대한 초기 연구자인 알랭 브로사가 '못난이 사육제Carnaval moche'[34]라 표현한 이 사건은 해방기의 가장 씁쓸한 광경 중 하나였다. 파브리스 비르질리의 관련 논문을 보면 독일 부역 여성에 대한 삭발의 전국적 규모와 범위를 알 수 있다. 대도시뿐 아니라 농촌 지역에서도 2만 명에 달하는 여성이 삭발을 당했다. 독일 부역 혐의를 받는 여성들의 머리가 맨 처음 깎인 것은 1944년 봄이었으며, 이후 포로와 강제 노역자들이 귀환하고 강제수용소 사건이 밝혀지면서 1945년 5월과 6월 사이 2차로 대대적인 삭발이 행해졌다. 삭발의 양상은 지역과 상관없이 동일했다. 모두가 보는 연단 위에서 머리를 민 뒤 행진시키며 조리돌림을 하는 식이었다. 사람들은 그동안 쌓인 감정을 모두 이들에게 토해내듯 정신없이 온갖 조롱과 야유를 보냈다.

더 놀라운 것은 여기서도 머리카락이 굉장히 상징적인 비중을 차지했다는 점이다. '이발기가 여성의 매력을 앗아갈 때'라는 제목의 사설을 실은 잡지도 있었다. 여성들은 삭발로써 신체를 훼손당했고, 거의 알몸과 같은 신세로 남들 앞에 나섰다. 그리고 이렇게 남김없이 밀어버린 민머리 위에 사람들은 나치 문장을 그려넣었다. "삭발로써 해당 여성을 사회에서 축출함과 동시에 이들의 여성성을 파괴"한 것이다. 파브리스 비르질리의 분석에 따르면 당시 사람들은 "머리카락이 갖는 관능적 의미를 형상화하여 삭발식을 준비했으며, 뒤이어 여성성을 파괴하는 절차가 행해졌다".[35] 여성들이 저지른 부끄러운 행위는 처단해야 마땅했고, 이로써 프랑스 국민은 불순한 행동에 따른 오명을 씻었다. 그리고 이 과정에서 여성들의 몸이 희생양이 됐다. "마치 여성의 머리카락을 자름으로써 사회의 모든 죄악, 즉 독일 부역에 대한 모든 죄를 씻어낼 수 있다고 생각하는 듯했다"(알랭 브로사). 삭발이 악을 도려내는 일종의 정화 의식이 된 것이다. 따라서 여성의 몸, 특히 머리카락이 명예와 권력의 문제와 결부되며 정치적 역할을 한 것이라고도 볼 수 있다.

어찌 보면 무슬림 베일 문제를 두고 프랑스 안팎으로 과열 양상이 빚어지는 것도 이와 관련이 있을 듯하다. 여성의 머리를 두건이나 베일로 감싼다는 것은 곧 남성에 대한 여성의 종속성을 의미하는 것이요, 성의 위계질서를 바로잡는 것이니 일부 시각에서 봤을 때 이는 사회질서의 근간을 바로잡는 일이다. 그러니 여성들의 머리카락을 둘러싼 문제는 여전히 현재 진행형이다. 마치 세상이 여성들의 머리카락을 중심으로 흘러가고 있는 것 같다.

여성의 성

이번에는 여성의 성♯에 대해 알아보자. 먼저 오르세 미술관에 소장되어 있는 쿠르베의 작품 「세상의 기원」을 떠올려보라. 이 작품은 에로티시즘 회화를 수집하던 미술 애호가 칼릴 베이 전 파리 주재 터키 대사의 의뢰로 그려졌다. 그림의 원주인은 천 아래에 작품을 은밀히 감춰두고 마치 남이 알면 큰일 나는 물건인 양 몰래 소장했다. 사실 아무에게나 쉽게 보여줄 수 있는 그림은 아니었다. 여성의 적나라하게 벌어진 음부를 과감히 표현한 최초의 그림이었기 때문이다. 이후 이 작품은 정신분석학자 자크 라캉의 소유로 들어간다.

생식기는 남자와 여자를 구분하는 신체상의 특징이다. 이 '미세한' 차이에 따라 우리는 신생아를 각각 남아와 여아로 구분한다. 성이 구분되지 않는다면 그 또한 비극적인 일이다. 미셸 푸코는 1978년 『에르퀼린 바르뱅 회고록』('평행의 삶' 총서 중 한 권)을 펴내 한 양성구유자의 비극적 삶을 다룬다. 여자로 규정되지만 스스로는 남자라 느끼던 이 사람은 결국 남성으로서의 성별을 인정받긴 하지만 자기 상황을 비관하여 자살로 생을 마감한다. 요즘은 그래도 타고난 생물학적 성별을 바꾸는 트랜스젠더가 인정되고 있으나, 그렇다고 이들의 삶이 순탄한 것은 아니다.

우리가 사는 사회에서는 거의 모든 것이 둘로 나뉘며, 어빙 고프먼의 표현대로라면 '성별에 따라 배열'된다. 인류학자들이 관련 연구를 선도했고, 특히 남녀의 차이는 생리학적 차이가 아닌 문화적 차이에 기인한다던 마거릿 미드의 연구(1935)는 "우리는 여자로 태어나는 게 아니라 여자로 만들어진다"던 시몬 드 보부아르의 사상에도 영향을 미쳤다(『제2의 성』). 이로써 시몬 드 보부아르는 태생적 결정주의에서 벗어나 기존 통념을 해체하는 데 기여한다. 생물학적 성별과 사회문화적 성별(젠더)의 문제는 오늘날 페미니즘 진영에서 고민 중인 핵심 사안으로, 딱히 어느 한쪽이 우선이라고 단언하기는 힘들다. 남녀의 성은 일차적으로 생물학적 성별이 결정하는 것인가? 타고난 성보다는 태어난 후의 경험과 역사가 몸에 더 뚜렷이 각인되므로 생물학적 성별보다는 사회문화적 성별이 더 우선하는 것은 아닐까?

쉽게 답이 나오는 문제는 아니므로 여기서는 성별의 차이에 대한 역사와 관련해서만 몇 가지 짚어볼까 한다. 먼저 여성에 대한 기본 인식부터 살펴보자. 아리스토텔레스에서 프로이트에 이르기까지 여성은 뭔가 부족하고 모자란 존재, 자연의 결함과도 같은 존재로 여겨졌다. 아리스토텔레스에게 여성이란 남성이 되려다 실패한 불완전한 존재였고, 제대로 빚어지지 못한 미완의 상태였다. 프로이트는 남근에 대한 '질투'가 여성의 성욕 속에 강박처럼 내재되어 있다고 보았다. 이러한 관점에서 보면 여성은 모자라고 부족한 존재이자 남자에 의해 점유되는 수동적 존재다. 해부학적 차원에서뿐만 아니라 생물학적인 특성에 있어서도 여자는 남자에 비할 바가 못 된다. 체액, 생리 때의 불순한 혈액, 모유 등 여성의 몸에서 나는 분비액은 남성의 정자처럼 무언가를 만들어내는 '창조력'이 없고 그저 양분을 제공해주는 역할 정도에만 그치기 때문이다. 생식 과정에서도 여성은 '수용체' 역할밖에는 하지 못하므로 여성에게 기대된 것은 오직 따뜻하고 안정적인 '그릇'으로서의 역할 정도였다. 배란의 메커니즘이 알려진 것도 18세기의 일이고, 19세기가 되어서야 비로소 생식 과정에서 여성이 지닌 중요성이 제대로 인정된다. 따라서 오랜 기간 여성은 타고난 성별에 있어서나 생식 기능에 있어서나 열등한 존재였다.

성에 대한 인식은 시대별로 다소 달랐다. 중세 시대에는 성을 남녀 혹은 암수 정도로만 국한시켜 생각했다. 앞서 살펴본 바와 같이 신체를 '위쪽'과 '아래쪽'으로 구분하여 인식했던 르네상스 시기에는 미의 고귀한 원천인 '위쪽'을 높이 떠받들고 동물적인 '아래쪽'은 폄하했다. 의학과 자연과학이 발달한 18세기에는 '아래쪽'이 재발견되었다. 몸의 아랫부분이 삶과 욕구의 동력으로서 새로이 각광받은 것이다. 이 시기에는 성에 대한 끝없는 탐구 의식을 바탕으로 '성의 개념'이 탄생했다. 개인의 역사와 정체성에 있어 근간이 되는 성에 대한 인식이 전환된 것이다. 이로써 18세기에는 개인의 성적 측면이 부각되었는데, 푸코나 토머스 라커의 연구에서 알 수 있듯이[36] 특히 여성에게 성적인 의미가 부여된다. 이제 여성은 성별로만 인식되는 대상이 되었으며, 각 개인의 고유한 정체성은 여성이라는 성 정체성에 완전히 파묻힌다. 루소도 『에밀』에서 이 부분을 지적한다. "성별이 미치는 영향에 관한 한 남녀 간의 완전한 평등이란 결코 존재하지 않는다. 남자는 특정 순간에만 남자로서 존재하지만 여성은 평생을 여자라는 이름으로 살아가야 하며, 젊을 때는 더더욱 여자라는 성별로만 그 존재가 인식된다. 자신이 여자라는 사실을 잊고 살지 않도록 사방에서 이를 끊임없이 주지시켜주며, 여자로서의 본분을

여성의 역사

다하기 위한 관련 자질도 요구된다." 여자란 그저 조신하게 집 안에서만 조용조용 지내며 고분고분한 삶을 살아야 하는 것이다. 이러한 여성은 가족의 보호하에 있어야 하며, 집안의 그늘 안에서 평온하게 지내야 한다. 따라서 여성은 성 정체성 속에 개인의 정체성이 파묻히며, 가정과 사회 속에서 오로지 출산과 가사를 담당하는 존재로만 인식된다.

여성의 성은 응당 감추고 보호받아야 하는 대상이었고, 마성의 위력을 갖고 있는 만큼 '처녀막'과 정조 관념도 중요하게 여겨졌다. 특히 기독교에서는 순결과 (금욕적인) 독신생활을 중시했으며, 교부들도 육욕을 멀리했다. 부정한 육욕의 죄는 모든 죄악 가운데에서도 가장 끔찍한 죄악이었기 때문이다. 오늘날에도 교황청에서는 성의 문제를 현대사회에서 교회가 마지막까지 지켜야 할 보루라고 보고 있다. 기독교의 도덕성, 나아가 그 신성성을 지키기 위한 마지노선인 셈이다.

따라서 여성들은, 특히 젊은 미혼 여성들은 처녀성을 절대적으로 숭배해야 했다. 마리아 막달레나와 대척점에 서 있는 동정녀 마리아가 모든 여성의 귀감이자 숫처녀의 수호성인이 된 이유다. 동정녀 마리아는 원죄 없이 잉태된 존재인 동시에 '성령'의 힘으로 남자 없이 임신하여 아들을 낳았다. 그뿐만 아니라 설교하는 예수를 뒤따르고 고난받는 예수에게 힘이 되었으며 그의 죽음을 지켜본 완벽한 '어머니' 상이었다. 그러나 '일개' 어머니에 불과했던 성모 마리아는 중세 시대에 이르러 교회의 어머니이자 여왕으로 자리잡고, 모두의 입에 오르내리는 수호성인이 된다. 역사가 쥘 미슐레의 표현대로

"13세기에는 신이 성별을 바꾼 것" 같았다. 대성당과 교회의 성모상에서는 이러한 성모 마리아의 위상이 잘 드러난다. 마음의 안식처이자 처녀성의 표상이 된 성모 마리아는 수도원의 여왕이자 처녀들의 주인으로 군림한다.

그러니 이러한 마리아의 자녀들이라면 응당 순결의 의무를 지켜야 했다. 몸가짐은 조신해야 했고, 혼전 순결은 가장 소중한 자산이었다. 총각 딱지를 떼려던 청년들의 유혹이나 강간으로부터 스스로를 지키는 것은 혼전 처녀들의 당연한 의무였고, 밤이 되면 혼자 돌아다니는 일도 피해야 했다. 지금보다 밤거리 치안이 좋지 않았던 만큼 밤에 혼자 돌아다니면 신체상의 위험에 노출될 수 있었기 때문이다.

처녀들의 첫날밤은 이를 탐하는 남자들에 의해 좌우됐다. 말로만 전해오는 중세 시대 초야권(결혼 첫날밤 신랑 이외의 남자, 즉 영주가 신랑보다 먼저 신부와 동침할 수 있는 권한—옮긴이) 같은 것도 있긴하나 그보다는 결혼한 신랑이 쥐고 있는 막강한 권리가 더 실질적이었다. 결혼한 첫날밤 남편은 아내를 소유하는 의식을 치르듯 신부를 제압했기 때문이다. 한동안은 공개적으로 초야 의식이 치러지기도 했는데, 신혼여행이 보편화되면서 18세기와 19세기에는 신혼부부의 초야 역시 점차 사생활의 영역으로 들어간다. (단, 북아프리카 지역에서는 초야를 치른 후 혈흔이 묻은 이불보를 보여주는 관행이 오늘날까지도 지속된다.)

여성의 성욕 메커니즘에 관해서는 잘 알려지지 않은 부분이 많은만큼 온갖 해석이 난무한다. 워낙 미지의 영역이라 막연한 두려움의 대상이 되기도 하고, 오해와 무지가 혼재한 가운데 극단적인 해석도 제기된다. 즉, 성욕이 너무 없어 문제라거나 혹은 너무 과해 문제라는 식으로 해석되는 것이다. 심지어 히스테리가 여성의 자궁에 의한 병이라는 해석까지 등장했다.

먼저 여성의 왕성한 성욕에 관한 우려는 여성의 생식기가 그 끝을 알 수 없는 우물과도 같아서 여성과 관계를 한 남성은 진이 빠지고 기력이 쇠한다는 시각에 기인한다. 여자의 성욕이 지나쳐 남자가 목숨을 잃거나 성적 불구가 될 수도 있기 때문이다. 승리를 위해 전력을 다하는 운동선수나 군인이 여자를 멀리해야 하는 이유도 여기에 있다. 키르케고르도 "여자가 남자에게 영감을 주는 것은 남자가 여자를 소유하기 전까지"라고 했는데, 여자를 소유하는 순간 남자의 기력이 쇠하기 때문이다. 스탕달의 오랜 고민이었던 성적 불능의 원인도 결코 충족되지 않는 여성의 성욕에 대한 두려움이었다.

한편 여성에게는 성욕이 없다고 보는 사람들도 있다. 여성이 성관계를 원치 않으며, 심지어 이를 고역으로 여긴다는 것이다. 발자크도 우의적이면서 세부적 묘사가 돋보이는 작품 『결혼 생리학La Physiologie du mariage』에서 두통을 핑계로 부부관계를 피하며 혼인서약을 따르지 않는 여성들을 묘사한다. 여성들의 성 불감증은 남자들이 집 밖에서 성욕을 해소하는 구실이 되기도 하는데, 아내의 불감증 때문에 정부를 두거나 매춘을 하여 '성적인 고충'을 조금이나마 해결한다는 것이다.[37]

이렇듯 남자들은 여성의 성욕에 대한 환상과 공상에 사로잡힌 가운데 여성의 성기를 끊임없이 갈구했다. 이는 에로티시즘과 포르노의 원천이자 사도마조히즘의 기원이 되었으며, 어린 소녀들의 할례 의식 또한 그에 따른 결과였다. 아프리카 지역의 무슬림 국가에서 오늘날까지도 널리 행해지고 있는 할례 의식은 이제 이들이 이주한 유럽 지역에서도 나타난다. 그렇다면 여성의 성욕은 과연 용인될 수 없는 것일까?

일찍이 성욕이 과한 여성은 위험한 존재로 여겨졌는데, 마치 신들린 듯한 이들의 모습이 아무리 관계를 맺어도 '만족할 줄 모르는' 마녀처럼 보였기 때문이다. 나이가 들어 연애와 거리가 먼 노파가 되더라도 이 '마녀들'은 (기독교 세계에서 상식적으로 통하는 정상위와 다르게) 남자 위에 올라타거나 (남자가 뒤로 가는) 후배위를 즐기는 것으로 유명했다. 요컨대 금기된 방식으로 사랑을 나눈다는 것이다. 사냥의 신 디아나는 자유로운 성관계의 상징이었으며, 음란한 '색정' 마녀는 광란의 밤을 더욱 짙게 물들였다.

히스테리도 생식기의 병으로 치부됐다.[38] 자궁의 발작으로 정신이 이상해진 여자나 걸리는 병이라는 것이다. 19세기 공장이나 기숙사의 단체 행사에서는 히스테리 환자들이 이따금씩 발작성 증세를 보였는데, 현대 신경의학의 창시자 장마르탱 샤르코는 매주 월요일 살페트리에르 병원에서 이들의 움직임을 면밀히 관찰했다. 그 결과, 신종 마녀로 취급된 이 발작 환자들은 위르뱅 그랑디에가 악귀를 퇴치하고자 시도했던 '루됭의 신들린 사람들'과 비슷한 증세를 보였다. 차이가 있다면 저들의 문제는 악마가 원인이었던 반면 히스테리 환자들은 자궁에 문제가 있었다는 점이다. 이로써 '여성 질환'이라는 개념이 생기고 여성들에 대한 정신과 치료와 심리 분석이 시작된다.

19세기 들어서는 히스테리에 대한 인식에도 변화가 생겨난다. 니콜 에델만의 연구[39]에서처럼 당시 병에 대한 인식은 크게 둘로 나뉘었는데, 첫 번째는 병인이 자궁에서 뇌로 바뀌어 신경계의 작용으로 히스테리가 발생한다고 본 것이고, 두 번째는 남성에게도 히스테리가 발생한다는 것이었다. 조르주 상드에게 쓴 편지에서 플로베르 역시 자신에게 히스테리 증상이 있다고 밝혔고, 샤르코 또한 남성에게서도 히스테리가 발병한다는 사실을 확인했다. 특히 전쟁이 일어나면서 남녀 모두 히스테리 진단을 받는 경우가 더 늘어났다.

사회적으로 허용되고 권장되는 성생활은 부부 사이의 성관계다. 하지만 이에 대해서는 많이 알려진 바가 없다. 부부 간의 관계가 이뤄지는 침실에는 외부의 시선이 닿지 않기 때문이다. (형의 사후 형의 대를 잇도록 하기 위해 형수와 동침해야 한다는 히브리 규정에 따라 형수와 잠자리를 하던 중 형의 후손이 태어나지 못하게 하려는 목적에서 마지막에 질외 사정을 한) 오난의 죄가 엄벌에 처해졌음에도, 가톨릭 교회는 부부 사이 일에 관한 한 고해 신부들에게 기밀 유지를 권고했다. 하지만 임신을 피할 다른 방법이 거의 없었기 때문에, 17세기 이후 산아 제한 정책이 시행된 프랑스에서는 질외 사정이 널리 행해진다. 인구학자 모오의 기록에 따르면 "작은 마을에서조차 자연 임신을 피하려는 움직임이 있었다"(『프랑스 인구에 관한 연구 및 고찰Recherches et considérations sur la populationi de la France』, 1778). 가족의 수가 더 늘어나는 것을 막고 원치 않는 임신을 피하려던 여성들은 남자 쪽에서 '조심'해주길 바랐고, 여자 쪽에서 피임할 방법은 알지도 못했다. 다만 여자 쪽에서 늘 부부관계를 기피하는 것은 아니었는데, 오히려 남편이 관계에 소홀하거나 성적 불능일 때 불만이 더 높았다.

여성에게도 성욕이 있다는 게 알려진 것은 오래전이었다. 중세 기사들은 끝없는 여성의 욕구를 만족시키지 못할까 우려하던 나머지 여성과의 잠자리조차 두려워한 것으로 전해지며(조르주 뒤비의 연구 참고), 특히 르네상스 시대에는 이러한 성욕에 대한 연구가 확대된다. 의사들은 여성의 질이 축축해지는 것이 곧 흥분 상태의 표식이라는 점을 알아냈으며, 아울러 이러한 질의 상태가 관계의 윤활제 역할을 해준다는 사실도 밝혀냈다. 화려한 연애사로 유명했던 발루아 왕조에도 관련 자료는 많았다.

일부 중세 문헌에서도 여성의 성욕에 대한 부분이 나타나는데, 특히 르네상스 시대에는 16세기 여류 시인 페르네트 뒤 기예의 관능적인 시처럼 관련 기록이 풍부하다. 군인 겸 작가로서 르네상스 시기 귀족들의 풍속을 기록한 브랑톰의 『회고록』에 등장하는 여인들처럼 대담하게 연애하던 여성들은 유희적인 성생활을 즐겼으며, 이탈리아 문학사가 피에로 캄포레시에 따르면 이탈리아의 대표적인 여걸 카테리나 스포르차 부인은 오르가슴을 느끼기 쉬운 자세를 자랑하고 다녔다고 한다.[40] 물론 당시엔 '오르가슴'이란 단어가 존재하지 않았지만, 그렇다고 그게 뭔지 모르는 사람은 없었다. 다만 교묘하고 완곡한 시어로써 표현했을 뿐이다.

17세기에 접어들면 반反종교개혁 분위기가 일고 극도로 엄격한 윤리를 강조하는 얀센주의가 득세하면서 사람들이 전보다 더 조신해진다. 18세기에는 방탕한 자유연애가 성행했고 19세기에도 관능주의가 판을 쳤지만, 그것도 대부분 남자들 이야기였다. 19세기 에로티시즘 자료집을 만들고 있는 알랭 코르뱅도 여성 관련 자료를 찾기가 쉽지 않다고 토로했다. 다들 성에 관한 애기는 입 밖으로 내길 꺼리는 탓이다. 자유연애로 유명한 상드 역시 자신의 성생활에 대해서는 전혀 기술하지 않았다. 예외가 있다면 연인이었던 미셸 드 부르주에게 실연당한 후 보낸 편지 정도인데, 낯 뜨거운 내용으로 가득한 이 편지들을 제외하면 상드의 자서전에도 침실 안 이야기는 나오지 않는다. 치정죄와 관련한 일부 소송 기록[41]에서는 서민 여성들의 육체적 욕구가 어느 정도였는지 드러나는데, 이들은 애인을 기다렸다가 잠자리를 하고, 이어 상습적으로 배신했다고 한다.

여성의 동성애는 보통 금기시되어왔던 만큼 자료가 많지는 않은 편이다. 이 분야의 선구적 역사가 중 한 명인 마리조 보네도 사례 찾기를 포기하고 조르주 상드의 문제작 『렐리아』[42] 같은 문학작품으로 미루어 짐작할 수 있는 사례로 대체하고 싶었다고 이야기한다. (결국 마리조 보네는 그림을 통해 동성애의 자취를 분석했다.) 기숙사 같은 곳에서 생활하는 어린 소녀들은 서로 간에 육체적·심리적 동요를 겪기도 하는데, 특히 자유로운 분위기의 영국 기숙사에서 이러한 경향이 나타났다(캐럴 스미스로젠버그).

이후 1900년 무렵이 되면 상황은 완전히 달라진다. 소설가 아르센 우세이의 말처럼 "이 시기의 파리는 사포의 승리였다". 내털리 클리퍼드 바니, 르네 비비앵, 콜레트 등 파리의 '아마조네스'들은 사포의 고향 레스보스의 거리를 파리에서 재현하며 센강 서안에서 자유롭고 고차원적인 문학 모임을 가졌다.[43] 그리고 화자들은 저마다 꽃다운 여인에게 매료된 사연을 늘어놓았다.

전쟁은 수많은 연인과 부부 사이를 갈라놓았고, 그에 따라 새로운 (그러나 때로는 비극적인) 성적 발견이 이뤄진다. 당시 성 정체성의 고민에 따른 고충은 래드클리프 홀의 작품『고독의 우물The Well of Loneliness』(1928)에서도 잘 드러난다. 유럽이 전쟁의 광풍에 사로잡힌 그때, 유럽 주요 대도시에서는 동성애 수가 폭발적으로 증가했으며, 자유롭게 동성애를 즐기던 당시 분위기 속에서 여성 동성애자의 수도 적지 않았다. 버지니아 울프, 바이얼릿 트레퍼시스 등을 비롯해 런던의 문예 중심지 블룸즈버리에서 활동하던 여성 인사들과 거트루드 스타인, 로메인 브룩스, 아드리엔 모니에, 실비아 비치 등은 서로에 대한 애정을 바탕으로 모임을 즐기는 가운데 성적 쾌감과 창작 영역을 상호 연계시킨 것으로 유명하다.⁴⁴ 하지만 그 이상 자세한 부분에 대해서는 알려져 있지 않다.

여성 에로티시즘이나 여성 포르노그라피라는 용어가 등장한 것도 비교적 최근으로, 소설(비르지니 데스팡트, 카트린 미예)이나 영화(카트린 브레이야)에서 이러한 주제가 주로 다뤄진다.

핑크빛일 수도, 암울한 흑빛일 수도, 혹은 둘 다일 수도 있지만 어쨌든 여성들의 동성애는 여전히 탐구할 주제가 많은 미지의 영역이다.

출산과 육아

출산과 육아는 여성들의 중대사다. 에밀 졸라의 말처럼 "우리의 종교는 다름 아닌 어머니가 되어야 할지도 모른다".

여성의 출산과 육아는 꽤 많이 연구된 편이며, 특히 출생사학회를 주재하는 이본 크니비엘레[45]와 자크 젤리[46]의 공이 컸다. 출산과 육아는 다양한 형태로 다뤄볼 수 있는 주제인 만큼 여기서는 몇 가지 주요 역사적 특징 정도만 추려보도록 한다.

여성에게 출산과 육아는 경험 여부와 상관없이 정체성의 근원이자 다름을 인정받는 근거다. 프랑스 페미니스트 철학자 뤼스 이리가레는 "여자가 또 하나의 여자를 낳는다"고 했으며, 여자는 자신과 같지만 다른 존재를 만들어낸다. 그의 제자인 루이자 무라로도 자식은 어머니를 닮는다면서 "어머니와 같은 성별로 태어나는 행복"을 말한 바 있다.[47]

아이를 낳고 기르는 일은 하나의 시공간에만 국한되지 않는데, 아이의 출생 이후로도 평생 지속되는 일이기 때문이다. 아이 입장에서도 마찬가지다. 물론 정도의 차이는 있겠지만 한 여성이 낳고 먹이고 일차적인 사회화까지 시킨 자식은 평생을 그 어머니의 자식으로 살아간다. 따라서 부모가 아이를 버린다는 것은 그만큼 비극적인 일이며, 입양이 어려운 이유도 여기에 있다.[48]

서구사회에서 모성애는 '지고지순한 사랑'의 가치로 인정받는다. 엘리자베트 바댕테르의 지적에 따르면 17세기 이후 서구사회에서는 모성이 부각되고 (보건, 육아, 교육 수당 등) 실질적으로나 상징적으로나 어머니의 위상이 높아졌다. 특히 현대에 와서 가장 두드러진 변화는 (전체주의 정부든 공화정 체제든) 어머니의 역할과 지위에 있어 정치적 차원의 개입이 있었다는 점이다. 이렇게 사회적으로 격상된 어머니 상은 (에밀 졸라가 소설 『풍요^{Fécondité}』에서 예찬한 바와 같이) 민중의 어머니 마리안으로 형상화되기도 했다. 미국에서는 1920년대에 어머니의 날을 제정했으며, 비시 정부도 이를 합법화했다.

어머니의 역할은 사회의 한 축이자 나라의 힘이 되는 만큼 사회적 개입도 이뤄진다. 임산부의 신체 보호도 정책적으로 이뤄지며, 출산율 관리는 정부의 중점 사안이다.

그런데 무엇보다 가장 큰 문제는 임신이었다. 아이를 가질 것인지 여부가 선택의 문제로 바뀌었기 때문이다. 과거에는 임신을 알리는 천사 가브리엘의 메시지가 모든 여성에게 소중했고, 또 (거의) 모든 여성이 언젠가는 이 수태고지를 받았다. 하지만 이 숙명과도 같았던 일이 이제는 하나의 선택이 됐다. 특히 아이를 낳을지 여부에 대한 여성의 의사가 중요해졌다. 가히 혁명적인 변화였다.

그렇다면 과거에는 어떻게 출산율이 조절됐으며, 그 양상에는 시대별로 어떤 변화가 나타났을까? 이에 대한 답을 제시하고자 노력해온 역사 인구학 쪽에서는 과거의 호적 등본이었던 '소교구 대장' 자료를 통해 가계 인원을 재구성하는 방식을 택했다. 서구사회에서 의도적인 산아 제한이 나타난 것은 르네상스 무렵으로, 프랑스는 17세기 말부터 산아 제한이 이뤄졌으니 비교적 빨리 시작된 편이다. 방법은 여러 가지였는데, 만혼으로 가임기를 줄이기도 했고 부부관계 자체를 자제하기도 했다. 다만 후자의 경우 혼외관계에서 성욕을 채우는 폐단도 없진 않았다. 또 하나는 질외 사정이었는데, (오난의 죄를 예로 들어) 교회에서는 허용되지 않았으나 실제로는 꽤 널리 행해졌다. 남자들은 '주의'를 기울이는 차원에서 관계 도중 삽입을 멈추었고, 여자 쪽에서 몸을 뺄 때도 있었다.

그럼에도 원치 않는 임신이 이뤄지는 경우는 (과할 정도로) 많았다. 그나마 가족 수가 제한된 것은 높은 영아 사망률 덕분이었다. 당시로서 어린아이의 죽음은 피할 수 없는 숙명이었고, 갓난아이는 사람으로 인정조차 되지 않았다. 그렇다고 자식의 죽음 앞에서 어머니의 마음이 아프지 않은 것도, 어머니가 애도를 표하지 않은 것도 아니었다. 하지만 이러한 고통을 좀더 강하게 느끼기 시작하면서 아기의 존재에 대한 인식이 달라진다. 18~19세기부터는 아기도 사람이라는 인식이 점차 보편화되었고, 영아 살해도 차츰 용납되지 않았다. 이제는 초음파의 보급으로 태아까지 사람으로 인식되면서 (태아를 사람으로 보지 않던 과거와 달리) 낙태가 좀더 힘든 결정이 되고 있다.[49]

영아 살해와 낙태는 산아 제한 방식으로 쓰일 만큼 꽤 널리 행해졌다. 아이를 죽이는 게 상대적으로 수월하지 않았던 도시에서도 영아 살해는 이뤄졌고, 농촌 지역에서는 이미 오래전부터 영아 살해의 관행이 존재했다. 19세기에도 영아 살해는 있었다. 다만 비난과 비판의 목소리가 더욱 높아졌을 뿐이다. 아니크 틸리에가 연구한 브르타뉴 지역의 소송 사례[50]를 살펴보면 영아 살해로 재판을 받은 이들은 대부분 농가의 혼자 사는 하녀들이었다. 주인이나 같이 일하는 하인의 유혹에 넘어가 원치 않게 임신한 경우였다. 세간의 손가락질을 받게 된 이 여성들은 임신 사실을 숨기다가 아이가 태어나면 땅에 묻거나 새끼 고양이처럼 익사시켜 남몰래 아이를 '처리'했다. 하녀들은 통이 큰 치마를 입은 데다 앞치마까지 두르고 있어 배가 불러와도 의외로 이를 쉽게 숨겼고, 출산에서 살해까지의 과정이 그리 오래 걸리지 않았기 때문에 아이의 출생과 사실을 숨기는 것은 일도 아니었다. 아이를 밴 젊은 여성들은 몇 시간 정도만 자리에서 사라졌다가 이내 다시 돌아와서는 마치 아무 일도 없었던 것처럼 일을 이어갔다. 하지만 그러다가 기소되어 법정에 서도 여성은 홀로 외로운 싸움을 해야 했다. 아이 아버지는 사건에서 아예 빠져 기소조차 되지 않았기 때문이다. 당시 나폴레옹 법전에서는 아이 아버지에 대한 기소를 금하고 있었다. 영아 살해는 전적으로 여자에게 속한 문제였고, 아이를 밴 처녀가 믿을 존재는 그 어머니밖에 없었다. 19세기 초, 특히 규율이 더 엄격했던 왕정복고 시대에는 아이를 살해하고 사형 선고를 받는 여성이 많았다. 다만 이들의 형은 일반적으로 감형되었고, 아예 죄가 사면되는 경우도 점차 늘어났다. 사형에 관한 형법 300조와 302조의 내용이 지나치게 엄격하다고 판단한 판사들은 죽은 아이가 사산아란 주장을 받아들여 아이 엄마의 죄를 면해주고자 했다. 그뿐만 아니라 출산을 할 때에는 산모의 정신 상태가 일시적으로 불안하다는 사실을 정상참작하기도 했으며, "혼외관계로 태어난 아이는 법의 테두리 안에서 태어난 것이 아니므로 법망의 보호를 받지 못한다"는 칸트의 주장을 따르기도 했다. 이로써 미루어보건대 여자를 꼬드겨놓고 나 몰라라 한 아이 아버지에게 면죄부를 주던 당시의 사법 현실을 법조계에서도 그리 탐탁지 않게 여겼던 것 같다. 아울러 신생아에 대한 인식과 함께 영아 살해에 대한 생각도 변화했음을 짐작할 수 있다.

반면 낙태에 대해서는 이보다 더 관대했다. 태아는 아직 눈앞에 보이지 않는 존재였기 때문이다. 낙태는 산파나 접골사, 무면허 의사들의 도움을 받았으며, 시술은 대개 참혹한 위생 환경 속에서 암암리에 이뤄졌다. 미혼모 외에 아이가 많은 집의 엄마들도 낙태를 했는데, 이미 너무 많은 식구 수를 줄일 유일한 방법은 낙태뿐이었기 때문이다. 1900년 무렵의 낙태 시술 건수는 굉장히 많았으며, 낙태가 늘어나자 인구통계학자들의 비판도 제기됐다. 베르티용 박사도 『프랑스의 인구 감소La Dépopulation de la France』(1912)라는 저서에서 관련 내용을 다루었고, 『풍요』(1899)의 작가 에밀 졸라를 비롯한 공화파 진영에서도 낙태를 반대했다. 그에 따라 정부의 개입도 늘어난다. 줄어드는 출생률에 대한 우려가 커졌기 때문이다. 제1차 세계대전으로 국민 수가 급격히 줄자 나라에서는 1920년과 1923년 법으로 낙태뿐 아니라 피임에 대해서까지 좀더 강력한 억제책을 쓴다. 따라서 피임과 관련된 주장은 고개조차 들 수 없었다.

그런데 영국(애니 베전트)과 프랑스에서 신맬서스주의[51]가 크게 성행한다. 폴 로뱅, 외젠 윙베르와 잔 윙베르 부부 같은 활동가들은 각종 전단지를 통해 여성과 노동자를 상대로 선전을 벌이며 의식화 운동을 전개했다. 슬로건은 "여성들이여, 스스로 원할 때만 어머니가 되라"는 것이었다. 이들은 (노조 강령의 조항까지 거론하며) 직접적인 활동 중심의 노조운동을 자신들의 주장과 접목시켰다. 의식화된 계획적인 노동자라면 응당 스스로를 통제하고 관리할 줄 알아야 하며, 아이도 적게 낳아야 한다는 것이었다. 신맬서스주의자들은 조사를 받고 실형 처분을 받은 뒤 투옥됐다.

제1차 세계대전과 제2차 세계대전 사이 영국과 미국에서는 마리 스톱스와 마거릿 생어[52]를 주축으로 원치 않는 임신을 막기 위한 진료소가 개설됐다. 개신교 국가들에서는 임신과 출산을 책임의 문제로 규정하여 산아 제한 정책에 훨씬 더 호의적이었다. 프랑스에서도 뤼시앵 달자스, 베르티 알브레히트 등이 비슷한 운동을 전개하려 했으나 (워낙 의견이 분분했던) 페미니즘 진영 등에게서 거센 반발을 샀다.

그러나 전후 프랑스에서도 1950년대 중엽부터 가족계획이 전개된다. 이를 이끈 인물은 '행복한 어머니 협회Maternité heureuse'를 창설한 에블린 쉴르로와 라그루아베일알레였는데, 다만 이들은 낙태에는 비호의적이었기 때문에 훗날 이 문제로 낙태 및 임신 자유 운동MLAC 내에서 대립각을 세운다. 피임과 낙태는 1970년대 여성해방 투쟁의 핵심이었는데, (미국의 의사 핀커스가 피임약을 발명한 1956년을 기점으로) 과학이 발달하면서 의료진의 활약은 물론 집단의식 및 자유해방론의 발전으로 갈등이 한결 완화됐고, 1967년에는 뇌비르트 법으로 피임이 합법화됐다. 좌파의 약진으로 표결된 1975년 베유법은 임신 중절 수술까지 합법화했다. 시몬 베유가 상당한 공을 들인 결과였다.

자식 교육에 대한 부모들의 걱정, 특히 어머니들의 걱정을 줄이고 영아 사망률을 줄이려면 산아 제한이 불가피한 상황에서 왜 이 같은 장애물이 있었던 걸까? 원인은 정부와 교회였다. 가톨릭 교회는 '자연스럽지 못한' 그 모든 피임 방식을 단호히 거부했다. 마르탱 세브그랑의 연구[53]에서는 양차 대전 사이 교황청의 완고한 입장 때문에 젊은 부부들이 겪어야 했던 고충이 잘 드러난다. 교황청이 서한으로 공표한 '정결한 결혼에 관한 회칙'에서는 부부관계의 욕구에 관한 한 그 어떤 타협이나 양보도 보이지 않았지만, 여성의 가임기를 피해 관계를 갖는 오기노식 피임법은 실패 사례가 속출했다.

전체주의 정부든 민주주의 정부든 상관없이 국가에서도 출산 장려 정책을 펼치며 다자녀 가정과 전업주부를 장려했다. 법규상 낙태는 반체제적 중범죄였고, 정부는 기본적으로 피임에 반대했다. 대신 가족 수당과 관련한 보장 측면을 상대적으로 발달시킨다.[54]

낙태에 관대했던 공산주의 정권도 피임은 기피했다. 마르크스주의는 기본적으로 맬서스주의 쪽의 산아 제한 운동을 반대하는 입장이기 때문이다. 마르크스는 맬서스의 비관론은 물론 산아 제한 정책으로 사회 문제를 해결하려는 그의 방식을 격하게 반대했다. 마르크스의 시각에서는 오직 생산 능력의 발달만이 모든 가난한 이를 '삶의 향연'으로 끌어들일 수 있었다. 그 무엇도 차기 혁명의 주역인 프롤레타리아 계급의 성장에 제동을 걸어서는 안 됐다. 따라서 이런 공산주의자들이 개인주의 성향의 소자본가 계급인 신맬서스주의자들을 좋아할 리 만무했다. 서민층 여성들은 능력이 되는 한 모두 자식을 낳아야 했고, 자네트 베르메르쉬의 말처럼 '부르주아 여성들의 폐단'은 따르지 말아야 했다. 프랑스 공산당 서기장인 모리스 토레의 아내도 1956년 이러한 기존 입장을 반대한 자크 드로지에게 일갈한 것으로 유명하다. 자크 드로지는 수많은 서민 여성이 참혹한 환경 속에서 어쩔 수 없이 낙태를 택하는 위선적 현실을 개탄하고 자유로운 피임을 주장하다 결국 당에서 축출됐다.

페미니즘 운동가들도 성 문제에 대한 접근은 주저했다. 넬리 루셀, 가브리엘 프티, 마들렌 펠티에 같은 소수의 페미니스트만이 신맬서스주의에 찬성했는데, 특히 마들렌 펠티에는 1912년부터 여성의 낙태권을 지지하는 책을 펴내기도 했다. 하지만 대개는 낙태를 반대하고 피임 문제에도 유보적이었으며, 성 문제에 있어서도 신중한 모습을 보였다. 정숙한 여자로서는 낯부끄러운 주제였기 때문이다. 그만큼 이 문제는 페미니즘 진영에서도 새로운 논의였다.

"아이는 내 의지에 따라 내가 원할 때, 그리고 내가 원하는 방식으로 낳아야 한다." 피임에 대한 자유, 나아가 낙태에 대한 권리 쟁취는 아주 자명한 문제였다. 이는 여성의 '인신 보호habeas corpus'에 대한 근거가 되었으며(이본 크니비엘레), 성관계의 결과를 운명론적으로 받아들이던 시각에 있어 일대 혁명이나 다름없었다. 어쩌면 현대사에서 가장 중대한 사건이었는지도 모른다. 언제까지고 지속되고 어디서든 변함없을 것 같았던 남녀의 위계질서를 '붕괴'시킬 수도 있었으니 말이다.

아이의 출생 역시 변화가 많았다.[55] 우선 출산 방식이 상당히 진화되었다. 사실 아이를 낳는 것은 오래전부터 여성에게 굉장히 부담스러운 일이었다. 여성의 주요 사망 원인 중 하나도 출산이었고, 여성의 기대 수명이 낮은 이유도 대개 이로써 설명됐다. 출산 과정이 쉽지 않았던 만큼 영아 사망률도 높았다. 오늘날 이는 저개발 국가를 가늠하는 지표로도 활용된다.

근대에는 이탈리아에서 제왕절개술이 발달하면서 아이와 산모 중 누구를 살릴 것인가에 대한 문제가 불거졌다. 의사들은 대부분 아이 쪽을 택했다. 과학혁명의 시대인 18세기에는 의술의 발전으로 출산 방식에 있어서도 획기적인 변화가 나타나면서 수많은 산모가 목숨을 건졌다. 루이즈 부르주아 같은 산파는 모형을 만들어 최적의 출산 방법을 가르치기도 했다. 다만 이렇게 과학적인 출산 방식이 보편화됨에 따라 의사와 산파 사이에 미묘한 갈등이 빚어진다. 새로이 산부인과가 생겨나고 소아과까지 등장하는 한편 육아 방식의 전문화까지 이뤄지는 과정에서 산파들이 소외된 것이다. 이제는 산파들도 공부를 해서 학위를 따야 뒤로 밀려나지 않을 수 있었다.

과거에는 출산이 전적으로 여자들 사이의 일이었다. 산파도 여자였고, 대개는 여자들 사이에 둘러싸인 채 집 안에서 아이를 낳았다. 여자가 아이를 낳을 때 남자는 밖에서 기다리거나 혹은 아예 아이의 출산 자체와 무관하게 살아갔다. 하지만 지금은 상황이 다르다. 출산은 병원에서 의술의 도움을 받으며, 담당하는 의사가 남자일 때도 많다. 초창기에 병원 출산을 시도한 이는 주로 가난한 여성들이었는데, 의사나 조산부를 부르기엔 형편이 여의치 않아 자기 혼자 아이를 낳아야 할 때 병원을 찾았기 때문이다. 하지만 차츰 병원이 과학적으로 안전하게 아이를 낳을 수 있는 곳이라는 인식이 확대됐고, 이에 따라 상황은 역전된다. 부유한 여성들이 전문의를 찾아가서 아이를 낳기 시작한 것이다. 양차 대전 사이에는 병원에 전문 산부인과가 개설됐고, 제2차 세계대전이 끝난 뒤에는 병원 출산이 보편화됐다. 이제 집에서 아이를 낳는 것은 극히 예외에 속했다.

문제는 또 있었다. 성서에서 산고의 고통을 규정한 부분이었다. 치명적인 죄를 짓고 에덴동산에서 추방된 이브에게 신은 "앞으로 너는 고통 속에서 아이를 낳으리라"라고 말했다. 이로써 출산의 고통은 모든 여성이 겪어야 하는 '당연한' 일이 되었으며, 여자라면 '반드시' 이 고통을 겪어야 하는 것으로 간주됐다. 특히 「창세기」에 충실한 가톨릭 의사들에게 이 같은 확신이 있었다. 지금도 여전히 일부 의사는 (마치 여성에게 벌이라도 내리듯) 마취 없이 낙태 시술을 한다. '고통 없는 출산'을 둘러싼 이념적 논란이 불거진 이유도 여기에 있다. 1950년대와 1960년대 블뢰에 병원을 시발점으로 한 고통 없는 출산은 여성들 스스로가 주체적으로 출산의 고통을 극복하려는 시도였다. 쓸데없이 필요 이상의 고통을 느끼는 것은 잘못된 일이라는 점을 인지하며 산고의 고통을 운명처럼 받아들이던 과거의 수동적인 사고에서 벗어난 것이다. 요컨대 고통은 출산 시 불가피한 것이 아니라는 게 핵심이었으며, 이는 긍정적인 인식 전환을 뜻했다. 이로써 아이의 출생은 좀더 안전하고 즐거운 일이 됐고, 남자도 함께 하는 남녀 모두의 일로 거듭났다. 출산의 광경이 사뭇 달라진 것이다.

이와 더불어 영국과 프랑스에서는 아기의 존재에 대한 인식이 달라진다. 18세기에 이미 프랑스에서는 아기를 사람으로 받아들인 기록이 남아 있다. 장 자크 루소가 아기에게 귀족 작위 수여증을 부여한 것이다. 특히 그는 신생아의 생명 연장에 있어 모유가 중요한 역할을 한다고 보고, 이를 불로장생의 명약이라 칭했다. 저서 『누벨 엘로이즈』에서도 그는 모유에 대한 찬사를 늘어놓으며 모유를 수유하는 어머니들을 높이 샀다. 아이에게 모유를 먹이는 어머니의 가슴은 이제 만인 앞에 노출됐고, 심지어 공화국의 선진 시민이라면 당연히 모유를 먹이는 게 정설이었다. 발자크의 소설 『두 여인의 편지 Mémoires de deux jeunes mariées』에서도 한쪽은 갓 태어난 자기 아기를 부지런히 돌보면서 행복감을 누리는 반면, 사교계 생활을 즐기는 다른 한쪽은 불행한 연애생활을 하는 것으로 묘사됐다.

그런데 19세기에는 오히려 아이에 대한 엄마의 헌신이 문제가 된다. 본의 아니게 금욕적인 삶을 살게 된 남편들이 자식에게만 헌신하는 아내를 못마땅히 여긴 것이다. 모유 수유 기간에는 부부관계가 권장되지 않아 남편들의 불만은 더 커졌다. 따라서 중산층 여성과 여성 상인들은 의사들이 골라준 '재택' 유모를 고용한다. 시골에서 후보자들이 상경하고 의사들이 그들의 모유 양을 확인한 뒤, 원하는 산모들에게 소개해주는 체계였다. 직업소개소를 통해 일자리를 알선받은 여성들은 먹을 것은 풍족하게 누렸으되 (특히 성생활과 관련한 부분에서) 밀착 감시를 받았다.

이런 유모들이 젖을 먹이는 아이들은 대개 시골에 있는 유모 집에서 자랐다. 소위 '위탁형' 유모가 직접 아이를 데려가 키우는 것이다. 이와 관련해서 가장 유명했던 곳은 (파리에서 300킬로미터가량 떨어진) 르 모르방으로, 파리의 아기 수천 명이 르 모르방 출신 유모들의 젖을 먹고 자랐다. 하지만 그곳까지 갓난아기를 무사히 데려가기란 쉽지 않았다. 어떤 해에는 아이들 절반가량이 도중에 객사하기도 했다. 따라서 의사들을 필두로 비판의 목소리가 점점 높아지자 이러한 대리 위탁 체제는 루셀 법(1876)의 강력한 규제로 결국 자취를 감춘다.

하지만 저온살균법의 발명에 따라 젖병 세균으로 감염사하는 일이 없어지면서 젖먹이 유모의 필요성은 사라진다. 노르망디 지방의 페캉 박물관에 가보면 젖병의 성공사와 더불어 역사의 뒤안길로 사라진 유모 관련 자료가 전시되어 있다.

제3공화국(1870~1940)에서는 모유 권장 단체와 보건소가 촘촘한 조직망을 통해 신생아와 산모의 건강을 보살피며 영아 사망률을 낮추고자 노력했다. 영유아 의료 검진은 이제 국가적인 차원의 중대사가 되었으며, 어머니들 역시 이를 적극적으로 지지했다.[56]

이제 아이는 어머니가 애지중지하며 귀하게 돌보는 대상이 되었고, 아버지도 어느 정도는 육아에 동참한다. 인상주의 회화에서는 아기의 모습이 별로 등장하지 않지만, 대신 (베르트 모리조의 작품처럼) 요람이 그려졌다. 아이들의 병원 진료를 책임지고 자녀 교육의 주체가 된 어머니들은 아이의 신장과 체중, 수유량 등 아이의 성장에 관한 모든 것을 기록으로 남긴다. 어떤 엄마들은 아예 육아 일기를 작성하기도 하는데, 로르 아들러가 찾아낸 한나 아렌트의 모친이 쓴 육아 수첩처럼 기록만을 위한 일지라기보다는 아이에 대한 엄마의 마음이 담긴 일기장에 더 가까웠다.[57] 이러한 모습이 일부에만 국한되진 않았던바, 엄마들은 이제 자기만의 방식으로 아이를 키워갔고, 아이는 부모가 그 모든 성장 과정을 지켜보는 가운데 자기만의 욕구를 발달시킨다.

역사적으로 많은 변화가 있었지만, 자식을 낳는다는 본질적인 부분에 있어서는 크게 달라진 게 없었다. 모든 탄생은 아기 예수의 탄생과 같이 고유하고 신성하며 축복받을 일이기 때문이다. 한나 아렌트도 "우리에게 아이가 태어났다. 하늘이 우리에게 아들을 주셨다"고 했는데, 딸이라고 하늘의 선물이 되지 못할 이유가 어디 있겠는가?

신체의 예속과 속박

역사적으로 봤을 때 여성의 몸은 (남자들에게 있어) 사냥과 정복의 대상이었으며, 지배와 예속을 받는 것은 물론 관계를 가질 때도 주체적이지 못한 경우가 많았다. 특히 매춘을 통해 사고파는 거래의 대상이 되기도 했다.

여성에게 가해지는 폭력은 그 종류도 다양할 뿐 아니라 시대를 불문하고 끊임없이 이어져왔다. 시대별로 달라진 점이라면 여성 폭력을 대하는 시선 정도다. 사회에서, 그리고 여성들이 이를 용인하는 한계선 및 그에 대한 불만을 표출해온 역사 정도에만 차이가 있는 것이다. 여성들은 언제부터, 그리고 어떻게 폭력의 피해자로 인식됐으며 여성들 스스로 이를 인식한 시기와 그 양상은 어땠을까?

먼저 중세의 '초야권'부터 짚어보자. 초야권은 그 실존 여부 자체를 단언하기 애매한 제도인데, 중세 귀족이 농노들의 결혼 첫날밤을 가로챘다는 초야권과 관련해서는 저마다 의견이 분분하기 때문이다. 법적 근거 자료가 남아 있느냐의 문제보다는 그러한 제도가 실질적으로 존재할 수 있었겠느냐의 문제였다. 이와 관련하여 마리빅투아르 루이[58]의 논문을 반박한 알랭 부로도 초야권은 중세에 대한 우리의 지나친 공상이 만들어낸 결과에 지나지 않는다고 일축했다. 즉, 암울했던 중세 시대를 더 깎아내리려는 맥락에서 날조된 이야기라는 것이다.

반면 집단 강간은 중세학자들의 연구로 그 존재가 확실히 규명됐다(자크 로시오, 조르주 뒤비의 연구 참고). 젊은 청년들은 총각 딱지를 떼기 위해 꽤 상습적으로 집단 강간을 행했으며, 요즘은—언론에서 다소 과장하는 부분은 있으나—서민 지구의 소위 '돌림방'이 그와 비슷한 형태를 띤다고 볼 수 있다. 과거와의 차이라면 오늘날엔 이 같은 행위가 지탄의 대상이 된다는 점이다.

성희롱은 그보다 더 흔했는데, 특히 작업이나 근무 중 성희롱이 빈번했다. 피해 대상은 주로 젊은 여성들로, 여공이나 하녀가 성희롱을 당할 때가 많았다. 농장에서 일하는 하인들은 여름날 곳간에서 쉬다가 변을 당하곤 했고, 에밀 졸라의 작품 『살림』에서 묘사되는 것처럼 도심의 아파트 건물 꼭대기에 사는 어린 하녀들도 주인집 남자들의 표적이었다. 간혹 여주인이 이를 묵인할 때도 있었는데, 한창 피가 끓는 아들이 매독의 위험이 도사리는 사창가에서 뒹구는 것보다야 시골에서 상경한 '깨끗한' 젊은 가정부와 불장난을 하는 게 더 나았기 때문이다.

공장에서 여공을 상대로 수작을 부리는 이들은 대개 사장보다는 작업반장들이었다. 거리상으로 더 가까이 있었기 때문이다. 19세기 말 프랑스 북부 노동자 언론에서는 '성 학대 발언대'를 게재하여 '자본의 사냥개'들이 보이는 음탕한 면을 까발리며 규탄했고, 리모주 지방의 주요 도자기 업체 아빌랑에서도 1905년 성희롱 사건을 계기로 극심한 파업이 이어졌다. 이 사건은 조르주에마뉘엘 클랑시에의 소설『검은 빵Le Pain noir』은 물론 TV 시리즈에서도 다뤄진 바 있다. 성희롱은 전부 젊은 여공들이 타깃이었으며, 그 때문에 보수적인 사람은 물론 남성 노동자들까지도 여성이 공장에서 일하는 것을 탐탁잖게 여겼다. 말도 많고 탈도 많은 데다 일 자체도 여성스러운 것과는 거리가 멀었기 때문이다.

가정 폭력의 피해를 입은 여성도 한두 명이 아니었다. 과하지만 않다면 아내와 아이를 때리는 가장의 폭력은 지극히 일반적인 일이었다. 특히 아내가 집안일에 미숙했다면 이는 더더욱 대수롭지 않은 일로 여겨졌다. 하지만 이러한 남편의 폭력에 맞선 여성들도 있었다.『마리 클레르』의 후속작『마리 클레르의 작업장Atelier de Marie-Claire』(1920)에도 그런 여공 이야기가 나오는데, 이 여성은 자기가 남편과 주먹다짐을 벌여 늘 이긴다며 자랑스레 무용담을 늘어놓는다.

폭력은 잘사는 집이든 못사는 집이든 수많은 가정에서 일상적으로 행해졌다. 19세기 후반 음주 문화가 발달한 뒤로는 더더욱 빈번하게 폭력이 빚어진다. 하지만 이러한 관행에 대한 비난의 목소리도 점점 높아졌다. 특히 아이들에 대한 우려의 목소리가 커졌는데, 심하면 아이를 집에서 떼어놓기도 했다. 1889년에는 친권 박탈을 통해 아이에 대한 법적 조치를 시행할 수 있었으며, 특히 최근에는 여성에 대한 법적 보호도 이뤄지고 있다. 45년 전 설립된 '매 맞는 아내를 위한 보호소'를 비롯한 관련 단체들 덕분에 여성 폭력 피해자에 대한 보호 조치도 개선됐다.

상황이 이런 만큼 돈을 받고 몸을 파는 성매매 행위는 '성적 서비스'에 대한 보수라도 받으니 차라리 더 나은 것인지도 모르겠다. 일부 페미니즘 진영에서 여성의 성매매 권리를 옹호하는 이유도 여기에 있다. 자유로운 거래 조건하에서 스스로의 판단에 따른 것이라면 문제 될 게 없다는 것이다. 하지만 성매매는 대부분 눈에 잘 띄지 않는 열악한 환경에서 이뤄지므로 여성에 대한 착취, 특히 여성의 몸과 성에 대한 과잉 착취가 일어날 가능성이 높다. 게다가 여성의 몸을 사고파는 상품화 문제까지 야기된다.

성매매는 사실 그 역사도 깊고 어디서나 쉽게 찾아볼 수 있는 보편적 관행이다. 다만 운영 방식이나 서열관계, 사회적 인식 등 내부의 구조적인 차이는 나타난다. 특히 성매매에 대한 비난 정도는 사회별로 크게 달라진다. 사회에서 처녀성에 가치를 얼마나 부여하고 성관계가 얼마나 큰 비중을 차지하는지에 따라 성매매에 대한 평가가 갈리는 것이다. 특히 고대 문명이나 오리엔트 문명과 달리 기독교 문화권에서는 육체를 탐하는 욕구 자체를 불행의 근원이자 대죄악인 간음의 원흉으로 간주했다. 마리아 막달레나가 그 대표적 인물로, 기독교 문화권에서는 보통 유혹의 화신이자 죄악의 표상으로 통한다. 하지만 그는 뼈아픈 회개의 상징적 인물이기도 하므로 신성한 교회의 엄격한 세계를 묘하게 누그러뜨리는 힘도 갖고 있다. 오히려 이보다 타락한 여성의 전형은 에밀 졸라의 작품에서 찾아볼 수 있다. 색욕에 찌든 치명적인 아름다움의 소유자 나나가 부패한 파리 중산층을 상징하는 대표적 인물로 묘사됐기 때문이다. 나나는 결국

여성의 역사

타락하여 참혹한 삶을 살아간다.

하지만 중세 일본 화류계 여성들의 삶은 전혀 달랐다. 이들에 대한 자클린 피조의 연구에 따르면 당시 일본 화류계 여성들은 춤과 노래로 남성들의 흥을 돋우는 접대부 일과 함께 매춘을 담당했다. 그러나 이들이 매음굴에 갇혀 지내지는 않았으며, 이들에게 창부라는 낙인이 찍히지도 않았다.[59] 하층민 출신이 대부분인 이 여성들은 보통 그 어머니에게서 딸로 직업이 대물림되었으며, 서양의 매춘부에 비하면 상대적으로 자유로운 삶을 누렸다. 내부적으로도 자정적인 관리가 이뤄졌으며, 상당히 촘촘하게 서열이 나뉘었다. 그 가운데 일부는 후대에 이름을 남길 만큼 뛰어난 예술가였고, 직업적 처세술에 있어서나 곡의 창작 및 무대 연기 면에 있어서나 훌륭한 예술적 면모를 보인 것으로 알려져 있다. 그중에서도 특히 무희였던 시즈카 고젠, 정부 관료의 애첩이었던 지오 등이 대표적이다. 자클린 피조는 "성에 대해 금기시하는 분위기가 덜했던 만큼 매춘을 깎아내리는 경향도 덜했다"고 쓰면서도 13세기 이후로는 (순결을 내세우는 탄트라 불교의 영향하에) 이들의 생활 여건도 차츰 안 좋아졌다고 지적했다.

반면 서구 기독교 사회에서는 매춘이 지탄의 대상이었다. 하지만 18세기에는 도시가 발전하면서 성매매업이 크게 성행한다. 런던과 파리는 매춘의 중심지였고, 관련 수치도 어마어마했다. 파리의 매춘부 수가 1만2000명 수준이었다는 파랑뒤샤틀레의 주장도 있지만 대혁명 직전에는 5만 명에 달했을 것이라는 이야기도 있다. 대혁명이 일어난 1789년에는 수많은 매춘부가 파리 시내에서 행진을 하며 자유로운 이동권 보장과 함께 권리 주장을 내세웠다는 기록도 있다.

반대로 성매매가 억제된 경우도 있었는데, 공중보건의 '재앙'이라 불리던 매독에 대한 두려움으로 규제 차원에서 매춘 업계가 완전히 재편된 것이다. 이를 앞장서서 주장했던 이는 파랑뒤샤틀레 박사다. 최하층 계층의 상황에 대해 연구했던 그는 『파리의 매춘에 관하여De la prostitution dans la ville de Paris』(1836)라는 저서에서 매춘부의 채용 과정과 매춘이 행해지는 방식, 매춘부의 일상 및 건강에 관해 사회적 의료적 차원에서의 놀라운 연구를 선보였다.

파랑뒤샤틀레는 업소마다 크게 번호를 매겨 집계하기 쉽도록 만들고, 홍등을 단 집창촌에 매춘부들을 격리시키고자 했다. 프랑스에서는 1946년 마르트 리샤르 법에 따라 이러한 '국가 공인' 사창가가 폐쇄됐지만, 2002년 성매매가 합법화된 독일의 슈투트가르트에는 지금도 여전히 이러한 홍등가가 남아 있다. 공인 사창가를 관리하는 이는 전직 창부 출신의 나이 든 여성들로, 이들은 경찰 당국과 은밀히 연계하여 조직 내 질서 유지를 담당한다. 성매매 업소 여성들은 크게 두 범주로 나뉘었다. 소위 '합법적'인 성매매 행위를 하는 여성들은 공인된 매춘부로서 의료 검진도 제대로 챙겨 받았지만, '불법적' 성매매 행위를 하는 여성들은 경찰의 단속 대상이었다. 하지만 이들을 분간하기가 쉽지 않아 애먼 여성들이 불법 매춘부로 몰리기도 했다. 경찰에 체포된 불법 성매매 여성들은 경찰 조사 후 구금될 때도 있었다. 파리에서는 생라자르 감옥이 젊은 성매매 여성들의 치료 감호소 역할을 했으며, 에드몽 드 공쿠르의 작품 『매춘부 엘리자 La Fille Élisa』(1877)도 이에 영감을 받아 쓴 작품이었다.

성매매업이 활성화되면서 업소의 종류도 다양해졌는데, 그중 데이트 하우스는 급이 좀더 높은 업소로서 단순히 관계만 맺고 끝나는 곳과는 차이가 있었다. 보통은 성매매 업소의 여성들이 짧게 몇 분간 관계를 맺고 나가는 사람들을 연이어 받는 형식이었지만, 데이트 하우스는 그보다 더 고상한 방식으로 성매매를 행했다. 업소 여성 대부분은 지방 출신으로, 나이와 경력에 따라 업소를 전전하거나 파리와 지방 사이를 오가며 성매매를 벌였다. 은퇴할 때까지 계속해서 경력을 쌓을 수도 있었고, 결혼도 불가능한 것은 아니었다. 매춘에 대한 세간의 비난은 전보다 수그러졌으며, 19세기 말엽에는 '백인' 여성을 거래하는 성매매 시장이 더 확대된다. 폴란드 여성과 게토(유대인 거주 지구)의 유대인을 흡수하던 중유럽 지역 빈민가에서 남미의 홍등가에 이르기까지 백인 여성의 성매매 시장은 점점 더 규모가 커졌다.

프랑스의 성매매 규제 모델은 유럽 전역은 물론 식민지 지역으로까지 전파됐다(크리스텔 타로의 마그레브(북아프리카) 지역 국가들에 대한 연구 참고).[60] 성매매업 자체가 본국에서 식민지 지역으로 수입된 것은 아니지만, 식민지화에 따라 식민지의 성매매 양상도 크게 달라졌다. 본국의 규제나 폐쇄적 양상이 식민지 국가에까지 적용됐기 때문이다. 카사블랑카 근교 지역에서는 부스비르가 가장 대표적인 경우로, 집창촌 전체가 폐쇄 구역으로 철저히 통제됐다. 내부 서열도 유럽계와 원주민계로 나뉘었으며, 신구新舊 체계가 모두 공존했다. 그림이나 영화로야 이국적이고 그럴듯해 보였지만, 실상은 성폭력과 성착취가 난무하는 곳이었다. 성매매 여성들이 그런 자신들의 삶에 대해 직접 증언하는 경우는 드물었으며, 이들의 실제 증언이 나온 것도 최근의 일이었다. 제르멘 아지즈는 알제리의 유대인 성매매 여성 이야기에 대한 책을 펴내 현장에 대한 증언으로 모두를 충격에 빠트렸으며, 낸시 휴스턴도 저서 『마리테레즈의 회고록 Mémoires de Marie-Thérèse』[61]에서 창부 마리테레즈의 이야기를 통해 사창가의 힘들고 예속된 삶을 알렸다.

페미니스트들도 대표적인 여성 착취인 성매매 행위에 반대해 들고일어났으며, 조지핀 버틀러를 비롯한 영미권 페미니즘 운동가들은 위생 문제와 도덕적 책임 문제를 거론하며 성매매의 완전한 폐지를 주장했다. 프랑스에서는 스위스 출신의 19세기 여성운동가 에밀리 드 모르지에를 중심으로 '생라자르 해방대'라는 단체가 결성되어 성매매 반대 연대 운동의 구심점이 되기도 했다. 어린 여성들이 성매매 업계로 빠지는 걸 막고자 기차역을 비롯한 호객 행위 장소에서 예방활동이 벌어졌으며, 완장을 찬 활동가들은 지방에서 올라온 어린 여성들을 강력하게 밀착 감시했다.

하지만 그로부터 한 세기가 지난 후인 1975년에는 페미니즘 진영에서 성매매 여성들의 운동을 지지하고 나서는 역설적인 상황이 발생한다. 리옹 생니지에 교회 인근에서 시작된 이 성매매 지지 운동에서는 1789년 성매매 여성들의 주장이 되풀이된다. 이들은 자신들의 일을 직업으로 인정해달라고 주장했으며, 아울러 그에 따른 사회 보장 혜택도 받게 해달라고 요구했다. 받아들일 수 없는 것을 받아들여달라고 했으니 성매매 폐지론자들과의 의견 충돌은 당연지사였다.

지금도 여전히 페미니즘 진영은 이 문제에 대해 찬반양론으로 갈린다. 한쪽에서는 매춘이 곧 여성의 몸에 대한 주도권을 박탈하는 것이라 보고 이를 하나의 직업으로 인정하길 거부하는 반면, 또 다른 쪽에서는 여성이 자신의 몸을 마음대로 쓸 권리, 즉 자신의 성을 팔 권리를 인정해야 한다고 주장한다. 2002년에는 특히 이와 관련한 논란이 뜨거웠다. 여성의 성 상품화는 미셸 우엘벡의 작품에도 영향을 미치며 작가의 개성을 만들어내는 요소가 된다.

　한편 성매매 조직의 '세계화' 양상도 나타나는데, 특히 동유럽 지역이나 아프리카의 사하라 이남 지역, '성매매 천국'인 타이를 비롯한 빈곤 지대에서 성매매가 성업을 이루고 있다. 전 세계 성매매 조직들은 오늘날 황금알을 낳는 온라인 시장에서 인터넷이라는 무한한 자원을 이용하여 무분별하게 성매매 콘텐츠를 뿌린다. 여성의 몸이 주된 '매물'로 거래되는 또 하나의 시장이 온라인 네트워크상에 구축된 것이다.

3장

여성의 정신세계

여성의 종교와 교육, 그리고 창작활동

여성의 몸에 대해 살펴봤으니 이번에는 그 정신세계에 관해 짚어보자. 여성의 종교와 문화, 교육, 학습, 창작활동 등을 알아보는 이번 장에서는 성녀와 마녀, 여성 독자와 작가, 예술가 및 배우들의 삶을 살펴볼 예정이다.

하지만 그 전에 먼저 생각해볼 문제가 하나 있다. 585년의 마콩 공의회에서 나온 질문처럼 여성에게도 과연 이성과 생각이 있을까? 사실 여성의 이성적 역량에 대한 의구심은 굉장히 높은 편이었다. 특히 16세기와 17세기부터 이러한 의심은 거의 확고한 기정사실로 굳어지는 듯했다. 피에르 벨을 필두로 수 세기에 걸쳐 이러한 믿음이 세간에서 지속되어온 것을 보면 이 암흑기의 중세 교회가 얼마나 무지했는지 알 수 있다. 하지만 교회의 쇄신 이후에는 남녀의 이성적 역량이 동일시되었고, 남녀 모두 신 앞에서 평등한 존재라는 인

식이 자리잡는다.[1]

여성과 종교

종교와 여성의 관계는 대개 이중적이고 역설적이다. 여성들의 삶에 영향을 미치는 것도 종교이고, 종교 또한 여성들의 영향력을 바탕으로 존재하기 때문이다.

유일신을 모시는 주요 종교들은 성별 간의 차이와 불평등을 근간으로 성장했다. 남녀의 위계질서가 곧 신이 만든 자연의 질서에 부합하는 것이라 생각한 모양이다. 성서나 쿠란 같은 주요 경전 대부분이 이 같은 논리를 펼쳤으며, 경전 해석가들까지 합세하여 이를 더 부추겼다. 따라서 관련 논란도 많고 그에 따른 의견 조정도 많았는데, 가령 최근의 페미니즘 신학자들 사이에서는 「창세기」에 나오는 아담과 이브의 창조 신화를 둘러싼 논란이 진행 중이다. 사실 먼저 쓰인 창세기 1장에 따르면 남자와 여자는 동시에 창조된 존재라는 해석이 가능하다.[2] 하지만 나중에 쓰인 「창세기」 2장[3]에서는 창조의 순번이 명확히 규정되고, 가톨릭 교회에서도 바로 이 2장의 내용을 정설로 삼는다. 즉, 남자와 여자가 순차적으로 만들어졌으며, 남자를 먼저 만든 뒤 여분의 뼈로 여자를 만들었다는 것이다. 17세기 신학자 보쉬에는 이를 환기시키며 여성들의 자중을 촉구하기도 했다.

이렇듯 종교는 그 뿌리에서부터 여성에 대한 남성의 우위를 확고히 했으며, 이 같은 인식은 종교의 조직적인 측면에서도 극명히 드러난다. 권력 구조상 높은 지위에 주교가 위치하고, 여성은 그에 종속된 존재이기 때문이다. 여자는 종교 의식이 거행될 때도 배제되기 일쑤이고, 심지어 이슬람 사원처럼 제의 공간 자체에 여성의 출입이 금지되기도 한다. 그러나 알제리 작가 아시아 제바르(『메디나 저편 Loin de Médine』)는 선지자 무함마드만 하더라도 여성들을 항상 곁에 두었다고 지적한다.

가톨릭 교회에서는 당대 사회의 조직 구성과 마찬가지로 주교 중심의 남성 우위 조직이 빠르게 자리잡았으며, 사제가 되고 라틴어를 배우는 것은 오직 남자들만의 특권이었다. 이로써 지식과 권력, 그리고 종교적 권한을 독차지한 남자들은 죄를 지은 여자들에게 이를 씻어낼 만한 몇 가지 방편을 마련해준다. 기도를 하거나, 교회가 보장하는 처녀로서 수도원 생활을 하거나, 혹은 성녀가 되는 것이다. 죄를 지은 이브와 달리 성인으로 추앙되어 중세 교회의 여왕으로 자리잡은 동정녀 마리아의 위엄을 드높이는 것도 그에 따른 일환이었다.

이에 따라 여성들은 권력의 중심에서 멀어지면서 사교성을 구축했다. 신앙과 헌신은 여성들의 의무였지만, 여성들은 이로부터 위안과 즐거움도 얻었다. 여성들은 동네 성당의 간이 제단이나 성가대 옆에서 만나 가볍게 수다를 나누는가 하면, (플로베르의 작품『마담 보바리』중 에마의 수도원 교육 생활에 관한 묘사처럼) "제단 특유의 냄새와 함께 차갑게 손끝을 적셔주던 성수반의 시원함과 성당 경내에 밝혀진 양초들의 불빛"도 맛보았다. 이들에게 교회는 구원의 장소인 동시에 마음 놓고 자기 이야기를 할 수 있는 곳이었다. 신부를 만나 고해성사도 할 수 있었을 뿐 아니라 속내를 털어놓을 친구까지 있었 기 때문에, 삶이 고달픈 여성들에게 교회란 (비록 순종을 강요하긴 했 어도) 일종의 안식처였다.

수도원 역시 여성들을 가둬놓는 유폐의 공간이었지만, 어찌 보면 가부장적인 권력과 가족의 간섭에서 벗어날 수 있는 유일한 도피처 이기도 했다. 그뿐만 아니라 수도원에서는 지식 습득은 물론 창작활 동까지 이뤄졌다. 대개 신비주의적인 주제나 소재가 주를 이루었으 며, 사회학자 자크 메트르의 지적대로 13세기에는 여성들이 이 분야 에서 단연 독보적이었다. 영성 문학의 대가 마르그리트 포레테에서 아빌라의 테레사나 리지외의 테레사에 이르기까지 감성 신학은 곧 여성성과 직결되었으며, 여자라면 으레 기도하고 명상하며 신의 말 씀을 공부해야 했다. 단식을 실천하고 무아지경을 체험하면서 앞뒤 재지 않는 뜨거운 열정으로 신의 품 안에서 행복을 만들어간 여성들 은 삶의 희로애락을 신과 함께 누리는 가운데 의식의 한계선을 늘려 간다. 교회에서는 그런 여성들을 비이성적 피조물로 간주하며 미친 사람 취급을 했는데, 교회는 이러한 영성 체험보다 성녀를 더 선호 했기 때문이다(기 베슈텔의 연구 참고).

그럼에도 여자 성인의 수는 남자 성인의 수보다 훨씬 적다. 심지 어 반종교개혁(가톨릭 개혁운동)이 일어난 뒤에는 여자로서 성인의 반열에 오르기 위한 조건도 까다로워졌다. 처녀성은 기본이고 공적 인 활동까지 요구됐기 때문이다. 하지만 시에나의 성녀 카타리나처 럼 (소수나마) 성녀의 영예를 누린 여성도 없지는 않다. 이탈리아 중부 움브리아의 염색업자 집안에서 스물다섯 자녀 가운데 한 명으로 태어난 카타리나는 영적 수행을 하는 동정녀였으나 일단은 일반 평신도였다. 그럼에도 도미니크회 제3회 소속이 된 성녀 카타리나는 공적인 영향력, 나아가 정치적인 영향력까지 미쳤으며, 교황이 아비뇽의 콩타 브내생에서 이탈리아로 돌아오는 데에도 기여한 인물이다. 교회의 개혁을 염원하며 평화로운 이탈리아 반도를 꿈꾼 카타리나는 필요한 경우 십자군 원정까지 불사하여 강성한 유럽을 만들겠다는 의지를 갖고 있었다. 그렇게 실로 막대한 영향력을 미친 성녀 카타리나는 교황 요한 바오로 2세에 의해 유럽의 두 번째 수호성인으로 추대된다.

그 외에 수도회를 창설하거나 선교 및 교육 업무를 맡은 여성들도 있었다. 『17세기 변방의 세 여인Trois femmes en marge』[4]이란 책에서 사회문화사학자 나탈리 다비는 유대교, 개신교, 가톨릭 각각의 종교적 관행에 따라 살아가는 세 여성을 기술한다. 유대교 여성은 특히 가정에 헌신하는 편이었으며, 개신교 여성은 학문에, 가톨릭 여성은 종교에 관심이 많았다. 성 우르술라 수녀회 소속인 투르의 복녀 강생의 마리아(마리 기야르, 1599~1672)도 캐나다에 선교회를 세우고 북미 지역의 원주민 휴론족을 전도했다. 19세기에는 교육 목적의 소교구 수도회와 함께 수녀원, 기숙사가 늘어나고 선교활동이 급증하면서 여성 종교인의 지평도 크게 확대된다.

사교계에서는 여성 기독교인의 주관으로 살롱 문화가 자리잡는다. 특히 토크빌과 몽탈랑베르의 지기인 스웨친 부인이 파리 생제르맹 지구에서 열었던 살롱은 자유주의 사상의 발원지였다. 자선활동이나 사회 사업을 벌이던 여성들은 인도주의적 활동(개신교식으로 말하면 'philanthropy')을 통해 실질적인 사회적 역할을 수행했으며, 아울러 『라 베이예 데 쇼미에르La Veillée des chaumières』 같은 교육·종교지에 소설을 게재하며 문인으로 활동하기도 했다. 르 노르 지방의 소설가 마틸드 부르동은 연애소설 100여 편을 집필했고 제나이드 플뢰리오나 베르트 베르나주(『브리지트Brigitte』)도 각각 청소년 소설과 연재소설 분야에서 수많은 작품을 남겼다.

남성 위주의 반페미니즘 노조운동이 자리잡을 때, 여성들도 기독교 단체와 노조를 설립했다. 여성들만의 단독 노조운동에서는 좀더 많은 여성을 노조활동에 끌어들일 수 있었다. 서비스업 노동자뿐 아니라 공장 노동자까지 아우르며 리옹 지역을 중심으로 활성화된 여성 노조운동은 자네트 라오 및 니콜 노타 같은 여성 지도자를 배출해낸 20세기 비종교적 노조운동이 자리잡는 데 기여했다. 이렇듯 가톨릭 문화는 교회 안팎에서 여성들에게 다양한 표현의 기회를 확대해주었고, 이 과정에서 교회는 그 발판이 되거나 혹은 걸림돌이 되기도 했다.

장 들뤼모의 표현처럼 "어머니의 종교는 곧 그 자식의 종교"[5]이듯 여성들은 집안에서 신앙을 전파하는 주체였고, 마을에서도 교회의 관리와 타종 업무는 여성들의 몫이었다.[6] 사회 전체로 봤을 때에도 (정교분리 논란의 부분적인 시발점이었던) 공화파와 교회의 싸움에서 관건이 된 것은 (적어도 프랑스에서는) 여성이었다. 쥘 미슐레는 애초부터 고해성사라는 방식을 통해 신부가 부부 사이에 끼어드는 것 자체를 반대했고, 에밀 졸라는 여성들이 일종의 맹신에 사로잡혀 루르

드[7] 성지 순례 같은 것을 떠나고 반유대주의에 가담하는 것이라고 분석했다(『진리Vérité』[8]). 학계를 뜨겁게 달군 정교분리 논쟁은 결국 1905년 정부와 교회를 분리하는 정교분리법으로 막을 내린다. 정교분리법의 시행에 따라 국가에 귀속된 교회의 재산 분쟁에서도 여성 신도들은 최전선에서 싸웠으며, 특히 브르타뉴 지방에서 여성들의 활약이 두드러졌다.

개신교 쪽의 남녀관계는 가톨릭 문화권과 사뭇 달랐던 만큼 16세기 종교개혁과 남녀평등 문제도 서로 관련 짓지 않을 수 없다. 종교개혁은 과연 여성들에게도 유효했던 것일까?

일단 교육과 관련한 부분에서는 종교개혁이 양성평등의 실현에 기여한 바가 없지 않다. 여성들이 자유롭게 성서를 읽었다는 것은 여성에 대한 문자 교육이 이뤄졌다는 뜻이고, 실제로도 유럽 신교 지역에서는 학교 교육 덕분에 여성들의 문맹률이 낮았다. 따라서 (신교 중심의) 북유럽과 (구교의) 남유럽 지역에서는 오랜 기간 여성의 문맹률이 극명하게 대비됐다.

그러나 종교개혁으로 인해 집안에서까지 양성평등이 이뤄진 것은 아니었다. 루터와 칼뱅부터가 굉장히 가부장적인 인물이었고, 결혼이 가능한 목사 제도는 가장의 권위를 견고하게 해주었다. 목사의 아내는 신교 여성의 표본으로서 남편의 목사직을 보조하는 역할밖엔 되지 않았다. 그럼에도 신교 여성은 구교 여성보다 더 자유로웠으며, 대외활동도 활발했다. 영국과 뉴잉글랜드를 중심으로 이어진 신교의 신앙 부흥 운동에서 발언대를 잡는 여성도 많아졌고, 신교 지역에서는 고등교육 기관이나 여자대학을 중심으로 여성들의 친목이 발달했다. 여성들의 문예활동이 나타나고 일찍이 여성해방운동이 태동할 수 있었던 배경이다.

프랑스 신교도 역시 제정 분리에 확고한 찬성 입장을 보이면서 여성운동에도 굉장히 적극적이었다. 1848년의 1차 페미니즘 운동(외제니 니부아예 등)은 물론 제3공화국하에서의 페미니즘 운동 역시 이들의 활약이 컸으며, 이들은 또한 여성 단체를 활성화하고 참정권 획득을 위해 싸우며 근대화의 밑받침이 됐다. 대표적인 인물로는 이자벨 보줄로, 사라 모노드, 쥘리아 지그프리트, 게니아 아브릴 드 생트크루아 등이 손꼽힌다. 유대교도와 개신교도 여성들은 (가톨릭 가정에서 별로 달갑지 않게 여기던) 여고에 진학하여 시험을 치르고 대학에 입학한 뒤 훗날 대졸 여성 단체 AFDU 같은 조직에 힘을 실어 준다. 또한 직업에서의 양성평등과 함께 피임권을 주장했으며, 산아제한 정책은 물론 전후 가족계획 사업도 지지했다(에블린 쉴르로). 시몬 드 보부아르가 1949년 『제2의 성』을 발표했을 때, 이 책을 가장 주의 깊게 읽은 독자도 대부분 이 같은 여성 단체 쪽 사람들이었다.

유럽에서는 유대인 여성들의 활약도 컸다. 유대인 박해로 망명길에 올라야 했던 이들은 제일 먼저 대학의 문을 두드리고 의학 공부를 시작했으며, 문화계 행사와 정치에도 활발히 참여했다. 종교적 신념이 때에 따라서는 지적·문화적 매개체로 활용될 수도 있다는 것을 보여준 사례였다.[9]

소수 종교에서는 교리보다 사실 정체성과 공동체가 우선이다. 어쩌면 오늘날 프랑스의 이슬람이 (비록 가부장적인 성격이 더 강하기는 하지만) 이에 해당되지 않을까 싶다. 베일 뒤의 모습이 전적으로 여성의 의지와 판단에 달려 있듯이 기존 질서에 대한 순응과 파괴가 미묘하게 공존하는 지금의 상황에서는 오늘날 여성들이 자신을 옥죄는 종교를 어떻게 대하는지가 잘 드러난다.

이단과 마녀

『콘수엘로Consuelo』와 『루돌슈타트 백작 부인La Comtesse de Rudolstadt』(근대 독일의 비밀 결사 조직과 사이비 종파에 관한 소설)의 '여성 애독자들'에게 조르주 상드는 농담 반 진담 반으로 "여자는 누구나 이단"이라고 말했다. 영 틀린 말은 아니었다. 평소에 주어진 역할에만 충실하던 여성들이 양면적 속성의 종교 권력을 전복시키려 들 때도 간혹 있었기 때문이다. 사실 주교와 군주의 권력은 모두 남성이 쥐고 있었고, 여자가 남자보다 열등하며 부정한 존재, 나아가 사악한 존재라 확신한 남성 권력자들에게는 여성혐오적인 성향이 있었다. 여자들의 '이단적인 행동'은 어찌 보면 그에 대한 반발의 결과다. 푸코는 이를 '대항품행contre-conduite'이라 칭하기도 했는데, 지금부터는 이 부분에 대해 한번 짚어보도록 하겠다.

종교적 불안감이 가중되던 중세 말기에는 다수의 사이비 종파가 생겨났고, 12세기부터는 실로 수많은 여성이 이에 빠져들었다. 이단 종파에서는 대개 주교의 권력과 성차별을 문제삼았는데, 남녀 모두의 교단을 내세우며 누구나 공평하게 성배를 들어야 한다는 것이었다. 롤라드 교단, 베긴 교단, 후스 교단 할 것 없이 이단 종파에서는 모두 문화적 평등과 양성평등을 주장했다.

그 가운데 가장 흥미로운 곳은 베긴 교단이다. 베긴 교단은 은거지에서 함께 지내는 여성들의 종교 공동체로, 동냥이나 의료활동 또는 방직 작업을 통해 얻은 돈으로 생활했다. 베긴 교도는 특히 독일과 플랑드르 지방에 많았는데, 혼자 사는 여성이 많았던 만큼 '여성 문제Frauenfrage'가 대두된 곳이었기 때문이다. 브뤼주와 암스테르담의 베긴회 수녀원은 지금도 인기가 높다. 그런데 수도원 밖에서는 이 여성들이 통제되지 않았고, 따라서 베긴회 수녀들은 위험 분자로 간주됐다. 종교 재판에서는 이들을 심판대에 올렸으며, 교양 있는 감성 신학의 대가 마르그리트 포레테 역시 그 희생양이었다. 『단순한 영혼의 거울』의 저자 마르그리트 포레테는 신의 사랑이 반드시 사제를 통해 전해지는 것은 아니라며 자유 영혼론을 펼쳤지만 결국 파리의 종교재판소에 회부되어 1310년 산 채로 화형에 처해진다. 중세 후기에는 정치적 위기가 고조되는 상황에서조차 여성들의 소신 있는 발언이 그치지 않았다.[10]

유럽에서는 마녀를 처단하기 위한 화형대 위에 하나둘 불이 지펴졌으며, 곧이어 전 유럽이 마녀사냥의 불길로 활활 타오른다. 특히 1486년 도미니크회 수도사 크레머와 슈프렝거가 쓴 마녀사냥 매뉴얼 『말레우스 말레피카룸Malleus maleficarum』(마녀 잡는 망치)이 출간된 뒤에는 마녀사냥이 더욱 기승을 부렸는데, 30년간 무려 20여 차례나 개정판이 나올 정도로 굉장한 성공을 거둔 책이었다. 뒤에서 종교재판 당국의 지원까지 받은 이 책은 마녀의 정의와 함께 그 관행이나 수법을 기술하고, 이들을 바라보는 시각까지도 규정해두고 있다. 요컨대 마녀는 굉장히 사악한 존재이므로 응당 불에 태워 정화해야 한다는 것이었다. 이에 마녀로 몰린 여성들이 대대로 체포되어 화형에 처해졌는데, 특히 독일과 스위스, 오늘날의 프랑스 동부(로렌, 프랑슈-콩테 지방) 등을 중심으로 마녀사냥이 이뤄졌고 이탈리아와 스페인 쪽도 상황은 마찬가지였다. 마녀사냥에 따른 피해자는 10만 명 정도로 추산되며, 그 가운데 90퍼센트가 여성이었다. 15세기 말부터 시작되어 잔 다르크마저 그 희생양이 된 이 대대적인 마녀사냥의 불길은 16세기와 17세기에 정점을 찍는다. 더 놀라운 사실은 르네상스와 인문주의, 종교개혁으로 유럽이 들썩이던 시기에도 마녀사냥이 이뤄졌다는 점이다. 마녀의 유해성에 관한 한 신교도의 생각은 구교도와 다르지 않았다. 독일을 중심으로 마녀 화형식이 발전하던 것이나 독일 회화에서 마녀 관련 그림이 발달한 이유도 여기에 있다(루카스 크라나흐, 한스 발둥 그린). 악마의 여인들과 손을 잡았다는 혐의로 박해당한 코르넬리우스 아그리파 정도만 제외하면 인문주의자도 마녀사냥에 동조했고, 피생, 피크 드 라 미랑돌 등은 물론 근대적 인사로 손꼽히는 장 보댕 역시 마녀사냥에 찬성했다. 특히 그는 이 분야의 고전 『빙의망상De la démonomanie』을 출간해 마녀사냥에 힘을 실어주었다. 에스테르 코엔은 저서 『악마의 신체Le Corps du diable』[11]를 통해 철학자와 마녀의 '수상한 조합'을 강조했는데, 서구 이성 사회가 과학을 앞세워 유대인과 외국인, 마녀 같은 이단적 존재를 탄압했기 때문이다. 이러한 역사로 미루어보건대 문명의 발전 단계와 야만성, 진보와 폭력 사이에는 모종의 상관관계가

여성의 역사

성립된다던 아도르노와 발터 벤야민의 분석도 틀리진 않은 듯하다. 그러니 어찌 보면 마녀들은 근대사회의 제물이었던 셈이다.

그렇다면 이들의 죄목은 정확히 뭐였을까? 굉장히 다양하다. 먼저 마녀로 몰린 여성들은 비이성적인 행동을 보이거나 근대적인 의술 대신 기적의 치료법에 의지했다. 가공하지 않은 약초를 그대로 사용했을 뿐 아니라 자기네만의 제조법이나 복잡한 공식으로 묘약을 만들어 환자의 몸을 치료할 수 있다고 주장한 것이다.

게다가 마녀들은 일탈적인 성욕의 소유자로 치부됐다. 『말레우스 말레피카룸』의 표현대로라면 아무리 관계를 가져도 만족할 줄 모르는 존재라는 것이다. 성생활이 문란한 이들의 넘치는 성욕은 나이도 가리지 않았다. 통상 성관계를 하지 않는 폐경기 이후에도 나이 많은 마녀들은 관계를 가지며, 성교 시 체위도 문제가 많았다. 교회에서 인정하는 유일한 체위인 정상위를 하지 않고 후배위나 기승위를 즐겼기 때문이다. 마녀들은 아담의 첫 번째 부인 릴리스와 동급으로 여겨졌는데, 릴리스는 자신이 아담의 위에 올라타는 것을 아담이 거부하여 그를 떠난 인물이다. 마녀로 몰린 사유에서는 이 같은 성적인 측면이 주를 이루는데, 육욕의 질서와 체계를 잡으려던 사회에서 이들은 무질서한 감각에 사로잡힌 '불순분자'(조르주 바타유)였기 때문이다.

마녀의 또 한 가지 죄목은 악마와 접촉한다는 것이었다. 라테라노 공의회에서는 악마의 존재를 확증하고 이에 대한 신학 교리를 발전시켰는데, 마녀는 이러한 악마의 딸이자 형제로 통했다. 따라서 마녀는 곧 악마이므로, '악마의 눈'을 가졌기에 눈빛만으로도 사람을 죽일 수 있다. 또한 아는 게 많은 척을 하며, 사제와 군주, 남자, 이성 등 모든 권력과 권위를 조롱한다. 그러니 유일한 해결책은 이러한 악을 파괴하고 근절하며 불에 태워버리는 것이다. 근대 초기에 대대적인 불바람이 불어닥친 이유다.

나중에는 마녀도 어느 정도 명예를 회복한다. 미슐레도 저서『마녀La Sorcière』를 펴내 인식의 저변을 확대했는데, 그동안 희생양이 되어온 선한 여성들에 대한 예찬론을 담은 책이었다. 그의 책에 등장하는 마녀는 나이가 많지도, 못생기지도 않았으며, 악의를 가진 못된 존재도 아니었다. 그의 작품에서 중심인물로 등장하는 마녀는 "충실하게 가정을 보살피고 아이를 먹여 살리는 다정한 어머니"로서 지극히 평범한 여인의 표상이었다. 미슐레의 마녀는 피해자였지 범죄자는 아니었는데, 그런 미슐레 역시 본인이 비판하던 논리에서 벗어나지는 못한다. 몽유병이나 천리안 등 여성향으로 간주되는 오컬트적 능력[12]과 여성 사이의 밀접한 관계를 전제하고 있었기 때문이다.[13]

30여 년 전부터는 마녀에 관한 흥미로운 저서가 굉장히 많아졌다. (다만 페미니즘 진영에서는 이렇게 가벼운 방식의 마녀 관련 기술 또한 반대한다.) 가령 하비에르 고티에도 '마녀'라는 뜻의 잡지『소르시에르Sorcières』를 창간해 역사와 시사 현안에 대한 매우 자유로운 시각을 보여준다. 로베르 망드루는『법관과 마녀Magistrats et sorciers』 사이의 관계를 연구했고, 카를로 긴츠부르그도 '베난단티benandanti'의 연구와 함께 늦은 밤 '마녀의 집회' 연구에 심취했다. ('베난단티'는 14세기 이탈리아 동북부의 와인 산지 프리울리에서 수확물을 지키기 위해 마녀들과 맞서 싸우는 사람들이었다.) 잔 파브레사다는 민족학자의 시각에서 전원의 주술적 관행을 면밀히 조사했고, 이에 관해 펴낸 책『말, 죽음과 운명Les Mots, la Mort, les Sorts』은 이 분야의 고전이 되었다. 장미셸 살망도 1989년『마녀: 사탄의 정혼자Les Sorcières, fiancées de Satan』를 펴내는 한편『서양 여성사』3권에서 통찰력 있는 종합적 연구를 선보인다. 최근에는 에스테르 코엔의 저서『악마의 신체』도 출간되는 등 역사학자들이 마녀라는 주제를 서구 성 역사 및 문화사의 주된 한 축으로 보는 듯하다. 어찌 됐든 마녀는 '사랑'이다.

지식으로의 접근

배움이 금지됐던 시대

일찍이 여성에게는 교육의 기회가 제공되지 않았다. 페미니스트 철학자 미셸 르 되프는 이에 대한 몇 가지 근거를 제시했는데,[14] 그에 따르면 일단 배움이라는 것 자체가 여성과 맞지 않는다는 인식이 있었다. 신성한 지식은 신의 전유물이었고, 따라서 이를 배울 수 있는 이들은 오직 지상에서 신을 대리하는 남자뿐이었다. 이는 이브가 원죄를 지은 계기이기도 했는데, 여자이지만 알고 싶은 게 많았던 이브는 결국 옆에서 부추기는 악마의 유혹에 넘어가 천벌을 받은 것이기 때문이다. 이후로도 성서 기반의 종교(유대교, 기독교, 이슬람교)에서는 성서를 기록하고 해석하는 임무를 남자들에게만 부여했으며, 이에 따라 성서와 토라, 쿠란의 구절을 해석하는 것은 모두 남자들의 일이었다. 남자들은 학교와 특별 교육기관을 통해 경전에 입문했고, 지식의 전수가 이뤄지는 이들 교육기관에서는 남자들만의 품새나 사교 문화가 발달한다. 가톨릭 교회에서도 신학에 대한 연구는 오직 주교들에게만 일임했으며, 지식을 얻고 신의 말씀을 전하는 수단이었던 라틴어는 모두 남자들 차지였다. 라틴어는 또한 베일에 싸인 비밀의 언어로서, 배움에 관한 것과 남녀의 성에 관한 것은 모두 라틴어로 소통되어 무지한 약자들은 이에 대해 전혀 알 수가 없었다.[15] 중세 말기의 시인 프랑수아 비용의 어머니도 교회의 모자이크 유리창이나 프레스코화를 보면서 독학으로 공부했다고 전해진다. 이처럼 문자를 쓰지 못하던 여성이나 하층민 사람들은 그림이나 이미지로 내용을 이해했으나, 이슬람에서는 그나마도 불가능했다. 성상 숭배를 금지해 그 어떤 내용도 이미지로 표현될 수 없었기 때문이다.

이러한 관점에서 보면 신교의 종교개혁은 대단히 획기적이었다. 남녀 할 것 없이 성서 강독을 모든 교인의 의무로 정하여 여성 교육을 발전시키는 데 이바지했기 때문이다. 이에 따라 유럽 동북부의 신교 지역에서는 남녀 모두 다닐 수 있는 학교가 생겨났고, 프랑스에서도 보르도-제네바 선을 기점으로 남녀의 문맹 비율이 확연히 달라졌다. 신교의 여성 교육은 장기적으로 여성의 생활 환경에도 영향을 미쳤으며, 교육 기회가 확대된 여성들은 이제 일도 하고 직업도 가질 수 있었다. 그뿐만 아니라 여성의 교육은 남녀의 성 역할에 대한 시각을 변화시켜 현대 페미니즘 운동에도 영향을 미친다. 유럽

남부에서는 출산 및 육아의 의무에서 해방될 권리에 주안점을 두며 페미니즘 운동이 전개됐지만, 영미권 페미니즘에서는 여성의 지식 교육 확대에 더 초점이 맞춰진 이유도 여기에 있다. 간호직에 대한 인식에서도 지역차가 뚜렷했는데, 가령 영미권의 플로렌스 나이팅 게일은 간호사가 의료 보조인으로서 전문적인 역량을 갖추고 적정 보수를 받아야 한다고 주장하면서 크림전쟁 중 자신이 육성한 중산 층 여성들에게 힘을 실어주었다. 반면 프랑스에서는 아무나 대충 기 용하여 간호조무사로 쓰면 된다는 인식이 있었으며, 훗날 정교분리 사회가 구축되고 난 다음에야 비로소 전문 간호사직이 생겨난다.

물론 상황은 시간에 따라 달라진다. 일단 여성들 내부에서부터 변 화의 움직임이 감지됐는데, 살롱 문화를 중심으로 지적 교류가 이루 어진 것이다. 가령 17세기에는 랑부예 후작 부인이 운영하던 저 유 명한 '청의 살롱'이 예절과 어법을 익히는 공간으로 자리잡으며 귀부 인들에게 (몰리에르의 작품 『서민귀족』에서 풍자하던) 상류사회의 유 려한 화법이나 글쓰기를 가르친다.[16] 그뿐만 아니라 구교에서도 변화 가 나타났다. 여성들의 영향력을 인식한 가톨릭 교회에서 여성들의 교육에 투자하며 소규모 학교와 교구를 늘려가기 시작한 것이다. 하 지만 구교에서는 여성들이 공부를 하는 것에 대해 여전히 유보적이 었다. 17세기 프랑스의 신학자 겸 교육학자였던 페늘롱은 드 맹트농 부인을 위해 쓴 『여성교육론De l'éducation des filles』(1687)에서 젊은 여성들의 무지함을 개탄하고 여성들의 교육을 장려하면서도 여성들 에게 지식에 접근함에 있어서는 신중을 기할 것을 당부했다. "악덕 을 경계할 때처럼 각별히 주의를 기울여야 한다"는 것이다.[17]

계몽주의 철학자들의 생각도 크게 다르지 않았다. 여성들은 그 본분에 맞는 방식으로 지식을 '걸러서' 가르쳐야 한다는 것이었다. 루소가 "여성에 대한 모든 교육은 남자와의 연관성하에서 이뤄져야 한다"고 말한 것도 비슷한 맥락이다. 여성을 가르치는 목적은 "남자의 환심을 사고 남자에게 쓸모 있는 존재가 되기 위해서"이며, 여자란 그저 "남자로부터 사랑을 받고 남자의 명예를 빛내거나 남자를 성장시키고 보살피는 가운데 위로와 조언을 건네 남자들의 삶을 더욱 순탄하게 만드는 존재"에 불과한 것이다. 따라서 그의 다섯 번째 저서 『에밀』에서 에밀의 배필로 정한 소피에 대해 쓸 때도 그는 "이 모든 것이 고래로 여성들의 의무였으며, 어릴 적부터 여성들에게 가르쳐야 할 덕목"이라고 명시한다. 혁명파 역시 계몽주의 사상가들과 크게 생각이 다르지 않았던 만큼 여성의 교육에 대해서도 입장은 비슷했다. 콩도르세나 르펠티에 드 생파르고 의원 정도만 제외하면 혁명파는 대부분 여성의 교육에 대한 생각이 전무했고, 이들에게 여자란 집안에서 어머니의 가르침 정도만 받으면 되는 존재였다.

　심지어 1801년에는 극좌파 실뱅 마레샬이 여성의 읽기 학습을 금지하는 법안까지 발표한다. 그가 기만하듯 쓴 113개 전문前文과 80개 조항을 합해보면 하나같이 여성의 교육에 반대하는 내용뿐이다. "바르고 어진 기질의 성품을 가진 여성은 응당 가사에만 전담해왔으며, 손에 책이나 펜을 들기보다 물레의 토리와 방추를 쥐고 있었다. (…) 글을 읽고 쓸 줄 아는 여성은 연애에 무지하며, (…) 아내가 남편만큼 혹은 그보다 더 똑똑한 집에서는 문제와 불화가 생기게 마련이다." 따라서 이와 같은 전문에 뒤이은 법 조항에서는 다음과 같은 내용이 기술된다. "여성이라면 응당 책 읽는 데 정신이 팔리면 안 될 것이요, 손에 펜을 들어서도 안 된다. (…) 남자라면 응당 검과 펜을 들어야 하며, 여자라면 바늘과 실패를 들어야 한다. 남자에겐 헤라클레스의 곤봉이, 여자에겐 옴팔레의 물레가 쥐어져야 하고, 남자는 기술을 생산해내는 자요 여자는 마음에 감정을 품은 자다. (…) 여자로서 문인이 되고 재능을 쌓고 예인이 되는 것은 화류계 여자에게나 허용되며, (…) 여류 시인이란 해괴한 생각과 기이한 문학적 역량을 가진 괴기한 존재로서, 여성 군주가 괴상한 정치 괴물인 것과 비슷하다." 이렇듯 19세기에는 배움이 여성의 성 역할에 위배되며 그 기질과도 맞지 않는다는 주장이 거듭 제기되었다. 한마디로 여성성과 지식은 상치된다는 것이었다. 책을 읽으면 상상력의 위험한 빗장이 열리는 셈이고, 아는 게 많은 여자는 제대로 된 여자가 아니었다. 이점에 있어서는 보수주의자 조제프 드 메스트르와 무정부주의자 프루동 모두 생각이 같았다. 드 메스트르는 "여자가 똑똑해지길 바라는 것은 곧 남자가 되길 바란다는 뜻"이라면서 이는 "여자로서 범하는 가장 큰 오류"라고 지적했다. 공화파인 에밀 졸라 역시 생각은 비슷했는데, 오를레앙의 뒤팡루 주교가 이러한 분위기를 뒤집는다. 1868년 『학식 있는 여인과 학구적인 여인들Femmes savantes et femmes studieuses』이라는 책을 출간한 뒤팡루 주교는 여성 교육에 대한 교회의 달라진 인식을 대변한다. 하지만 그는 여성의 고등교육에 있어서는 여전히 완고한 반대 입장을 견지했다. "은연중에 기품이 흐르는 열여덟 살의 소녀로 자란 우리의 딸들이 남들 앞에서 시험을 치르고 학위를 받길 바라는가? 지주와 농장주들의 농민회에서 주는 상도 받고 군수 앞에서 머리를 조아리며 허울뿐인 왕관이라도 쓰면 좋겠는가?" 사실 뒤팡루 주교는 여자들이 사상의 자유에 빠져드는 것을 유독 경계했다.

따라서 여자는 학식을 배우기보다 (여자로서의) 소양을 쌓아야 했다. 여자로서 보기 좋을 만큼, 여자로서 딱 필요한 만큼만 교육을 받으면 되는 것이었다. 예컨대 사회적 매너 정도만 익히면 그걸로 족했다. 가정주부나 집안의 안주인이 되기 위해 필요한 지식, 아내와 어머니로서의 역할을 수행하기 위해 필요한 지식이면 충분했다. 절약 습관과 위생 습관을 몸에 익히고, 복종하고 순종하며 부끄러움과 포기, 희생을 아는 여자가 되면 여자로서 갖춰야 할 덕목은 모두 깨우친 셈이었다. 이러한 교육의 내용과 방식은 대부분 비슷했으나 시대와 계층에 따라서는 조금씩 차이가 있었다.

먼저 부유층이나 상류층 가정에서는 남녀 가정교사들이 자택에 와서 직접 자제들을 가르쳤으며, 교육의 결과는 각 교사의 역량에 따라 크게 달라졌다. 여자아이들은 보통 승마와 외국어를 배웠는데, 특히 프랑스어와 영어 교육이 주였다. 격동의 19세기에는 다수의 망명자가 유럽 전역으로 확산되며 현지에서 가정교사로 활동했다. 가령 1850년 런던으로 망명한 독일인의 수만 15만 명이었는데, 함부르크 출신의 페미니즘 사상가 말비다 폰 마이젠부크도 러시아 혁명가 알렉산드르 게르첸의 딸들을 가르쳤다. 게르첸은 아내 없이 혼자 아이를 키우던 부호로, 자녀 교육에 대한 관심이 지대한 편이었다. 중산층 가정의 소녀들은 이렇게 가정교사의 수업을 듣다가 15세에서 18세 사이 기숙학교에 들어가 교육 과정을 마무리했다. 기숙학교에서는 여학생들에게 그림이나 피아노 같은 예체능을 가르쳤는데, 이들 과목은 집안 모임이나 사교 모임에서 주목받기 위해 반드시 이수해야 할 필수 코스였다. 19세기에는 종교적 성격의 기숙학교가 늘어나면서 여성 수도회도 활발해진다. 종교와 무관한 소규모 기숙학교도 늘어나 돈이 없던 고학력 여성들에게 수입원이 돼주었다. 반면 서민 가정의 여자아이들은 집에서 어머니 일을 돕거나 수녀원에 딸린 수예 공방에 가서 기도하는 법과 함께 읽기와 셈하기, 바느질하기 등을 배웠다. 방직 산업의 시대에 바느질 기술은 필수였기 때문이다.

따라서 가정과 종교 기관은 민간 여성 교육의 주축이었다. 정부에서는 오직 관리직과 노동계로 진출할 남학생만을 가르쳤으며, 여학생의 교육은 가정이나 교회에 일임했다. 1833년 인구 5000명 이상의 모든 도시에서 초등학교 설립을 의무화하는 법이 표결됐으나, 결국 여학생들의 입학은 허용되지 않았다. 이 법을 발의한 기조 공교육 장관은 개신교도로서, 그의 첫 번째 아내는 여성들의 교육을 위해 힘쓴 인물이기도 했다. 기조 장관 본인의 딸 앙리에트 역시 교양 수준이 상당히 높았는데, 그리스어와 라틴어를 가정교사에게서 배운 앙리에트는 훗날 아버지와 수시로 편지를 주고받으면서 비중 있는 조력자 역할을 톡톡히 해낸 것으로 알려져 있다.[18]

현대 이후의 변화

그래도 유럽 도처에서 여성의 교육과 관련된 변화가 나타났으며, 그 시기도 대개 비슷했다. 먼저 1880년대에는 여아들의 초등학교 진학이 가능해졌고, 1900년 무렵부터는 중학교 진학도 가능해졌다. 제1차 세계대전과 제2차 세계대전 사이에는 여성도 대학의 문턱을 넘을 수 있었으며, 특히 1950년대 이후로는 여성의 대학 진학률이 크게 높아졌다. 그리고 지금은 남학생 수보다 여학생 수가 더 많다.

이는 사회의 근대화에 따른 결과였다. 남자들도 이제는 '똑똑한 동반자'를 선호했으며, 나라에서도 자녀의 유년기 교육은 지적 수준을 갖춘 어머니가 맡아주길 바랐다. 노동 시장에서도 숙련된 직업 기술을 갖춘 여성들을 요구했으며, 특히 서비스업에서의 수요가 높았다. 타자 업무 및 비서 업무를 맡아줄 여성 인력이 필요했기 때문이다.

프랑스에서는 정치적 요인의 영향도 있었는데, 공화파가 정권을 장악한 제3공화국 체제에서는 여학생들이 뒤팡루 주교의 교회에서 벗어나길 바랐기 때문이다. 그리고 바로 이 같은 맥락에서 의무교육, 무상교육, 세속주의 원칙의 초등학교 설립을 골자로 한 쥘 페리 법(1881)이 제정된다. 이제 남학생과 여학생 모두가 학교에서 동일한 교과과정으로 배울 수 있게 된 것이다. 다만 윤리적 차원에서 남학생과 여학생의 교육기관이 분리되어 있었는데, 오랜 기간 논란의 대상이 된 남녀 공학 문제는 1960년대와 1970년대에 이르러 별다른 마찰 없이 자연스레 해결된다. 아직 완벽하진 않지만 그래도 이 사회에 어느 정도 남녀평등이 구축됐다는 신호였다.

그렇다면 이 과정에서 여성이 맡은 역할은 없었을까? 사실 여성들 대다수는 연애 못지않게 지식에 대한 욕구가 높았다. 그 옛날 이브가 선악과를 베어 문 이유 역시 결국은 넘치는 호기심 때문이었다.

이러한 이브의 이미지는 중세 교회에 의해 책을 든 성모의 현명하고 사려 깊은 모습으로 대체된다. 여성들은 수도원에서든 성 안에서든 도서관에서든 다양한 경로로 열심히 독학을 했으며, 필사본을 다시 베껴 쓰거나 신문의 자투리 기사, 독서회에서 빌려온 소설 등을 통해 조용히 지식을 쌓았다. 조용한 방 안에서 램프 불빛에 의지하여 글을 탐독하는 경우도 많았으며, 버지니아 울프 역시 자기만의 방에 갇혀 글을 쓴 것으로 유명하다. '침실학파'라는 말이 탄생한 배경이다. 이는 모든 사회 계층에서 공통적으로 나타난 양상이었으며, 20세기 초 솔로뉴 지방에서 양을 치던 마르그리트 오두라고 예외는 아니었다. 그가 농장 다락방에서 페늘롱의 저서 『텔레마크의 모험Télémaque』을 발견한 뒤 이 책을 끼고 살게 된 경위는 작품 『마리 클레르』에도 잘 기술되어 있다.

상류층 여성들을 중심으로 일찍이 여성의 교육권에 대한 주장이 제기되기도 했다. 유럽 최초의 여성 작가 크리스틴 드 피상이나 영국의 작가 겸 여권신장론자 메리 울스턴크래프트, 제르멘 드 스탈 부인, 조르주 상드 등은 여성 교육의 확대를 위한 목소리를 높였으며, 이러한 주장은 18세기와 19세기에 걸쳐 점차 퍼져나간다. 물론 그 길이 순탄치만은 않았다. 가령 1861년 최초로 대학입학자격을 취득한 여성인 쥘리 도비에만 하더라도 생시몽주의자 아를레스뒤푸르의 지지 덕분에 간신히 리옹 학구장을 설득했고, 외제니 황후의 개입이 있고 난 후에야 비로소 완고한 빅토르 뒤리 장관의 생각을 돌려놓을 수 있었다. 매번 교육 단계가 높아질 때마다 새로운 장애물이 나타났으며, 여성들에게 있어 새로운 교육 과정으로의 입문은 곧 새로운 전쟁과도 같았다. 따라서 1900년 최초의 여성 변호사가 된 잔 쇼뱅처럼 언제나 그 장애물을 부수기 위한 선구자들의 노력이 필요했다. 정부와 법의 개입도 필요했는데, 여성의 교육이 이뤄지기 위해서는 이를 막고 있던 법부터 수정해야 했기 때문이다.

여성들은 자신들이 받는 교육의 질이 (남성에 비해) 떨어지는 것은 아닐까 우려하기도 했다. 여성 교육의 상대적인 질적 저하를 경계한 것이다. 이에 20세기 초 페미니스트들은 남녀의 '공동 교육'을 주장했고, 교과과정을 통합하고 남녀 공학 학교를 신설함으로써 교육 내용의 평등을 보장하고자 했다. 물론 이는 교육 기회의 평등을 위한 필요조건이었으나, 그것만으로는 충분하지 않았다. 문제는 인식이었다. 여자가 공부를 잘하면 잘못된 것이라는 인식을 바꿔야 했기 때문이다. 물론 지금은 남녀 모두가 똑같은 교육을 받으며 교육 기회의 평등 역시 어느 정도는 실현된 상태다. 하지만 직업적으로, 그리고 사회적으로 남녀평등이 이뤄지기까지는 아직 갈 길이 멀다. 이에 대해서는 뒷부분에 가서 좀더 다뤄보기로 한다.

여성의 창작활동: 글쓰기

이로 미루어보건대 여성에게도 이성과 생각은 있는 셈이다. 그렇다면 신의 입김으로 불어넣은 '혼'도 있을까? 17세기 남녀평등 사상의 선구자였던 풀랭 드 라 바르[19]는 ("영혼에는 성별이 없다"던) 데카르트의 제자답게 '그렇다'고 단언했다. 페미니즘 태동에 주춧돌 역할을 한 메리 아스텔과 마리 드 구르네 역시 같은 생각이었다. (두 사람은 영국과 프랑스에서 페미니즘의 토대가 된 '여성들의 항전'에 참여한 초기 여성 지도자다.)

하지만 여성들의 창작 능력에 관해서는 의견이 갈렸다. 대부분의 사람은 여성에게 창작 능력이 없다고 생각했고, 이러한 인식은 꽤 오랫동안 지속됐다. 일단 그리스인들부터가 조물주의 숨결인 '프뉴마pneuma'는 오직 남자들의 전유물이라 생각했고, 조제프 드 메스트르도 조물주의 입김이 들어가지 않은 "여자들은 단 한 번도 걸작을 만든 적이 없다"며 힐난했다. 콩트 역시 여자들이란 그저 모사품만을 만들 수 있는 존재라고 생각했으며, 프로이트도 여성이 발명해낸 방직 기술 정도만 인정해줄 뿐이었다("문화사적인 발명과 발견에 있어 여성이 기여한 부분은 별로 없다고 생각하지만 그래도 여자들이 실을 잣고 꼬아 옷감을 만들어낸 기술만큼은 인정해야 할 듯하다."[20]).

그렇다면 사람들은 왜 그렇게 생각한 걸까? 일각에서는 해부학적 근거를 제시하며 여성들에게 창의력이 부족한 이유를 설명하기도 한다. 가령 19세기 말 뇌 기능의 국재설局在說을 유심히 지켜보던 생리학자들은 여성의 뇌가 남자보다 작고 가벼우며, 뇌의 밀도 역시 낮다는 주장을 내세웠다.[21] 그뿐만 아니라 오늘날에도 여전히 일부 신경생물학자는 성적 차이에 대한 물리적 근거를 뇌 조직에서 찾으려 하고 있다(카트린 비달 & 도로테 브누아스트브로웨이즈, 『뇌의 성별과 역량Cerveau, sexe et pouvoir』 참고[22]). 사람들은 으레 여성들에게 추상적인 역량이 부족하리라 생각하며, 특히 수학은 여성들의 취약 과목으로 여겨지기 일쑤다. 게다가 여성은 발명 능력과 종합적인 분석 능력도 부족하다는 지적을 받는다. 대신 여자들에게는 뛰어난 직관과 감수성, 인내력이 있다고 보는 게 일반적이다. 여자들은 영감을 불어넣어주는 존재이자 이승과 저승을 중개하는 매개자로서 중간에서 영매나 뮤즈 혹은 소중한 조력자로 활동할 수도, 비서나 필경사, 번역가, 통역사 등의 역할을 할 수도 있지만 그 이상은 아니라는 것이다.

그러니 이렇듯 단순히 모사만 가능한 존재가 글을 쓰고 사유하며 그림과 조각, 음악을 한다는 것은 애초에 불가능한 일이다. 통상적으로 여성이 해오던 바느질과 요리도 그 수준이 높아지면 남자들 일이 됐다. 즉, 바느질은 여자의 일이지만 고급 디자인의 오트 쿠튀르 세계에서 군림하는 것은 남자요, 요리 역시 여자의 일이지만 일류 요리사 자리는 언제나 남자들 차지였다. 이에 몇 년 전에는 요식업계의 가부장적인 관행에 맞서고자 오베르뉴 지역 여성 요리사들이 들고일어나 '오베르뉴 여성 요리사' 단체를 결성하기도 했다. 다행히 엘렌 다로즈(파리)처럼 유명해진 여성 요리사도 없지는 않으며, 패션 업계 역시 내로라하는 여성 디자이너는 얼마든지 있다. 프랑스만 하더라도 마들렌 비오네, 코코 샤넬, 잔 랑뱅은 물론 더 최근에는 소니아 리키엘, 아녜스 베에 이르기까지 다수의 여성이 디자이너로서 명성을 날렸고, 이들 모두 여성의 몸에 대해 색다르게 접근하며 새로운 개념의 패션 감각을 선보였다. 성에 대한 인식 차가 존재하던 패션의 역사를 직접 써내려간 것이다.

그러나 여성으로서 글을 쓰기란 그리 쉬운 일이 아니었다.[23] 그동안 여성의 글쓰기는 사적인 영역에만 국한되어 있었으며, 여성이 글

　　　　　　　　　　　　　　　　여성의 역사

을 쓰는 경우는 기껏해야 편지를 쓰거나 작은 회사의 장부를 정리할 때 정도가 전부였다. 중세 길드에 속한 직인들 사이에서 숙소의 '이모님'은 종종 '배운 여자'일 때가 많았고, 이 '이모님'은 직공들의 장부를 정리해주고 모두의 서기 역할을 도맡아주었다.

심지어 여기서 한발 더 나아가 책을 펴낸다는 것은 또 다른 문제였다. 19세기까지만 하더라도 여성 '작가'를 비웃는 사람들이 있었기 때문이다(19세기 문학 전공자인 크리스틴 플랑테 교수의 연구 참고).[24] 글을 써서 생계를 이어가는 여성이 점점 늘어가던 그 당시, 여성들은 여성지를 비롯한 언론 매체에 글을 쓰기도 하고, 교육 관련 도서나 삶의 경험적 노하우를 담은 개론집, 여성 위인들의 전기를 펴냈다. 역사와 관련된 위인전은 특히 인기가 많았으며, 소설 역시 여성 문학에서 빠지지 않는 장르인 만큼 여성들은 주로 소설작품을 통해 문학계에 입문했다. 19세기 후기에는 『라 베이예 데 쇼미에르』 같은 여성 전문지가 늘어나 여성 연재 소설가의 비중도 상대적으로 높아진다. (다만 영국에서는 여성 연재 소설가의 비율이 20퍼센트 선이었던 데 반해 프랑스에서는 이 비율이 10퍼센트를 채 넘지 못했다.) 하지만 여성 작가들의 생활 형편은 그리 여유롭지 못했으며, 심지어 자신을 '작가'라고 내세우지도 못했다. 여성 작가에 대한 기성세대의 반발 때문에 작가라는 직업의 문턱은 여성들에게 여간 높은 게 아니었다. 심지어 네케르[25] 같은 계몽주의자든 조제프 드 메스트르 같은 보수주의자든 혹은 토크빌 같은 자유주의나자 미슐레, 졸라 같은 공화주의자든 모두가 하나같이 글 쓰는 여자를 싫어했다. 19세기의 댄디즘 신봉자들이나 바르베 도르비이, 보들레르 같은 시인들, 문학

전도사 공쿠르 형제는 여기서 한발 더 나아간다. 특히 공쿠르 형제는 조르주 상드의 예외를 설명하기 위해 상드는 "남자들의 페니스만큼이나 긴 클리토리스가 있을 게 분명하다"는 궤변을 늘어놓으며 상스러운 여성혐오주의의 전형을 보였다.

조르주 상드는 언제나 남녀의 경계에 선 인물로 손꼽히지만 이와 동시에 대표적인 여성 작가이기도 하다. 수도원에서 "미친 듯이 글을 쓰고 싶었던" 상드는 주변의 만류에도 굴하지 않고 의지를 관철시켜 꿈을 이룬 사례였다. 필명은 '조르주George'라는 남자 이름을 사용했는데, 통상 사용되는 남자 이름 '조르주Georges'에서 's'를 빼고 사용한 것은 어쩌면 이름에서 중성적인 느낌을 주고자 했던 상드의 의지였는지도 모르겠다(필명 선택의 복잡한 과정에 대해서는 마르탱 라이드의 저서를 참고).[26] 어쨌든 상드는 '여성 작가'라고 무시되던 집단과 분명히 선을 그은 채 존경받는 '위대한 작가군'으로 편입되고자 부단히 노력했다. 겉으로도 남자 옷을 걸치고 다녔으며, 최소한 일과 관련해서는 여성성을 드러내지 않았다. 스스로를 칭할 때도 남성형을 사용했을 뿐 아니라 파리에서의 저녁 식사 자리에서 자기 혼자 유일한 여성일 때도 전혀 불편해하지 않았다. 게다가 자식들에게도 자신의 필명을 성으로 물려주었는데, 당시로서 이는 흔치 않은 일이었다.

상드는 글쓰기를 엄연한 노동으로 분류했다. 플로베르에게 한 말처럼 상드는 '곡괭이질'을 하듯 펜을 들었으며, 공들여 글을 완성하되 주로 밤에 작업할 때가 많았다. '노동'을 한다는 것은 곧 스스로의 정체성과 효용성을 구축하는 일이기에 상드로서도 '노동'을 하지 않은 날은 하루를 놓친 것이나 다름없었다(1854년에서 1876년까지 상드가 쓴 일기에서는 '노동'이라는 말이 수시로 등장한다). 상드에게 글은 생계 수단이었으며, 그는 글로써 자기 자신뿐 아니라 (통상적인 가족 범위를 넘어서는) 식솔들까지 먹여 살렸다. 상드는 뷜로스, 헤첼, 미셸 레비 등 출판사와 계약을 할 때도 조건 하나하나를 세세히 검토했다. "글 쓰는 일은 거의 꺾이지 않는 뜨거운 열정의 일환"인 만큼 상드에게 글쓰기는 엄연한 직업이었지만, 그렇다고 그가 문학에 빠져 산 것은 아니다. 1836년 친구였던 포르톨 공교육부 장관에게 보낸 편지에서도 상드는 "세상에 (문학보다) 가치 있는 일은 수천 가지에 이른다. 아이를 낳아 기르고, 연애를 하고, 친구를 사귀고, 화창한 날씨를 즐기고, 고양이와 노는 것 등 세상에는 수천 가지 재미난 일이 있다"고 썼다. 게다가 승마나 원예, 여행, 잼 만들기 등도 그에게는 재미를 주는 일이었다. 상드뿐 아니라 다른 여성 작가들도 비슷한 생각이었으며, 이들은 작품 하나에만 매몰되는 삶을 경계했다. 이 점에 있어 아버지 네케르의 구속을 많이 받았던 스탈 부인처럼 여성 작가들은 "명예가 곧 행복을 대가로 얻은 서글픈 훈장"이 되진 않을지 걱정했다. 남자들이 명예에서 자신의 정체성을 찾는다면 여자들은 행복에서 스스로의 정체성을 발견한다. 여성에게 행복은 스스로의 삶에 있어서나 가족의 삶에 있어서나 필수적인 삶의 여건이며, 때로는 사회 전체로서의 행복이 중요하게 작용할 때도 있다. (따라서 행복은 여성이 사회에 참여하는 중요한 열쇠가 되기도 한다.)

상드는 이상적인 사회 정의 실현에 보탬이 되는 작품을 쓰고자 했으며, 이 점에 있어 그는 예술을 위한 예술을 표방하며 글쓰기의 형식에 고민이 많았던 동료 작가 플로베르와 대비됐다. 상드는 플로베르에게 힘을 빼고 더 자연스러운 글쓰기를 하면 좋지 않겠냐고 권했으며, 플로베르에게 보낸 1866년 편지에서도 "선생께선 필요 이상으로 힘들게 글을 쓰는 듯합니다. 내 안의 또 다른 내가 좀더 활개를 치도록 놔둬보는 것은 어떨까요?"라고 조언했다.

하지만 작가로서의 상드에 대한 평판은 그리 좋지 않았던 만큼 그는 여성이 이 분야에서 인정받는 게 얼마나 어려운 일인지도 잘 보여준다. 사실 상드는 프랑스에서도 굉장한 성공을 거둔 작가였고, 러시아를 비롯한 해외에서는 국내보다 더 뜨거운 호응을 받았다. 하지만 그렇다고 상드가 원색적인 여성혐오적 비평에서 자유로운 것은 아니었다. 혹자는 상드의 다작을 문제 삼았고, 또 어떤 이는 그의 거침없는 문체를 탓하기도 했다. 상드가 "젖소에서 우유를 짜내듯" 작품을 써낸다는 것이다. 그뿐만 아니라 상드의 명저들은 (뮈세를 비롯한) 남자들로부터 영감을 얻었을 것이고, 아예 남자들이 대필을 해주었을 것이라는 망발도 있었다. (『스피리디옹』이나 『콘수엘로』를 아예 피에르 르루가 썼을 거라는 설도 있다.) 게다가 정치활동을 하든(1848) 안 하든(파리 코뮌) 이 또한 논란의 대상이었으며, 후대에는 그저 '노앙의 마님' 정도로만 인식되며 연애 장르의 전원 소설 작가로 굳어진 채 기억 속에서 사라져간다. 하지만 프루스트의 할머니가 수준 높은 문체 구사를 위해 손자에게 권한 것은 다름 아닌 상드의 작품이었다.

상드의 사례는 여성으로서 문단에 들어가기가 얼마나 어려운 일인지를 잘 보여주지만, 그럼에도 여성들은 이 문턱을 훌륭히 넘어섰다. 여성 문학이 꽃피운 19세기와 20세기에는 소설 분야를 중심으로 여성 작가들이 두각을 나타냈으며, 영국의 제인 오스틴이나 브론테 자매, 조지 엘리엇, 버지니아 울프 같은 작가나 프랑스의 콜레트, 마르그리트 유르스나르, 나탈리 사로트, 마르그리트 뒤라스, 프랑수아즈 사강 등을 꼽을 수 있다. 이 여성 작가 군단은 장르 구분 없이 소설 분야를 다 섭렵했는데, 고전적인 소설은 물론 신소설에서도 활약이 두드러졌고, 연애소설은 물론이거니와 추리소설처럼 남성이 주를 이루던 장르에서까지 활동했다. 네이딘 고디머, 토니 모리슨 등 일곱 명의 여성 작가가 노벨문학상을 받았으며, 2004년 노벨문학상을 수상한 오스트리아 여성 작가 엘프리데 옐리네크는 암울한 분위기의 작품을 통해 인생의 비극과 내면의 삶, 대중 앞에서의 삶과 함께 오늘날의 시대상을 보여주고자 노력했다.

물론 여성이 넘어야 할 벽은 이뿐만이 아니었다. 학술 분야로의 진입 또한 어렵기는 매한가지였기 때문이다. 특히 수학적 추론 능력은 여성들이 결코 터득할 수 없을 것이라는 인식이 오랫동안 지속됐다. 게다가 사유의 결정체인 철학 분야 역시 사정은 비슷했다.『플라톤이 본 여성에서 데리다가 본 여성에 이르기까지: 여성에 대한 비평 선집』에서도 책에 수록된 남성 철학자의 수는 쉰다섯 명인 데 반해 여성 철학자는 메리 아스텔, 메리 울스턴크래프트, 한나 아렌트, 시몬 드 보부아르, 고작 네 명이 전부였다. 나라면 여기에『중력과 은총La Pesanteur et la Grâce』『노동 환경에 관한 고찰La Condition ouvrière』을 쓴 시몬 베유도 포함시킬 것 같다.

오늘날 진정한 여성 철학자로 인정받으며 철학계에서 제대로 된 연구가 이뤄지는 인물로는 한나 아렌트가 유일하다. 한나 아렌트는 민주주의와 전체주의, 유대인 문제, 이스라엘에서 직접 지켜본 아이히만의 재판 과정을 통해 다룬 '악의 평범성' 문제 등을 연구함으로써 자신의 책 제목처럼 근대『인간의 조건』에 관한 주요 이론가로 자리잡는다. 하지만 아렌트에게 있어 성별 문제는 그리 핵심적인 논제가 아니었다. 물론 고려해볼 문제이긴 하나 이론으로까지 만들 필요성은 느끼지 않은 듯하다. 다만 낭만주의 시대의 독일 태생 유대인 라헬 파른하겐의 생애에 관해 글을 쓰면서 아렌트는 유대인 문제와 여성성 문제라는 두 가지 벽에 부딪힌다. 어쩌면 아렌트는 의외로 여성성 문제에 대해 고민하고 있었을지도 모르겠다.

반면 시몬 드 보부아르에게 있어『제2의 성』, 즉 '여성'은 핵심 논제였다. 여성성을 천부적인 기질이 아닌 역사적 문화적 산물로 분석한 시몬 드 보부아르는 이로써 기존의 사고방식을 대대적으로 해체했으나, 당대에는 이러한 그의 주장이 쉽게 받아들여지지 않는다. 어찌 보면 시몬 드 보부아르는 (스스로 '젠더'라는 단어를 쓰진 않았지만) '젠더'의 개념을 창시해낸 주역이기도 하다.

그렇다면 여성 철학자의 수가 이렇게 적은 이유는 뭘까? 사회적 경험 부족 때문일까, 아니면 사유의 부족 때문일까? 혹은 교육을 제대로 못 받아서? 그도 아니라면 과감하게 이론을 정립할 생각이나 학문에 대한 욕심이 없어서? 아니면 흔히 말하는 '여성적 기질'이라는 것 때문에 구체적인 학문을 연구하기보다는 보편적인 문제에 더 관심이 많았던 걸까? 아니, 그저 연구라는 것을 해볼 생각 자체를 못했던 걸까? 이유야 여러 가지가 있을 수 있겠지만, 아마도 이 모든 이유가 조금씩 작용한 게 아닐까 싶다.

아울러 예술계로의 진입도 쉽지 않았는데, 단순한 취미 수준을 넘어서서 그림을 그리고 음악을 작곡하는 것 역시 여성들에겐 그리 호락호락한 일이 아니었다.

예술가로서의 삶

여자로서 작가라는 직업을 영위하는 것도 쉬운 일은 아니었지만, 그림이나 조각, 음악 등의 창작 예술을 하는 것은 더더욱 힘들었다. 미술과 음악의 창작 과정이 세상을 창조하는 것과 비슷한 양상을 띠기 때문이다. 특히 음악은 신들의 언어인 만큼 여성이 여기에 끼어드는 것 자체가 부적절한 일이었다. 그러니 어찌 여자로서 우주가 만들어지는 협연의 과정에 동참할 수 있었겠나? 여자들에게 허용된 것은 그저 따라 하고 표현하고 연주하는 일 정도였다. 대표적인 직업이 성악가다. 성악가는 여성의 일이라는 인식이 강했던 만큼 조르주 상드의 작품 『콘수엘로』 속 여주인공 직업도 성악가로 설정됐다.

물론 취미 차원에서의 그림이야 여자들도 충분히 그릴 수 있었다. 아이들 초상화를 그리고, 꽃다발이나 주변 풍경을 스케치하는 정도는 여자에게도 제약이 없었다. 친구들과의 저녁 모임이나 사교 모임에서 슈베르트나 모차르트를 연주할 수도 있었다.

다만 이러한 취미 차원에서의 예술활동도 어린 시절 예체능 교육을 제대로 잘 받은 경우에만 가능했다. 조르주 상드도 (비록 본인은 굉장히 성가셔했지만) 음악과 회화 입문 수업을 제대로 잘 받은 덕에 리스트의 말대로 듣는 귀가 뛰어난 사람이 될 수 있었던 것이다.

그러나 이렇게 음악이나 미술 쪽 기본 소양을 닦아도 여자들은 음악이나 미술 분야의 직업을 가질 수도, 창작활동을 할 수도 없었다. 물론 필요한 경우 여자들도 그림이나 피아노를 가르치긴 했다. 상자에 그림을 그려넣고 모수석(수지상 결정 무늬) 기법을 사용하여 수채화를 그린 상드처럼 공예품을 만들거나, 혹은 여자에게 딱 맞는 장소가 미술관이라던 보들레르의 말처럼 미술관에 가서 걸작을 모사하는 것도 불가능한 일은 아니었다(위베르 로베르의 「루브르 대회랑 보수 계획」 참고).

그러나 본격적인 심화 훈련 과정에서는 여성이 완전히 배제됐다. 파리 미술학교에서는 나이 어린 여자가 누드를 보면 안 된다는 이유로 여학생의 입학이 거부됐으며, 여성들은 1900년이 되어서야 비로소 파리 국립고등미술학교의 문턱을 넘을 수 있었다. 하지만 남학생들의 반발이 여전했기에 여학생들은 결국 사설 학원이나 사립학교로 발길을 돌려야 했다. 그중 대표적인 곳이 쥘리앙 아카데미로, 이곳에서는 로베르 플뢰리, 바스티앵르파주 같은 교사들이 고대 회화와 누드화를 기반으로 한 아카데미즘 미술을 가르쳤다. 19세기 후반 파리의 여성 화가들에 대해 쓴 (그러나 안타깝게도 발표는 되지 않았던) 드니즈 노엘의 논문에 따르면 유럽 전역에서 수많은 여학생이 이곳으로 몰려들 만큼 쥘리앙 아카데미의 인기는 뜨거웠다고 한다.[27] 드니즈 노엘 연구의 기반이 된 자료는 루이즈 브레슬라우, 소피 셰피, 마리 바시키르체프 등이 남긴 서신이나 일기였는데, 그 가운데 특히 바시키르체프는 스물일곱 살에 결핵으로 요절한 러시아 상류층 출신 화가로, 무려 1만 9000쪽에 이르는 일기를 남긴 것으로 유명하다(해당 자료는 화가의 어머니가 기탁하여 프랑스 국립도서관에서 소장 중이다).[28] 바시키르체프의 일기를 보면 당시 전문적인 아티스트를 꿈꾸던 젊은 여성이 어떤 일상을 살며 어떤 고충을 겪었는지, 또 세간의 편견에만 치중하며 딸을 결혼시키기에 급급했던 가족들과는 어떤 마찰을 겪었는지가 잘 드러난다. 그래도 바시키르체프는 쥘리앙 아카데미 안에서 행복감을 느꼈다. 이곳에서만큼은 동료 간의 평등한 분위기가 존재했기 때문이다. "작업실에 들어가면 모든 게 사라진다. 그곳에서는 이름도 가족도 더 이상 중요하지 않다. (…) 우리는 그저 자기 자신으로서만 존재하며 예술과 마주한다." 하지만 여전히 제대로 된 교육에 대한 아쉬움은 남았고, 남성 우월주의에 휩싸여 여학생들을 깔보는 교수들도 없지 않았다. "교수들은 기본적으로 우리를 무시하며, 굉장히 특출한 실력을 보여줄 때만 만족하는 모습을 보인다. 나에 대해 말할 때도 그건 남자나 할 일이라는 식의 언급을 할 때가 있다. 이런 감각이나 기질은 남자만 타고난다는 것이다." 바시키르체프는 상도 타고 자신의 결과에도 만족했지만, 그렇다고 현실에 대한 환상을 품지는 않았다. 실로 위대한 화가가 되기 위해 어떤 길을 가야 하는지 잘 알고 있었기 때문이다. "집안사람들이 날 보는 시각이 달라지려면 내가 코뮌에 가담하기라도 해야 했을 것이다." 이렇듯 반항기 많던 바시키르체프는 결국 위베르틴 오클레르와 함께 여성지 『라 시투아옌』을 만드는 데 동참한다. 여성 참정권론자였던 오클레르는 여성 화가 및 예술가 동맹의 창설을 지지

했고, 1881년에는 결국 조각가 엘렌 베르토에 의해 해당 동맹이 결성된다. 어쨌든 바시키르체프는 제도권 기관인 살롱전에서까지 인정을 받은 화가로 거듭나지만, 이후 안타깝게도 이른 나이에 세상을 뜨고 만다. 다행히 이 재능 있는 화가의 작품은 오늘날 니스 미술관을 비롯한 여러 미술관에서 만나볼 수 있다.

전원 남성으로 구성된 살롱전 심사위원단은 여성 화가들이 주제나 기법 면에서 여성성의 범위를 벗어나지 않길 바랐다. 즉, 정물이나 인물, 실내 정경 등 여성들이 주로 그리는 주제를 다뤄주길 원했고, 특히 그 자체로 하나의 완전한 소재가 되었던 꽃다발 그림 같은 걸 그려주길 바랐다. 누드화나 역사화도 여성들이 그릴 만한 그림은 아니었다. 하지만 20세기에는 금단의 성역이었던 누드화에 손을 대는 여성 화가가 대거 늘어나면서 여성 화가들의 누드화가 보편화되어간다(마리조 보네의 연구 참고).[29] 그러자 시인 보들레르는 여성 화가들의 이 같은 '습격'이 역겹다며 반발했고, 마리네티를 비롯한 미래주의자들은 (미래주의 선언을 통해) 도덕주의의 타파와 함께 여성 해방주의에 대한 반대의 목소리를 높였다. 아울러 남성성이 약해지는 세상과의 전쟁을 호소하기도 했다. 전위예술가 무리에서도 여성 화가를 찾아보긴 힘들었으며, 여성이라면 대개 이들과 가족으로 엮인 경우에나 예술계의 전위 부대에 속할 수 있었다. 대표적인 경우가 에두아르 마네의 제수였던 베르트 모리조다. 모리조는 마네가 즐겨 그린 모델이었지만, 마네의 그림에서 모리조가 화가로 표현된 적은 한 번도 없었다. 심지어 개인 작업실도 없었던 모리조는 집안 내부 풍경이나 딸 쥘리의 성장 과정 정도만을 화폭에 옮겼다. 모리조가 남긴 수첩[30]에서는 "사후에 명성을 얻고 싶다는 욕심이 내겐 지나친 사치인 것 같다"는 내용이 나오는데, 모리조는 그저 "지나가는 무언가를 조금이나마 붙잡아두고 싶었을 뿐" 다른 욕심은 없었다. 자신의 모습을 그리는 것도 부끄러웠는지 모리조의 자화상은 몇 점 되지 않으며, 그나마도 전부 스케치 수준에 머물러 있다. 예술계에서 소외됐던 모리조는 "여성을 동등하게 대하는 남자를 한 번도 보지 못한 것 같다"고 토로하면서 남자들이 여자들을 동등하게 대하길 바랐다. "서로 다를 바 없는 똑같은 존재이기 때문"이다. 모리조의 잔잔한 우울함 뒤로 상처 입은 예술가의 모진 삶이 느껴진다.

　여성 화가들은 생활 형편도 녹록지 않았다. 작업실은 남자들만의 세계였고, 이곳에 여자가 발을 들이는 것은 오직 모델로 설 때뿐이었다. 작업실 하나 구할 돈이 여의치 않았던 여성 화가들은 집 안 구석에서 그림을 그렸으며, 화구 살 돈조차 없었다. 여자들에겐 밖에 나가 화판을 세워두고 그림을 그리는 것조차도 쉬운 일이 아니었다. 동물화가 로자 보뇌르만 하더라도 경찰의 허가를 받은 후에야 비로소 야외에 나가 그림을 그리고 바지를 입을 수 있었다. 그러니 그가 남긴 거대한 동물 그림들은 예술계에서 고착화된 여성성의 기준에 대한 도전이었던 셈이다. 이러한 난관을 극복하기 위한 임시방편으로 파트너, 특히 여성 파트너를 찾는 경우도 있었다. 애나 클럼키와 로자 보뇌르[31]처럼 레즈비언 커플이 되는 것이다. 타마라 드 렘피카나 레오노르 피니의 그림에서 보이듯이 같은 처지의 여성과 커플로 작업하는 방식은 당시 여성 화가들이 작품활동과 생계유지를 위해 나름대로 고안해낸 독창적인 해법이었다.

물론 그렇다고 작품활동이 수월해진 것도, 작품 판매에 필요한 명성을 쉽게 얻은 것도 아니었다. 몇 년 전부터 학자들은 미국과 프랑스 등지의 국전 및 미술관 도록을 통해 수십, 수백 명의 여성 예술가를 조사했는데, 대부분은 무명 신세를 면치 못했다. 아르테미시아 젠틸레스키가 제아무리 에스더나 밧세바, 유디트 같은 여성 영웅을 많이 그렸어도, 또 로살바 카리에라가 제아무리 베니스 아카데미 미술관에 걸린 훌륭한 작품들을 만들어냈어도, 이 이탈리아 여성 화가들의 이름을 기억해주는 사람들은 없었다. 여성해방이라는 뜻을 품고 있던 이들은 기구한 삶을 살 수밖에 없었는데, 차라리 다른 남성 화가 밑에서 작업을 했더라면 상황이 더 나았을지도 모르겠다. 아니면 엘리자베트 비제르브룅처럼 여성의 초상화를 그리는 수준에 머물거나. 순수 미술보다는 부차적인 장르에 뛰어드는 편이 더 나았기에 19세기와 20세기에는 장식 예술 분야에서 활동하는 여성이 점점 더 늘어났다. 르 코르뷔지에와 함께 작업하며 인테리어와 가구 분야에서 두드러진 활약을 보인 샤를로트 페리앙이 대표적인 경우다. 피에르 부르디외가 '비주류 예술'이라 칭한 사진 분야로 진출하는 여성들도 있었는데, 줄리아 캐머런, 다이앤 아버스, 클로드 카웡, 자닌 니엡스 등 오늘날에도 여전히 전시회를 통해 만나볼 수 있는 사진작가들은 여성의 시선에서 화사하게 담아낸 피사체를 선보인다. 그 밖에 아녜스 바르다, 제인 캠피언같이 재능 있는 여성 영화감독들의 활약은 더 말할 것도 없다.

20세기에는 상황이 좀 달라졌을까? 전보다 나아진 것은 사실이지만, 그렇다고 근본적인 변화가 생기지는 않았다. 1920~1930년대 유립 중부와 독일 표현주의 예술계(블라우에 라이터, 바우하우스)를 중심으로 (한스 아르프, 조피 토이버아르프 부부나 로베르 & 소니아 들로네 부부 등) 부부 화가들이 점점 늘어가는 가운데 (비에이라 다 실바, 프리다 칼로, 니키 드 생팔처럼) 독립적으로 활동하던 여성들도 있었으나, 여전히 소수에 불과했고 유명세는 언제나 남자들 차지였다. 카미유 클로델의 비참한 삶이나 (그보다 상황은 나았어도) 루이즈 부르주아의 삶에서 드러나듯 조각 분야는 상황이 더 심했다. 도면과 공사가 주를 이루는 건축 쪽에서도 단연 남성들이 우세했으며, 이탈리아의 가에 아울렌티 정도만 예외적으로 두각을 나타낸 여성 건축가였다.

그렇다면 음악 분야는 어땠을까? 음악 분야도 여성이 활동하기에는 난관이 한두 가지가 아니었는데, 일단 가족들의 반대부터가 만만치 않았다. 프랑스 혁명기 여성 지도자 롤랑 부인의 어머니 역시 딸을 연주자로 키우고 싶어하지는 않았다. 롤랑 부인의 회고록에 따르면 모친은 "딸이 무엇보다 여자로서의 소임을 즐기길 바랐고, 한 집안의 어머니이자 주부로서 살아가길 원했다"고 한다. 멘델스존 남매도 재능은 비슷했지만, 남매의 아버지는 1820년 펠릭스 멘델스존의 누나인 파니 멘델스존에게 편지를 써 딸의 음악활동에 대한 자신의 생각을 밝힌다("네 동생에게는 음악이 하나의 직업이 될 수 있지만, 네게는 그저 장식품에 지나지 않을 게다").

가족의 반대보다 더 안타까운 점은 배우자를 위한 희생이었다. 클라라 슈만도 남편 로베르트 슈만을 위해 자신의 재능을 희생해야 했고, 알마 말러 역시 남편 구스타프 말러에게 자신의 재능을 바쳐야 했다. 구스타프 말러는 아내에게 부부 작곡가로 나서겠다는 발상 자체가 말이 안 된다며 아내가 자신의 경쟁자로 나서면 우스운 꼴이 될 것이라고 경고했다. 그는 자신에게 필요한 것은 아내지 동료가 아니라는 점을 분명히 밝히면서 아내에게 음악을 포기해주면 좋겠다는 뜻을 전한다. 그리고 부부로서나 음악적으로나 자신과 하나가 되어주길 바라면서 조력자로서의 역할만을 제안했다.[32]

따라서 여성 작곡가는 그 수도 적었을뿐더러 존재 자체도 금세 잊히고 말았다. 프랑스 작가 카튈 망데스의 반려자이자 바그너의 친구였던 오귀스타 올메스도 그중 한 명이었다. 올메스는 한 곡의 오페라와 다수의 교향곡 및 피아노 협주곡을 만든 작곡가로서 19세기 말에는 꽤 유명세를 얻었지만, 빠르게 기억 저편으로 사라졌다. 왜 그랬을까. 올메스의 재발견을 위해 애쓰고 있는 미셸 프리앙이 그에 대해 쓴 전기에 따르면 이는 "아마도 올메스가 바람직한 어머니상이 아니었기 때문일 것이다. (…) 올메스는 사교계의 룰에서 벗어나는 인물이었고, (…) 알마 말러나 파니 멘델스존, 클라라 슈만 같은 여느 여성 음악가들과 달리 남자가 하는 일을 하겠다고 고집을 부렸다".[33]

오늘날에도 음악 분야는 여전히 여성들이 쉽게 범접할 수 없는 영역이다. 연주자 중에서는 피아니스트 마르타 아르헤리치, 엘렌 그리모나 바이올리니스트 아네조피 무터처럼 쉽게 여성들을 찾아볼 수 있지만 작곡가나 지휘자 가운데서는 여성들이 별로 보이지 않는다는 것이 이를 방증한다. 연주자들 역시 여성이 앞에 나와 지휘를 하는 상황은 별로 반기지 않는 분위기다. 예외가 있다면 12음 음악의 거장 벳시 졸라(1926년생) 정도로, 피에르 불레와 앙리 디티외의 곁에 있던 졸라는 훗날 독립적으로 자기 곡을 만들어 이례적으로 뒤늦게 인정을 받는다.

하지만 아이러니하게도 여성은 오늘날 예술계의 주된 소비 계층이다. 합창단원도 대부분 여성들로 꾸려지고, 전시회나 콘서트의 주 고객도 여성이다. 예술계 후원자 가운데에서도 여성들이 눈에 띄는데, 다만 큰손 수집가는 대부분 남성이다. 돈과 권력을 움직이는 게 주로 남자들이기 때문이다. 물론 여자들도 돈과 권력이 있으면 얼마든지 예술계를 쥐락펴락할 수 있었다. 마리 드 메디시스는 루벤스에게 「마리 드 메디시스의 결혼」이라는 연작을 주문했고(루브르 소장), 예카테리나 2세와 퐁파두르 부인의 취향 역시 예술계에 상당한 영향을 미쳤다. 넬리 자크마르도 은행가인 남편 곁에서 작품 수집에 대해 신중하게 조언해준 반려자였고, 프랑수아 미테랑 대통령의 루브르 계획안 역시 미테랑의 혼외 연인 겸 미술사학자였던 안 팽조의 생각이 많이 반영된 결과였을 것으로 추측된다.[34] 프랑스 현대음악계에서도 후원자는 주로 여성들이었다. 드뷔시, 가브리엘 포레, 세자르 프랑, 뱅상 댕디, 에릭 사티, 생상스 등의 유수한 음악가들이 명성을 얻을 수 있었던 데는 그레퓔르 백작 부인, 마르그리트 드 생마르소, 폴리냐크 공녀의 공이 컸다.

여성 후원자들은 작품을 주문하는 한편 살롱을 운영하여 예술가들을 돕기도 했는데, 살롱은 창작과 감상의 공간이면서 때로 연주회장으로 활용되기도 했다. 이곳에서 음악은 사교계 연회장의 부속품 정도로 그치지 않는,[35] 예술혼이 살아 숨 쉬는 결정체였다.

따라서 음악 분야의 창작활동에 있어 고래로 여성들이 미친 영향은 재평가될 필요가 있다.

4장

여성과 일

여성들은 항상 일해왔다. 아이도 낳고 집안일도 돌봤지만 여성의 노동은 돈을 받을 수 있는 것도, 그 가치가 인정되는 것도 아니었다. 여성이 집에서 이런 일들을 맡아주지 않으면 이 사회는 결코 존재할 수도, 발전과 세대교체가 이뤄질 수도 없지만 여자들이 하는 일은 가시적으로 잘 드러나지 않는다.

여성들은 사회적으로 인정받는 직업을 갖지 못했으며, 돈이 되는 일도 항상 남자들 몫이었다. 그러다보니 여자들은 으레 공방이나 점포, 혹은 시장에서 남편을 돕는 조력자로 일했다. 여자들은 돈도 쉽게 만지질 못했으며, 기혼이라면 더더욱 돈에 손을 댈 수 없었다. 하지만 여자라고 셈을 할 수 없는 것은 아니었다. 피렌체의 명문가 포르티나리 가문의 모습을 담은 16세기 화가 바사노의 그림을 보면 환전상 부부가 똑같이 일하는 걸 볼 수 있다.

여성의 역사

서구사회에서는 18~19세기 이후 임금제가 도입되고 산업사회로 이행함에 따라 여성의 노동 문제가 제기되기 시작한다. 이제 여성들에게도 임금노동의 권리와 의무가 있었으며, 여자 혼자 일을 해서 돈도 받고, 집안일에서 손도 뗄 수 있게 되었다. 그렇다면 이 여성들은 어디 가서 무슨 일을 했을까?

농민

농가에서는 오래전부터 여성들이 밭일을 해왔으며, 제2차 세계대전 직전만 해도 프랑스 여성의 절반은 농민이었다. 아프리카나 아시아, 라틴아메리카 지역에서는 지금도 여성 농민의 수가 적지 않다. 농업은 여전히 전 세계 대다수 여성들의 직업이다.

그런데 여성 농민들의 목소리는 거의 들리지 않는다. 가부장제 사회의 위계질서 속에서 조용히 묻혀 살아가는 여성 농민들은 집에서나 밖에서나 집단 안에 섞여 있기 때문에 개인적으로 두각을 나타내는 일이 별로 없다. 농민 여성의 일상은 역사로 기록된 적도 거의 없고, 기껏해야 민족학자들의 연구 정도로만 조금 알 수 있을 뿐이다. 농민 여성의 삶에 관한 얼마 안 되는 지식도 모두 민족학자들의 연구에 근거하는데, 프랑스에서는 민족학회지 『프랑스의 민족학 Ethnologie française』을 통해 농촌 여성의 일상이 기술되고 있다.

국립민속학박물관의 자료들도 농촌의 현실을 보여주기엔 역부족이다. 이곳에는 농기구나 집기, 옷가지, 머리 모양 등 농가 여성들의 삶을 보여주는 전시 자료가 상당히 많지만, 완벽한 자세와 옷차림을 한 박물관 모형들의 모습은 실제 농촌의 현실과는 거리가 멀다. 농촌 지역의 노동과 문화에서 나타나는 남녀 역할의 연구에 특히 관심을 가진 학자는 마르탱 스갈랑, 아녜스 핀(쉬드우에스트 지방), 안 기유(브르타뉴 지방), 이본 베르디에 등인데, 특히 그 가운데 베르디에가 쓴 책은 굉장히 획기적이었다. 그가 부르고뉴 지방 미노 마을을 중심으로 장기간 진행한 조사 결과를 바탕으로 집필한 이 책(『일하는 여성들의 언어 습관 및 행동 방식Façons de dire, façons de faire. La laveuse, la couturière, la cuisinière, la femme qui aide』)에는 농촌 지역 사람들의 일상과 이곳에서 계승되는 행동 양식, 지식이 전수되는 과정 등이 상세히 묘사되어 있으며, 사람들의 신체적 상징성뿐 아니라 물, 피, 우유 등의 액체가 갖는 상징성이 어떤 식으로 전파되는지에 대해서도 자세히 기술되고 있다.

심지어 여성이 직접 기술하여 남긴 자료는 더더욱 찾기 힘든데, 그래도 개중에는 마르그리트 오두의 작품 『마리 클레르』나 자케즈 엘리아스가 쓴 『교만의 말Le Cheval d'orgueil』(1975) 등이 대표적인 기록문학으로 손꼽힌다. 르 페르슈 지역 여성 농민의 기록을 모아 집필한 『라 베르트La Berthe』(조엘 기예, 1988)나 상드의 소설 같은 작품도 민족학적 연구 가치가 있는 것으로 분류된다. 특히 조르주 상드는 발랑틴, 잔, 나농, 소녀 파데트 등의 인물을 통해 누구보다 먼저 농가의 여성상을 그려냈다.

한편 그림이란 장르를 통해 농촌 여성들의 삶이 묘사될 때에는 대개 상투적으로 그려지기 일쑤다. 브뤼헐과 르냉, 밀레는 물론 반 고

호에 이르기까지 대부분의 화가는 판에 박힌 이미지로 농촌 여성들의 모습을 담아냈다. 고흐의 유명한 작품「감자 먹는 사람들」도 이러한 틀에서 크게 벗어나지 못했으며, 여성학의 관점에서 본다면 밀레의 작품도 완성작인「만종」보다 크로키 작품이 더 가치가 높다. '땅'과 관련해서는 지방색과 정치적 이데올로기가 만들어낸 전통적인 편견이 주를 이루고, 여기서 여성들은 매개체로 이용되기 쉽다. 이는 에밀 졸라의 소설『대지』에서도 잘 드러나 있다.

갈등이 소송으로 이어지면 더 이례적인 목소리들이 조금씩 터져 나온다. 연구할 가치가 있는 것은 바로 이쪽이다. 엘리자베트 클라브리나 피에르 라메종 같은 이도 이들 자료를 바탕으로 프랑스의 옛 시골 마을 르 제보당을 연구했다. 르 제보당은 여성들을 중심으로 개인주의가 부상하고 가족이 해체되자 장자상속권을 유지하며 동맹제도의 방식을 사용했던 지역이다. 이 밖에 아니크 틸리에의『19세기 브르타뉴 여인들의 영아 살해 사건 기록』또한 관심 있게 볼 만한 연구 내용이다.

하지만 이러한 자료가 많지는 않다. 100여 년 전의 여성들은 마을에서 지내다가 마을과 함께 세상에서 사라졌다. 남은 것이라곤 결혼식 때, 신혼여행 때, 혹은 1914년 전쟁터로 떠나기 직전인 남편과 함께 경직된 모습으로 찍은 오래된 사진 정도다. 군대나 전쟁 문제로 부부가 떨어져 있는 동안 주고받은 서신 기록은 사진보다 훨씬 더 찾아보기 힘들다. 죽을 때에도 자신에 관한 기록은 일체 남기지 않았기 때문이다. 내 증조모인 아가트 할머니 역시 글을 쓸 줄도 읽을 줄도 모르셨다. 푸아트 출신이었던 할머니는 삼을 적셔 실을 잣곤

했지만, 내게 물려준 것은 고장 난 물레 하나였고, 그나마도 이사 중에 소실됐다.

보통의 일상

농촌 여성들의 삶은 주로 가족의 일상과 농사 일정에 좌우됐다. 각자의 역할과 업무, 공간 분리가 확실했던 농촌 지역에서 남자들은 밭을 갈고 장터에 나가 거래를 담당한 반면 여자들은 보통 집안일을 하거나 가축들을 돌보았다. 텃밭 손질도 여자들 일이었는데, 밭에서 난 채소들은 여자들도 장에 내다 팔곤 했다. 집안에서의 위치나 나이에 따라 좀더 강도 높은 작업에 동원되기도 했는데, 수확기에 밭에 나가 포도, 감자를 비롯한 채소, 과실, 곡물 등을 거두는 일에 손을 보탠 것이다. 그렇게 시골에서 오랫동안 구부정한 허리로 밭일을 하거나 무거운 짐을 이고 다닌 여성들은 할머니 나이가 되면 으레 등이 굽어 있었다. 가축 사육도 여자들 일이라서 소를 치거나 소젖을 짜고, 치즈 생산용 염소들을 돌보는 등의 일은 모두 여자들이 담당했다. 이에 따라 자연히 전통적인 수제 치즈도 여자들 손에서 만들어졌다. "여자가 없으면 곧 소도 우유도 없는 셈이고, 나아가 닭과 닭고기, 계란도 있을 수 없었다." 그래서 농촌 여성들은 언제나 일이 바빴고, 의식주 중 (옷을 짓는) 의생활과 식생활(식재료 조달 및 식사 준비 등)의 해결은 모두 여자들 몫이었다. 식료품이나 옷가지를 사고파는 장날에는 여자들도 무언가를 내다 팔아 가계에 보탬이 되어야 했다. 외부 의뢰로 실을 잣기도 하고, 르 퓌, 달랑송, 바이외 같은 지역에서는 레이스를 만들기도 했다. 배달은 집배원이 직접 마을에 찾아와 완성작을 가져가는 방식으로 이뤄졌다. 특히 17세기부터는 궁이나 도심 상류층에서 직접 여성들에게 주문을 하기도 했으므로 이를 통해 수입을 얻는 여성들도 있었다.

　이러한 농촌 지역의 삶에서 부부는 집안의 중심이었으며, 남녀 간에, 그리고 여성들 사이에는 매우 엄격한 위계질서가 잡혀 있었다. 집안에서는 안주인이 모든 식구를 통솔했고, 특히 딸들을 관리하는 것은 모두 어머니 몫이었다. 어머니들은 딸들이 집 밖으로 나도는 것도 걱정, 결혼할 때 보낼 혼수도 걱정이었지만, 그래도 혼수는 어머니한테서 딸에게로 대물림되는 전승의 한 방식이기도 했다.[1] 빨래도 주부들의 몫이었고, 대대적으로 세탁을 하는 날은 집안의 큰 행사였다. 노부모를 모시는 것도 주부의 일이었으나, 오랜 기간 노부모를 모시는 것에 대한 불만도 없지는 않았다. 그러다보니 극진히 부모를 봉양하는 이는 점점 줄어갔다. 집안에 하녀가 있을 경우, 이들에 대한 관리 역시 안주인이 맡았다. 하녀들은 보통 다른 하인이나 주인이 눈독을 들이곤 했는데, 특히 몸집이 풍만하면 더더욱 추파의 대상이 되기 쉬웠다. 대가족인 집에서 태어나 제대로 먹지도 못한 채 하릴없이 남의 집 객식구가 돼야 했던 하녀들은 농촌에서 가장 가난하고 취약한 존재였다.

　그러나 이러한 농촌의 고된 삶에도 나름의 즐거움은 있었다. 특히 여성들은 '시선'과 '말'을 통해 은근히 권력을 행사하며 적잖은 영향력을 미쳤다. 가령 여성 신도가 많은 교회에서, 혹은 여성들이 물건을 내다 파는 장터에서, 여자들의 입김과 시선이 만들어내는 힘은 결코 무시할 수 없었다. 빨래터에서도 여자들은 서로 간에 은밀한 비밀 얘기를 주고받았으며, 그렇게 빨래터에서 이뤄지는 여자들 사이의 수다는 남자들에게 두려움의 대상이었다. 그 안에서 은연중에 사회적 검열이 이뤄지기도 하고, 이 뒷담화를 통해 누군가의 명예가 실추되는 일도 있었기 때문이다. 밤이 되면 나이 든 노파의 입에서는 여러 옛날이야기와 수많은 전설, 그리고 각지에서 전해지는 다양한 풍습에 대한 이야기가 쏟아져 나왔다. 그러나 도시에서 건너온 젊은 사람들이 열심히 도시의 풍문을 전해주기 시작하면서부터는 이야기꾼 할머니들의 자리도 차츰 뒤로 밀려났다. 마르탱 나도의 저서 『레오나르 회고록Mémoires de Léonard』[2]에 나오는 노파 푸에누즈의 상황이 이와 비슷했는데, 리무쟁 마을을 쥐락펴락하던 이야기꾼 푸에누즈는 젊은 이주민 세대의 이야기에 밀려 난로 구석에서 조용히 입을 다물고 있어야 했다. 『레오나르 회고록』에는 이주민 세대가 19세기의 남녀관계에 미친 영향을 알아볼 수 있는 증언들이 풍부하게 수록되어 있다.

30년 이상 지속된 이본 베르디에의 연구에 따르면, 부르고뉴 지방 미노 마을의 여성들은 육체의 문화사를 적극적으로 견인하는 중요한 역할을 맡아왔다. 빨랫감에는 지난밤 부부 사이에 있었던 일조차 알게 모르게 흔적으로 남았기 때문에 빨래를 하는 사람은 옷에 남은 흔적들을 통해 옷 주인의 비밀을 알 수 있었다. 또한 도시와 농촌을 이어주던 재봉사는 사치품에 대한 물욕과 방중술에 대한 관심 모두를 터놓고 얘기할 수 있는 존재였다. 열다섯 살이 된 소녀들은 매년 겨울 양장점에 가서 혼수용 옷감에 수놓는 법을 배웠는데, 재봉사는 이들에게 바느질 기술뿐 아니라 여성의 은밀한 사생활에 대한 모든 것을 함께 가르쳐주었다. 농촌 지역 음식들은 요리사의 손을 통해 전수됐고, 집안의 모든 대소사는 '가례 도우미'로 활동하던 여성들의 머릿속에 기록됐다. 세례식과 결혼식은 물론 장례식에 이르기까지 한 집안의 모든 역사를 함께해온 이 도우미들은 피로연 메뉴 같은 것을 정할 때 부모가 옥신각신하고 있으면 곁에서 지켜보다가 둘 사이를 중재하며 화해를 이끌어냈다. 아이가 태어날 때에는 산파 곁에서 돕기도 하고, 때에 따라 직접 아기를 받기도 했다. 장례식이 있을 때에도 시신의 염습을 하며 고인의 마지막 길을 보살폈다. 이미 30년 전부터 사장되고 있던 농촌 지역의 이 같은 '도우미' 문화는 지금은 완전히 사라지고 없는 상태다.

농촌 지역 및 여성들의 생활 변화

겉으로는 오랜 기간 변함없어 보이던 농촌 생활에도 변화가 생기기 시작했고, 여자들의 삶도 전과는 많이 달라졌다. 이제 농촌 지역에서는 교역과 통신 수단이 발달하고 산업화도 진행됐을 뿐 아니라 교육 수준도 높아지고 이농 현상도 나타났다. 특히 제1차 세계대전을 계기로 남녀의 성 역할에 차이가 생겼는데, 농촌 지역 청년 대다수가 전쟁터로 떠나면서 이들의 일과 권력이 여성에게로 이전된 결과였다. 이제는 여성들도 남자들처럼 밭 가는 법을 익혔고, 농장을 경영할 수도 있었다. 이러한 요인들이 누적되면서 가정 내 균형이 달라졌으며, 남녀관계에도 차이가 생기고 여성들의 삶도 변화했다.

이농 현상은 고향에 남겨진 여성이나 고향을 떠난 여성 모두에게 영향을 미쳤다. 특히 젊은 여성들은 사제나 성주, 혹은 사촌 등의 소개로 농장에 가서 일하거나 도시의 하녀로 일하러 타지로 떠났다. 프랑스 동남부 아르데슈나 리오네 지방에는 비단을 만드는 방직 및 직조 공방들이 있었으며, 이들 공방은 대개 보스턴 근처 베드타운 로웰 지역의 기숙형 공장 모델을 채택했다. 이러한 기숙형 공장들은 모럴리스트 작가와 연구자들의 관심을 불러일으켰다. 이들의 시각에서 기숙형 공방은 여성들 간의 균형이 잡힌 이상적인 공간이었기 때문이다(아르망 오디간, 루이 레이보의 연구 참고).[3] 이들 공방에서는 14세만 되어도 직원으로 채용했으며, 어린 딸을 타지로 보낸 부모들이 안심할 수 있도록 수녀들이 기숙사 관리를 맡았다. 따라서 기숙사 내부의 질서는 확실했다. 세세한 내부 규정으로 엄격하게 규율이 잡혀 있었으며, 종교활동은 필수였다. 나이 어린 처녀들은 집에도 가지 않은 채 수개월간 이곳에 머물렀고, 급여는 집으로 직접 송금됐다. 이로써 여성들의 수입이 가계에 상당한 보탬이 되면서 여성들이 집안에서 맡는 경제적 비중도 자연스레 더 높이 평가되었다.

이러한 기숙형 공장은 스위스나 독일을 비롯한 유럽 각국은 물론 전 세계 여러 지역에서 눈에 띄었다. 특히 중국과 일본, 한국 등 극동 아시아 지역에는 굉장히 엄격한 형태의 기숙형 공장이 존재했다. 지금도 중국에는 (전보다 규율이 좀 완화되기는 했어도) 이러한 기숙형 공장이 많이 남아 있는데, 여러 현장 취재 내용에 따르면 직원들을 아주 강력하게 통제하고 있다고 한다. 중국의 노동 비용과 인건비 수준이 낮은 이유도 여기에 있다.

농촌에서 도시로 간 여성이 늘 고향으로 되돌아오는 것은 아니었다. 기차는 이들을 도시로 유인했고, 시골과 다른 도시의 매력은 뭇 여성들을 사로잡았다. 마르그리트 오두도 예기치 않게 파리로 떠나던 순간의 상황을 묘사한 바 있다. 양모 농가에서 양치기로 지내던 중 실직하고 얼마 안 되었을 때 오두는 누이를 마중하러 역에 나간다. "역무원들이 플랫폼에서 '파리행 승객분들, 건너가세요!'라고 소리치며 분주히 움직이던 그때, 내 눈앞에는 대궐 같은 파리의 고층 아파트들이 눈에 휜했다. 너무 높아 그 끝이 안 보일 만큼 하늘 높이 우뚝 솟은 아파트의 모습들이 더없이 선명하게 그려졌다." 그곳의 생활에 대해서는 오두의 또 다른 소설 『마리클레르의 작업장』에 잘 묘사되어 있다. 여공들은 대개 농촌 지역 출신이었고, 지방 소도시에 먼저 들렀다가 파리로 올라온 경우가 대부분이었다. 여성 노동자 겸 노동운동가로 활동한 잔 부비에 역시 비슷한 경로를 통했다.

이 젊은 여성들은 언제든 다른 곳으로 또 이동할 수 있었다. 더 나은 삶과 자유로운 생활을 꿈꾸던 여성들은 교육 수준이 높아지자 공장 이외의 다른 일자리를 희망했고, 우체국 직원이나 교사 같은 직업을 더 선호했다. 실제로 이를 위해 교사 진출 등용문인 사범대학 시험을 치르기도 했다. 자기 공간에서의 쾌적한 삶을 그리던 여성들에게 농촌 지역의 투박한 삶은 더 이상 맞지 않았으며, 연재소설에 빠져든 이들은 (물론 결혼을 아예 배제하진 않았지만) 결혼이 주 목적은 아닌 연애를 꿈꾸었다. 그에 따라 20세기에는 배우자를 찾지 못한 농촌 지역 노총각들이 점차 늘어났다. 여성을 시골에 묶어두려면 이제 농장생활도 좀더 쾌적해질 필요가 있었으며, 가부장적인 가풍도 사라져야 했다.

20세기 후반에는 로즈마리 라그라브의 저서 『땅에 살던 여인들

Celles de la terre』[4]에 나오는 것처럼 자동차를 몰고 수표책을 만지며 회계 결산을 하는 근대적 여성들이 나타났으며, 심지어 트랙터를 타거나[5] 사회단체 및 노조활동을 하는 여성들도 늘어났다. 가령 로렌 지역 농가 출신인 니콜 노타는 교사가 되어 학생들을 가르치다 민주노동동맹CFDT에 들어가 1968년 5월 혁명의 지도부로 활약한다. 여성이 청년 농민 연맹 대표로 활동하는 경우도 눈에 띄었지만, 농업 자체의 비중이 줄어든 상태에서 여성 지도자가 등장했다는 점은 아쉽다. 현재 프랑스의 농업 인구는 전체 국민의 4퍼센트밖에 되지 않는다. 산업화와 더불어 농촌이 사라진 셈이다.

가사노동

가사노동은 한 사회에 있어서나 여성 개인의 삶에 있어서나 중요한 위치를 차지한다. 가정이 있어야 사회가 원활하게 돌아가고, 구성원의 생산과 세대교체도 가능하기 때문이다. 따라서 가사노동은 그 책임을 맡고 있는 여성들의 어깨를 짓누르고 그 정체성에까지 영향을 미친다. 살림 잘하는 '현모양처'는 여성들이 꿈꾸는 이상향으로 자리잡았으며, 여성 교육의 목표이자 남녀 모두에게 선망의 대상이었다. 여성이 하는 일이란 것도 가사노동의 범주를 넘어서지 못했는데, 여성은 언제나 집안을 관장하는 안주인이어야 했기 때문이다. 따라서 완벽한 비서의 이상적인 모습도 완벽한 안주인의 모델과 겹친다. 완벽한 비서는 완벽한 주부가 집 안을 꾸미듯 사무실 꽃꽂이를 관리해야 하며, 아내가 가장을 보살피듯 사장을 보살펴야 했다. 적어도 (조지안 팽토가 묘사하는 것과 같은) 과거의 사무실 환경에서는 여비서에게 그런 역할을 기대했다.

남녀평등이 실현된 후에도 가사노동은 전과 크게 달라지지 않았으며, 남녀 간의 가사 분담도 제대로 이뤄지지 않았다. 가사노동에는 몇 가지 특징이 있는데, 일을 해도 눈에 잘 띄지 않고, 유동적·탄력적 성격을 띤다는 점이다. 가사노동은 몸을 써야 하는 단순 육체노동이며, 시대가 달라져도 기계가 대체할 수 있는 부분이 별로 없다. 행주, 빗자루, 쓰레받기, 걸레 등은 여전히 가사노동의 필수 도구이며, 예나 지금이나 가사노동에 쓰이는 도구들은 크게 달라지지 않았다. 다만 그 방식이나 주체에 있어 조금 변화가 생겼을 뿐이다.

가사노동의 주체는 세 부류로 나뉠 수 있는데, 일반적인 가정의 전업주부와 중상류층 가정의 안주인, 그리고 오늘날 가사도우미로 대체된 하녀 등이다.

가정주부

가정과 사회에서 가사노동의 중요성을 의식한 것은 18~19세기 무렵의 일이었다. 여자들은 '현모양처'가 되라는 권유와 함께 이를 위한 교육을 받았고, 학계에서도 모범적인 주부가 가계에 미치는 영향에 대한 연구가 이뤄졌다. 특히 규모가 큰 공장에서는 노동자의 아내들이 내조를 잘해주는 '양처'이길 바랐고, 이에 르 크뢰조 공장을 이끌던 에밀 셰송 역시 '살림 잘하는 주부'의 열렬한 지지자였다. 경제학자들도 서민층 주부를 경제 균형의 주축이라 여겼으며, 모럴리스트 작가들 또한 집안의 균형에 있어 주부의 역할이 크다고 보았다. 이에 따라 서민층 주부들에 대한 연구가 시작된다. 프레데리크 르 플레 쪽 학파에서는 대표적인 서민 가정을 선정해 심층 연구를 진행하고, 주부의 살림 방식과 가계 예산을 면밀히 조사했다. 가계 현황을 전문적으로 연구한 이 자료는 서민 계층 및 이들의 가정, 특히 여성들에 대한 보기 드문 정보를 수록하고 있어 제2제정 시기 '파리 지역 목수의 아내' 같은 이들의 생활 양상을 엿볼 수 있다.

서민층 주부들은 보통 방 두 칸 정도 되는 집의 작은 주거 공간에서 생활했으며, 여기에 다용도실이 딸린 부엌 정도가 추가된 게 전부였다. 주부들은 집 청소를 비롯해 장보기와 세탁 등 가사노동을 전담했고, 식사 준비도 주부들 몫이었다. 생활비도 최소화해야 했으므로 구이보다는 스프를 더 선호했고, 가족의 옷도 직접 만들거나 수선해 입혔다. 아이 여섯을 낳으면 그중 두 명 정도만 살아남아 4인 가족을 구성했으며, 주부들은 가족에게 어디 아픈 곳은 없는지 의사처럼 식솔들을 살피며 건강을 챙겼다. 특히 집안에서 경제권을 관장하는 이도 주부들이었는데, 남편들은 매주 급여를 받으면 으레 아내에게 갖다줬다. 프랑스에서는 이러한 관행이 흔한 편이었으나 경제권에 대한 여성들의 요구가 상대적으로 덜했던 영국이나 독일에서는 남편의 급여가 무조건 아내에게로 들어가는 것은 아니었다. 어쨌든 프랑스에서는 남편이 급여를 받아와 아내에게 주는 날마다 언쟁이 빚어지곤 했다. 더욱이 (위 연구에서 다뤄졌던) 목수의 아내 같은 경우, 남편이 갖다주는 수입 외에 본인의 추가적인 소득도 있었다. 이웃집 여자의 빨래를 해주거나 장을 대신 봐주거나 하여 약간의 수입을 올린 것이다. 이는 가계에 상당한 보탬이 되었으며, 꾸준히 돈을 모으면 나중에 좋은 재봉틀을 사거나 빌려서 옷을 만들어 팔 수도 있었다. 여성들의 이와 같은 '부업'을 중심으로 성장한 기성복 산업은 여성들의 노동력 착취를 기반으로 할 때가 많았다. 이에 1900년 무렵에는 여성해방운동 진영이나 사회 개혁 세력 쪽에서 이를 근절하기 위한 운동을 벌이기도 했다.

이렇듯 서민층 가정주부들은 살림이나 부업으로 바쁜 삶을 살았으며, 집안일은 전적으로 주부들이 맡고 있었기에 노동자 가정에서는 주부들이 공장에 나가 일하는 것보다 집에 있는 것을 더 선호했다. 노조 쪽에서도 노동자 가정의 주부는 집에 있는 것이 이상적이라 생각했으며, 만약 여자가 살림에서 손을 뗀다면 그 집안은 엉망이 되기 십상이라 여겼다. 에밀 졸라의 작품 『목로주점』(1878)에 나오는 제르베즈의 비극과 같은 상황이 빚어지는 것이다.

중상류층 가정의 안주인

역사학자 보니 스미스와 안 마르탱퓌지에가 묘사한 중상류층 여성들의 고민은 (적어도 돈이 있는 경우라면) 일반 서민 가정 여성들과는 사뭇 달랐다. 남편이 가져다주는 돈의 액수에 따라 삶이 크게 좌우됐기 때문이다. 이는 졸라의 작품 『살림』에서처럼 부부 간 불화의 원인으로 작용하기도 한다. 집안 식구들의 생활은 전부 안주인이 책임졌으며, 따라서 집안 환경미화나 세탁물 처리, 식사 준비 등은 모두 안주인의 몫이었다. 그뿐만 아니라 안주인은 자녀의 건강이나 가정교육에도 신경을 써야 했고 이따금씩 친척들과의 식사 자리를 마련하거나 사교계 모임도 주관해야 했다. 아주 잘사는 집이 아니더라도 부르주아 계층의 안주인이라면 누구나 형편껏 살롱이나 행사도 개최해야 했다. 결혼할 딸을 둔 집이라면 특히 더 신경 쓰이는 부분이었다.

자식들, 특히 딸들은 모두 안주인이 관리했고, 집안 하인들을 총괄하는 이도 안주인이었다. 이 하인들 관리는 보통 일이 아니었는데, 부유한 중산층이나 상류층 가정에서는 그 수가 한두 명이 아니었기 때문이다. (작품 『잃어버린 시간을 찾아서』 가운데 하인들의 사회적·서사적 비중이 높은 이유도 이로써 설명된다.) 부르주아 계급 중 중하위 계층으로 내려가면 하인들의 수는 서서히 감소하며, 하녀 한 명이 모든 일을 전담하여 안주인 일을 거드는 경우도 있었다. 아랫사람의 시중을 받는다는 것은 상류층에 속한다는 확실한 증표였고, 더는 그 시중을 받지 못한다는 것은 지위 하락을 의미했다.

집이라는 좁은 울타리 안에 갇혀 지내던 이 여성들은 아이를 낳고 집안일을 하는 것에 절대적인 사명을 느꼈으며, "단순하고 지루한 작업을 겸허히 받아들이는 삶은 상당한 애정을 기반으로 한 선택의 결과"라던 폴 베를렌의 시구를 읊조렸다.

이들은 자식들에게서 보람을 느꼈고, 뜨개질이나 자수 같은 '지극히 사소한' 일들로 시간을 보내며 자기 삶을 정당화했다. '노동'은 곧 '사회적 효용성'을 인정받는 길이었기 때문이다. 일부 여성은 기부금 출연이나 봉사활동 등 자선사업을 벌였으며, 집안에서의 막대한 권력을 남용하여 횡포를 부리는 이도 있었다. 도를 넘어선 이들의 만행은 소설가 모리아크의 작품에서도 다양하게 묘사된다.

제인 오스틴의 작품에서처럼 내적인 성숙을 통해 성장하는 여성들도 있었는데, 이들에겐 음모와 반전으로 가득한 일상의 삶 자체가 영원히 끝나지 않는 소설이었다. 반면 버지니아 울프의 소설 속 인물들처럼 단조로운 일상에서 특별한 무언가를 기다리며 불만스레 혹은 우울하게 살아가는 이들도 있었다. 중상류층 안주인의 처지는 기본적으로 여자의 신분이나 지위에 따라 크게 달라졌다.

가사노동자

가사노동의 상당 부분은 외부 인력에게 맡겨졌으며, 제1차 세계대전 직전만 하더라도 여성 고용의 대부분은 가사노동 직종에서 이뤄졌다. 가사노동자의 근로 환경은 여타의 임금노동자들과는 달랐다. 대부분 숙식을 제공받으며 집에서 기거했던 탓에 일일 근로 시간은 따로 정해져 있지 않았고, (변화의 조짐은 있었으나 대체로) 일요일 휴무도 보장되지 않았다. 이따금씩 '보증금'이라는 명목의 돈을 따로 받았는데, 식기를 깨거나 세탁물을 손상시킬 경우 이 돈에서 배상하도록 되어 있었다. 하녀나 가정부 같은 가사노동자는 근로 시간과 업무 강도 면에 있어서도 여느 노동자들과 달랐지만 이 밖에 몸과 마음이 동시에 묶여 있다는 특이한 측면도 있었다. 단순히 돈을 받는 차원을 넘어서서 고용인과 인간적인 관계를 맺기 때문이다.

가사노동자의 종류는 다양했다. 요리나 청소, 세탁 등의 한 분야를 전담하기도 했고, 식모나 하녀처럼 전천후로 모든 집안일을 전담하기도 했다. 따라서 각자의 지위가 저마다 달랐고, 예비비로 받는 보증금의 액수도 그에 따라 달라졌다. 같은 가사노동자 사이에서도 지위가 높을수록 더 많은 보증금을 받은 것이다.

부모 손에 이끌려 상경한 농촌 출신 하녀들은 (대부분 브르타뉴 지방 출신으로) 나이도 어렸고 과도한 노동 착취를 당하곤 했다. 건물 꼭대기 층의 춥고 지저분한 방에서 지내며 남은 음식들로 끼니를 때우던 하녀들의 거주 환경은 결핵의 온상이나 다름없었다. 세상 경험이 부족하고 순진한 하녀들은 집에서나 밖에서나 쉬운 먹잇감이 될 때가 많았다. 집주인 아들이 쉽게 넘보기도 하고, 주말 저녁 연회장에서 만난 언변 좋은 남자들의 꼬임에 넘어가 임신을 하기도 했다. 심지어 그렇게 임신이 되면 해고는 당연한 수순이었다. 물론 안주인이 좋은 사람일 때도 있고, 일을 하면서 좋은 추억이 남을 때도 있긴 했다. 일부는 급료를 절약하여 지참금까지 마련했는데, 이렇게 알뜰한 하녀 출신 여성들은 (빚이 있건 없건) 노동자들 사이에서 배우자로 인기가 꽤 높았다. 결국 어떤 집에 들어가서 일을 하느냐에 따라 하녀의 삶이 극과 극으로 나뉘었다. 그래도 어쨌든 하녀에 대한 세간의 인식은 그리 좋지 않은 편이었는데, 몸을 팔고 (파리 지역에서 성행하던) 매독에 걸릴 위험도 없지 않았기 때문이다. 부모들도 딸을 도시로, 특히 파리로 돈 벌러 내보내는 것을 차츰 주저하기 시작했고, 이에 따라 1914년 이후부터는 하녀의 수가 점점 줄었다. 집에서 부릴 아랫사람이 사라지자 상류층에서는 불만이 고조되었으나, 병원이나 공장에서의 취업 기회가 많아진 만큼 여성들도 이제는 하녀보다 다른 일을 선호했다. 근무 처우도 더 좋을 뿐 아니라 노동법의 보호까지 받을 수 있었기 때문이다.

이에 따라 '하녀'라 불리던 가사노동자들이 사라지고 대신 스페인이나 포르투갈, 아프리카 및 아시아 지역 이민자 여성들을 대상으로 가사 도우미를 채용하는 경우가 늘었다. 하녀들은 문학작품에도 많이 등장하는데, 작품에서 묘사되는 하녀들의 이미지도 굉장히 다양하게 나타난다. 가령 플로베르의 『순박한 마음Cœur simple』에 등장하는 하녀 펠리시테는 연민을 불러일으키는 인물인 반면 옥타브 미르보의 작품 속 하녀는 꽤나 뻔뻔한 인물로 묘사된다. 주간지 『라 스멘드 쉬제트La Semaine de Suzette』(1906)의 연재 만화 속 주인공 베카신은 잔인함의 극치를 보이는 인물로 그려졌으며, 장 주네의 『하녀들』도 파팽 자매의 살인 사건을 소재로 한 작품이었다. 파팽 자매는 여주인의 눈을 파내어 잔인하게 살해했지만, 예상컨대 이유 없는 살인은 아니었을 것이다. 이 자매의 광적인 행동이 명확히 규명된 적은한 번도 없었는데, 어쩌면 두 사람은 참을 수 없는 멸시의 상징이자하녀로서 일하는 고된 환경의 상징이 될 수도 있지 않을까?

가사노동의 변화

가사노동 환경에도 차츰 변화가 생겨난다. 어떤 의미에서는 기존의 전통적인 가사노동직 자체가 사라졌다고도 볼 수 있다. 하녀를 둘러싼 사회적 문제가 불거지고 산업의 발전으로 가사노동 분야에서도 기계화가 진행되자 가사노동 환경은 이전과 크게 달라졌다. 특히 양차 세계대전 사이 '전자 하녀'라는 별칭으로도 불렸던 진공청소기는 모든 주부의 마음을 사로잡았다. 주부들은 사회학자 쥘 르브르통의 기획하에 프랑스 국립과학센터CNRS가 주관하여 1950년대에 그랑팔레 전시관에서 개최된 생활용품 박람회의 주고객이었다. 이 박람회에서는 (능숙하게 생활 가전을 다루는) 전문성 있는 주부의 모습을 내세우려는 의지가 느껴진다. 청소기를 밀고 과학적인 도구로 주방을 가꾸면서 담배를 피우는 우아한 여성의 모습을 구축하려는 것이다.

이제 엄밀한 의미에서의 가사노동은 줄어들었다. 대신 아이들의 건강이나 학업, 여가생활 등 자녀를 돌보는 업무가 그 자리를 차지한다. 따라서 남자들이 적극적으로 동참하지 않는 한 주부들의 일상에서 집안일이 차지하는 부담은 전과 크게 다르지 않으며, 20년이라는 시간 동안 불과 몇 퍼센트 남짓한 미미한 차이만이 생겼을 뿐이다. 부부가 사용한 시트나 냄비 등을 면밀히 관찰하며 집안 활동들을 이론화한 가정사회학자 장클로드 코프만은 남자들이 가사 업무 분담을 원치 않는다는 점과 함께 일상생활 속에서 기존의 성 역할을 그대로 유지하고자 한다는 점을 지적했다.[6] 물리적으로나 정신적으로나 오랜 기간 굳어져온 이 같은 사회 구조가 어떻게 바뀌느냐에 따라 앞으로의 역사도 달라질 것이다.

여성 노동자

산업화의 진행에 따라 여성도 가사노동 이외의 다른 일을 할 가능성이 생겼다. 제조업의 성장과 공장의 확대는 남자들보다 여자들에게 더 획기적인 변화로 다가왔다. 하지만 문제는 가사노동과의 병행이었다. 그동안 주로 여성들이 가사노동을 맡았는데, 공장에서 장시간

노동을 하는 새로운 환경 속에서 어떻게 바깥일과 집안일을 조율할 수 있을 것인가?

남자들 입장에서 피부로 크게 와닿은 것은 새로운 경쟁자의 등장이었다. 마르크스가 말했듯이 새로운 '보충병'의 등장에 따른 임금 인하는 불 보듯 훤한 일이었다. 게다가 가장으로서 가족을 먹여 살릴 의무가 있는 남자들은 집에서 내조를 해줄 아내가 필요했다. 기계가 돌아가는 너저분한 환경 또한 여자들에겐 그리 적합하지 않았다. 더군다나 남녀 구분 없이 모두가 한데 섞여 있는 곳이 아니던가? '여성 노동자'라는 말이 남성의 권위에 도전하는 표현이라던 미슐레의 지적이 나온 이유다. 그뿐만 아니라 1867년의 노동자 총회에서도 한 대표자는 "남자에게 목재와 강철을, 여자에게는 가정과 직물을 줘야 한다"고 주장했다. 남자에게는 단단한 소재가, 여자에게는 부드러운 소재가 어울린다면서 각 성별을 대표하는 소재를 구분한 것이다.

공장

여성들은 주로 방직 공장 같은 섬유 분야에서 고용되었다. 1차 산업혁명 당시에는 1838년 빌레르메 박사가 지켜본 바와 같이 맨체스터, 루베, 뮐루즈 등지의 방적 공장과 직물 공장으로 떼 지어 들어가는 여성들의 모습이 자주 눈에 띄었으며, 지친 듯한 모습으로 출근하는 여성들 손에는 아이까지 딸려 있곤 했다. 공장에서 일하는 여성 노동자들은 몇 가지 공통된 특징이 있었는데, 그중 하나는 고용 기간이 대부분 한시적이었다는 점이다. 즉, 공장 일을 평생직장으로 삼는 경우는 없었다. 대개 어린 나이에(이르면 12~13세쯤) 공장에 들어가 일을 하다가 결혼 후 혹은 첫아이를 낳을 무렵 대부분 일을 그만둔 탓이다. 이후 아이가 좀더 크면 복직하기도 했는데, 불가피하게 아이랑 함께 출근하는 경우도 있었다. 그러니 삶의 주기에 따라 고용되는 것이었을 뿐 장기적인 경력 쌓기와는 무관했다. 20세기 초에는 노동 현장을 담은 사진들도 나오기 시작하면서 공장을 나서는 젊은 여공들의 사진이 우편엽서로 제작되기도 했다.

또한 여공들이 하는 일은 대개 숙련된 기술을 요하지 않는 반복적인 단순 노동이었다. 하지만 작업 속도가 점점 더 빨라지면서 처음에는 방적기 한 대만 살피던 것이 점차 두 대, 세 대로 늘어났다. 기계에 아무런 보호 장치가 없어서 여공들은 무방비 상태로 노출되어 있었으며, 그런 탓에 손이나 손가락이 잘리는 사고도 빈번했다. 산업혁명 초기에는 일일 근로 시간이 최대 14시간에 이를 정도로 길었으며, 1900년 무렵이 되어서야 10시간 정도로 줄어든다. 쉬는 시간이 별로 없었음은 물론 작업 공간도 열악했다. 통풍이 잘 안 될뿐더러 너무 덥거나 추웠기 때문이다. 탈의실도 휴게실도 따로 없었고, 구내식당 역시 별도로 마련되지 않았던 탓에 여공들은 기름때가 덕지덕지 묻은 방적기 사이에 앉아 현장에서 식사를 해야 했다. 화장실 가는 것도 쉽지 않았는데, 화장실에 가면 담배를 피우고 수다를 떨며 시간을 낭비한다는 오해를 받았기 때문이다. 규율 또한 매우 엄격해서 지각이나 결근, 작업상 실수가 잦아지면 안 그래도 적은 급여가 벌금으로 더 깎이기 일쑤였다. 작업 분위기도 억압적이었다. 작업반장이나 감독관들도 기본적으로 여공들을 함부로 대했고, 심지어 성추행을 하기도 해서 이로 인해 파업이 일어나기도 했다.

섬유 부문에서는 파업이 굉장히 잦았는데, 여성 노동자들은 파업에 동조는 했어도 이를 주도하지는 않았다. 노조에 가입하는 이도 거의 없었으며, 여자들에게는 노조 가입이 권장조차 되지 않았다. 예외가 있다면 프랑스 동남부의 견직 공장 정도인데, 기숙 형태로 폐쇄적으로 운영되던 이곳 공단 지역에서는 젊은 여성 노동자를 중심으로 불만의 목소리가 점점 높아져갔다. 이에 20세기 초에는 뤼시 보를 비롯한 여성 '주동자'를 중심으로 대대적인 파업이 일어났다. 참고로 뤼시 보는 당시로서는 드물게 약식 자서전을 남긴 인물이다.[7]

여성들은 식품업계나 화학업계에 종사하는 경우도 많았으며, 특히 담배 제조업은 여성들이 선호하는 업종이었다. 정부가 (연금이나 복지 면에서) 상대적으로 높은 처우를 보장했기 때문이다. 담배 제조업에 종사하는 여성들은 경력도 쌓을 수 있었으며, 어머니의 뒤를 이어 딸이 채용되기도 했다. 여성들의 노조 가입률 또한 이례적으로 높았다. 반면 금속 분야나 기계 설계 분야 등 좀더 숙련된 기술을 요하는 남성 위주 직종에서는 여성 노동자가 드물었다. 심지어 인쇄업계에서는 여성들의 진입을 허용하지 않았는데, 책을 만드는 고차원적인 작업은 여자가 할 일이 아니라는 인식 때문이었다.

그러다 제1차 세계대전 이후에는 상황이 꽤 달라진다. 프랑스와 영국의 경우, 전쟁터로 불려가 전방에서 싸우는 남자들 대신 후방에서 여자들이 일을 했기 때문이다. 전쟁 중 군수 공장에서 일하는 여성들이 급증(프랑스에서는 약 30만 명)하자 공장에서는 분업화에도 박차를 가하고 공간도 재정비해야 했다. 이로써 공장 내에 수유실이 생기는가 하면 사업장 내 여성 노동자들의 후생복지를 담당하는 사회복지사도 생겨났다. 참고로 이 같은 현장 복지사들이 남긴 보고서들은 그 시절 여공들에 대한 귀중한 자료가 되고 있다.[8]

양차 대전 사이 1차 산업 현장에서 이 같은 여성 인력의 증가는 이제 돌이킬 수 없는 현실이었다. 작업이 분업화되어 기계적인 단순 노동이 반복되던 자동차 공장과 조립 공장에서는 여성 노동자의 수가 점점 늘어갔고, 시몬 베유도 그리 어렵지 않게 시트로엥에 들어갔다. 여직공은 이제 여자들 사이에서 흔한 직업이 되었으며, 근속 기간도 더 길어졌다. 법제가 보완되어 출산 휴가가 생긴 뒤로는 일을 잠시 그만두더라도 곧 업무에 복귀할 수 있었기 때문이다. 1930년 프랑스에서 좌파를 중심으로 민주주의에 대한 요구가 높아지던 인민전선의 시대, 여성들은 그렇게 공장에서 노동 민주화를 이뤄냈다. 시위 현장에서는 짧은 머리의 여성들이 눈에 많이 띄었으며, 여성들은 공장 점거 시위에도 참여하고 구내식당 운영도 담당했다. 물론 같이 춤을 추며 어우러져 놀기도 했다. 동료들에게 연설을 하는 사진 자료에서처럼 일부는 과감히 발언대에 올라서기도 했다.

제2차 세계대전 후에는 새로이 전자 기계 부문이 성장한다. 비전문적으로나마 해당 분야의 직업 교육을 받은 여성들은 전자 기계 부문으로 대거 흡수됐고, 프랑스 남노르망디 지역에서도 (감자 으깨는 기계를 만들어 여성들을 '해방'시킨) 물리넥스사의 공장들이 들어섰다. 그러나 30년 후 이러한 공장들이 문을 닫자 별다른 직업 기술이 없었던 여성들은 살길이 막막해진다. 프랑크 마글루아르가 어머니의 경험담을 수록한 저서 『여성 노동자Ouvrière』[9]를 보면 1950~1980

년대 여성들의 희망과 절망에 대해 알 수 있다. 그럼 이제 여직공이라는 직업은 사라진 걸까? 전 세계적인 차원에서 본다면 물론 그렇지 않다. 다만 오늘날 서민 여성들의 장래희망과는 거리가 먼 직업이 됐다.

패션 분야로의 진출

1950년대에는 직업 교육을 통해 (딱히 쓸모가 있지는 않더라도) 재봉사 자격증을 따려는 젊은 여성이 많았다. 조립 공장에서 여성들의 섬세하고 민첩한 손놀림이 인기가 많았기에 이런 능력을 계발하기 위해 노력하는 이들도 있었다. 여성들의 손재주는 선천적인 것처럼 추켜세워질 때가 많은데, 사실 이는 오랜 시간 대중없이 이루어진 학습에 따른 결과로서 후천적인 재능에 속한다. 따라서 여자라면 으레 손놀림이 능숙할 것이라는 고정관념은 여성들의 능력을 폄하하는 원인이 되었으며, 낮은 급여를 정당화하는 구실로도 작용한다. 초창기 타이피스트에 대해서도 여자들이 피아노를 쳤기 때문에 타자 치는 것에 더 유리할 것이라는 말이 있었다. 건반에서 자판으로 손만 이동했을 뿐이라는 논리였다.

바느질의 경우, 수 세기에 걸쳐 여성들의 여러 직업 능력을 만들어 내며 다양한 직종과 수많은 일자리를 창출해온 분야다. 이는 서구 문화의 발전 단계에서 의복과 옷감이 큰 비중을 차지했던 것과도 무관하지 않다. 궁정에서든 도시에서든 레이스로 된 가슴 장식이나 비단 장식, 화려한 장식 끈은 부유함과 사치의 상징이었으며, 1차 산업혁명도 바로 이 섬유 분야에서 태동했다. 이에 따라 19세기에는 바느질 산업이 더욱 각광을 받으면서 패션 분야의 전성기를 맞이했다. 관련 직종들도 많아졌는데, 세탁소와 수선집은 물론 속옷, 블라우스, 장식끈, 코르셋, 퀼로트(반바지 또는 속바지), 꽃장식, 깃털 장식, 모자, 자수 등 수십 가지 패션 부문의 전문 직종이 생겨난 것이다. 당시 여성 일자리의 4분의 3은 파리에서 나왔지만, 그래도 도시별로 의상실이 있었고, 마을마다 재봉사도 있었다. 한 지역 내에서 재봉사는 사실 꽤 중요한 인물이었는데, 동네 여자들이 온갖 비밀 얘기를 다 털어놓는 대상인 동시에 도시와 농촌을 이어주는 중개 역할까지 하고 있었기 때문이다. 파리지앵들의 패션이 절대적 영향력을 미치던 그 당시, 파리와 지방을 오가는 재봉사들의 영향력은 상당히 컸다.

여자는 태어날 때 손에 바늘 하나를 쥐고 태어난다는 말이 있다. 하지만 실제로 이는 모두 학습의 결과다. 어머니로부터, 혹은 수녀원의 무료 수예 공방이나 마을의 재봉사로부터 다들 바느질을 배우기 때문이다. 고향에서 갈고닦은 실력으로 바느질이 어느 정도 손에 익으면 파리로 가서 취직을 하기도 했고, 이 집 저 집에서 경력을 쌓으면 그만큼 지위도 높아졌다. 이들의 삶은 책에서도 종종 확인해볼 수 있다. 20세기 전후로 활동한 작가 보네프 형제는 저서 『노동자들의 고된 삶La vie tragique des travailleurs』에서 봉제 노동자의 열악한 환경을 묘사했고, 로제 콩바르는 꽃과 깃털 장식가였던 어머니의 삶을 되짚는다. 잔 부비에와 마르그리트 오두도 여성 노동자로서 자신들이 걸어온 여정을 그렸는데, 이는 여성 노동에 대한 상세한 기록 자료로 활용되고 있다. 물론 고된 삶을 감내하며 성실하게 살아가는 노동자 이야기만 있는 것은 아니었다. 건성으로 일하며 연애에만 눈이 밝은 재봉실 조수들의 삶도 과장되어 표현되곤 했다.

마르그리트 오두의 작품에 나오는 마리클레르의 작업장은 몽파르나스 근처의 가족 공방이었다. 여직원들은 시골에서 상경한 소녀들이었고, 대개 지붕 꼭대기의 작은 다락방에서 기거하며 두 가지 일을 병행하고 있었다. 돈도 없고 연애도 수월하지 않았지만 그래도 생활만큼은 꽤 자유로운 편이었다. 그 가운데 다수는 남자의 꼬임에 넘어갔다가 버려진 뒤, 사생아를 데리고 술집을 전전하며 살아갔다. 작업실은 비수기(여름)와 성수기(가을~겨울)가 교차했는데, 고객들의 까다로운 입맛에 맞춰주고 주문량을 모두 소화하기 위해서는 밤샘 작업이 필수였다. 가끔 커피를 마시며 뜬눈으로 밤을 새우고 일을 해야 할 때도 있었으며, 심지어 커피 대신 아편을 할 때도 있었다. 그래도 작업실 생활은 즐거운 편이었다. 여직원들은 자신이 '좋은 직업'을 갖고 있다고 생각했으며, 작업을 하면서 서로의 연애담도 공유하고 콧노래도 흥얼거렸다. 사장이 죽으면 미망인이 대신 경영을 맡기도 했으나, 대형 기성복 매장들의 속도와 경쟁력을 따라가지 못할 때도 많았다.

규모가 큰 기성복 매장들은 사실 외딴 지역에 있는 일꾼들에게 재택근무로 작업을 의뢰하기도 했다. 집에서 작업을 하는 이 여성들은 우선 외상으로 재봉틀을 산 뒤 블라우스 옷감의 바느질 작업을 마무리했고, 이어 옷감을 이어 붙이는 마감 작업실로 매주 이를 가져다주었다. 이에 아침나절 합승마차[10] 안에서는 옷단을 마무리하느라 정신없는 여성들의 모습이 눈에 띄었다. 열악한 노동 조건의 근대 가내수공업 환경에서 여성들은 끝없는 노동 착취에 시달렸으며, 한곳에 틀어박혀 꼼짝없이 일을 해야 했던 여성들은 제대로 먹지도 못했다. 브리 치즈 한 조각을 가리키는 표현인 '재봉사의 갈비뼈côtelette de la couturière' 역시 이로부터 유래한다. 고된 격무에 시달리던 이들은 열 명에 한 명꼴로 결핵에 걸려 사망했고, 이는 의사와 여성운동가들의 우려를 샀다. 앙리에트 브룬헤스드라마르를 비롯한 일각에서는 구매자 연합 조직을 결성해 여성 노동자들의 숨통을 트이게 해주었다. 부유한 고객들이 작업 기간을 넉넉하게 줌으로써 직원들이 마감에 압박받지 않도록 운동을 벌인 것이다. 이 밖에도 마르그리트 뒤랑이나 잔 부비에 같은 활동가들은 여성노동사무국(1907)을 조직해 여성들의 근무 환경을 면밀히 조사하고, 나아가 단체 협약을 마련하기 위한 법제를 제안하기까지 했다. 1915년 표결된 이 법은 법제 차원에서 노동 혁신을 이룩한 최초의 사례였다.

전쟁 중에는 여러 공장이 신설되면서 새로운 취업 기회가 생겼고, 이에 따라 재택근무의 인기도 떨어졌다. 여성들은 이제 집 안에만 머물지 않았으며, 재봉사도 여성들이 선호하는 직업이 아니었다. 공장에 들어가 성공하는 이도 있고 실패하는 이도 있었지만, 여성들은 이제 노동자의 길에 들어서거나 아니면 타이피스트로 일했다.

3차 산업의 새로운 직종: 회사원, 교사, 간호사 등

오늘날 3차 산업 부문에서는 남녀 모두에게 취업 기회가 확대되고 있고, 그중에서도 특히 여성들의 취업 비중이 높다. 여성 인구의 4분의 3이 3차 산업에서 종사하기 때문이다. 여성들이 종사하는 직업은 대부분 여성적 성향이나 가정적 취향과 관련이 많다. 즉, 몸을 쓰고 외모를 활용하는 직업, 헌신적이고 친절한 여성적 자질을 활용하는 업무, 웃으며 접객을 해야 하는 일 등을 주로 맡은 것이다. 적어도 1980~1990년대까지는 그랬다. 이후 정보화 혁명이 일어난 후에는 상황이 좀 달라졌다. 고객과의 직접적인 응대를 요하지 않는 기술적인 업무나 남자들에게 잘 맞는 일들이 늘어나면서 남녀 간의 고용 분배에도 변화가 생긴 것이다. 그렇다면 상황이 좀더 평등해진 것일까? 그건 아직 잘 모르겠다. 직장에서의 성 평등 문제는 좀더 지켜봐야 할 듯하다.

3차 산업에 속하는 직종들은 굉장히 다양한데, 그중에서도 특히 '여자에게 잘 맞는 일'이라 여겨지던 몇 가지 직업에 대해 살펴보기로 한다.

종업원

여성들은 꽤 오래전부터 상점에 고용되어 일해왔다. 그중에는 집안에서 운영하는 점포도 있고 그렇지 않은 점포도 있었다. 음식점에서 서빙을 보거나 여관에서 일할 때도 있었는데, 숙박업에 종사하면 성매매 의혹을 살 수 있었으므로 세간의 평이 그리 좋지는 않았다.

19세기에는 새롭게 백화점이 등장했고, 초반만 하더라도 직원 대부분은 남자였다. 제2제정(1852~1870) 시기에는 남자들이 여성의 채용을 반대하며 파업까지 벌였는데, 이유인즉슨 여자가 일의 격을 떨어뜨린다는 것이었다. 결국 남자들은 매장과 함께 여성 부하 직원들을 관리하는 역할을 맡았다. 업무에 등급을 두어 성별 경쟁을 제한하거나 무력화시키는 대표적인 방식이었다. 그뿐만 아니라 여성 직원들에 대한 내규도 굉장히 엄격했다. 지켜야 할 규율도 많았고, 호적상의 신분도 미혼이어야 했으며, 긴 업무 시간 동안 자리에 앉는 것은 꿈도 못 꿀 일이었다. 이러한 상황은 20세기 초 관련 법[11]이 통과될 때까지 지속됐다. 급여도 적었을 뿐 아니라 일부 나이 어린 여직원은 매니저로부터 보호자를 보증인으로 세워달라는 요청을 받기도 했다. 그래도 백화점은 꽤 매력적인 직장에 속했다. 따뜻하고 쾌적한 환경에서 근무할 수 있었고, 졸라의 작품『여인들의 행복 백화점』에 묘사된 것처럼 고급스러운 이미지가 있었기 때문이다. 이에 수많은 지원자가 백화점으로 몰렸으나 추천장이 없으면 채용되지 않았다. 이후 여성 직원이 빠르게 늘어나면서 백화점 조직이 새로이 재편됐고, 1936년에는 백화점 고용 인원 대부분이 여성이었다. 백화점에서 당직을 서기도 했는데, 대부분은 이를 연인과의 밀회를 위한 구실로 이용했다. 오늘날에는 마트 캐셔가 여성들의 대표적인 직업으로 자리잡고 있다.

사무직은 상대적으로 늦게 생긴 직업이다. 19세기에는 서기 업무나 회계 업무, 비서 업무를 모두 남자들이 맡았으며, 남자들은 관련 교육을 받고 해당 업무를 수행하는 특권을 과시했다. 발자크, 모파상, 페이도 같은 작가들의 작품에는 이렇게 사무직으로 일하는 남자들의 과시욕이 잘 드러나 있다. 남자들은 자신들의 영역으로 여자들이 들어오는 것을 못마땅하게 여겼으며, 정부 부처나 공공기관으로 들어오는 것은 특히 더 질색했다. 프랑스 서남부 니에브르 지역만 하더라도 도청 직원들이 1930년까지 타자기를 들이지 않았는데, 타이피스트로 일하는 여성들을 들이기가 싫다는 게 그 이유였다.[12]

여성의 사회 진출 확대는 사실 기계화와 동시에 이뤄졌다. 딸의 결혼 지참금이 모자라면 딸을 직업학교로 보내라는 광고가 등장할 만큼, 중산층 계급 가운데 돈이 없던 사람들은 딸의 취업이 가능하단 소리에 귀가 솔깃했다. 특히나 제1차 세계대전 이후 자녀에게 적절한 일거리를 찾던 집으로서는 새로운 사무직의 등장이 그렇게 반가울 수가 없었다.

그런 일 중 하나가 바로 우체국 업무였다. 지방 우체국에서는 장교나 공무원의 미망인들에게 책상을 내주었고, '가정적인 성향'의 이 창구 직원들은 뜨개질을 하며 편지에 우표를 붙여주곤 했다. 도시의 경우, 젊은 여직원들은 우체국의 창구 업무를 맡지 않고 뒤쪽에서 근무해 사람들과 직접적으로 부딪힐 일이 없었다. 이들은 보통 전화 업무를 담당했으며, 프루스트도 매력적인 우체국 여직원들의 목소리에 찬사를 보냈다. 급여는 (다른 직종과 마찬가지로) 남자들보다 적었기에 남자들이 여자들의 우체국 진출 때문에 피해를 보는 일은 없었다. 따라서 여성이 사회로 진출한다고 해서 무조건 남성들의 경쟁 상대가 느는 것은 아니었다.

이 밖에 여성들의 채용이 늘어났던 또 다른 직종은 바로 간호사였다. 그동안은 수녀들이 병원이나 요양원에서 환자들을 돌봤으나, 1850년대 중반 크림전쟁이 발발하면서 상황이 달라진다. 영국의 플로렌스 나이팅게일이 야전 병원에서 주도적으로 부상병들을 돌본 결과였다. 하지만 간호사의 채용 기준과 규율은 엄격했다. 특히 영국식 간호사 모델은 주로 중산층을 대상으로 했기 때문에 적정 수준의 급여가 지급되는 동시에 높은 자질이 요구됐다.

그러나 프랑스는 상황이 조금 달랐다. 1880년대 급진적 성향의 의사 부르느빌은 교회와 병원을 분리하려는 시도를 한다. 그가 택한 것은 '병원 잡부 모델', 즉 별다른 전문 지식 없이 의사 곁에서 보조하며 잡일을 하는 간호 모델이었다. 따라서 보수도 낮은 편이었고 대부분 나이도 어렸다. 게다가 수녀원의 기숙 모델을 따르고 있었던 만큼 현장에서 숙식하며 감시를 받는 구속된 신분이었다. 그래도 브르타뉴를 비롯한 농촌 지역에는 이렇게 병원 잡부로서 일하길 원하는 여성들이 많았다. 중산층 가정에서 일하는 것보다야 병원에 가서 청소나 요리를 해주는 게 더 나았기 때문이다. 이후 사립학교를 중심으로 간호 교육이 보급되기 시작했고, 보르도 지역에도 간호학교가 설립된다. 특히 이 과정에서 나이팅게일의 영향을 받은 개신교도들의 역할도 적지 않았다. 이제 간호사가 되기 위해서는 일정 수준의 교육을 받고 자격증도 따야 했으며, 그래야 능력도 인정받고 급여도 올라갈 수 있었다. 병원에서 요리나 청소를 담당하던 여성들은 그렇게 의료 지식을 보강해 어엿한 간호사가 되었다.[13]

그러나 의사가 되는 것은 또 다른 문제였다. 여자가 의술의 영역으로 들어오는 것에 남자들이 저항했기 때문이다. 최초로 의과대학에 들어간 여학생들은 러시아나 폴란드 출신으로, 대부분 동구권 대학에서 공부한 유대인 학생이었다. 19세기 말 유대인 박해가 일어나자 유대인 학생들은 이를 피해 런던이나 취리히, 파리 등지에서 학업을 이어갔고, 전공 과목은 보통 산부인과였다. 제1차 세계대전 발발 전 프랑스에서 의과대학의 여학생 수는 수백 명에 이르렀으며, 블랑슈 에드워즈필리에와 마들렌 펠티에도 그중 한 명이었다. 최초로 정신과 인턴 시험을 치른 여학생이었던 펠티에는 시가도 태우고 옷도 남자처럼 입고 다녔지만, 직업명만큼은 여성형으로 불리길 바랐다.[14] 피임과 낙태에 찬성했던 펠티에는 1938년 기소되어 정신과 요양원에 갇혀 지내다 1939년 사망한다.

다행히 모든 여의사가 이런 비극적 운명을 겪은 것은 아니다. 요즘에는 여의사 수도 크게 늘었으며, 외과나 마취과처럼 영원히 남자 의사들의 영역으로 남을 것 같았던 분야로 진출하는 여성들도 많아지고 있다.

법조계 역시 상황은 비슷하다. 1892년 프랑스 최초로 법학박사 학위를 취득한 잔 쇼뱅은 1900년 여성도 법정에 서서 변호를 할 수 있도록 허용한 법이 제정된 후에야 비로소 변호사로 활동할 수 있었다. 그전까지는 여자가 변호사로서 대중 앞에 나서 발언한다는 것 자체가 불가능한 일이었기 때문이다. 일간지 『르 프티 주르날Le Petit Journal』의 증보판 『르 프티 주르날 삽화본Le Petit Journal illustré』은 1900년 12월 26일 자 신문 1면 기사로 잔 쇼뱅의 동료 소피 발라초프스키프티의 변호사 선언문을 내보냈다. 이후 1900년과 1917년 사이 열여덟 명의 변호사가 배출됐지만, 법조계 인사 가운데 여성은 여전히 드문 편이었다. 하지만 마리아 베론, 수잔 그랭베르그, 이본 네테르 같은 여성 변호사들은 당대 페미니즘 운동에서 적극적인 역할을 했고, 참정권을 비롯한 권리 면에서 남녀평등이 실현될 수 있도록 노력했다. 해방 이후인 1946년에는 4월 11일 제정된 법을 통해 여성도 법관이 될 수 있는 길이 열린다. 오늘날 전체 법관의 50퍼센트는 여성이다. 하지만 이렇게 여성이 법조계로 진출했다고 해서 이 분야가 전과 크게 달라지거나 한 것은 아니었다. 법원의 수장직(여성의 13퍼센트)이나 검사직(1997년 기준 11.5퍼센트)은 여전히 여성들에게 폐쇄적이다.[15]

교사 및 교수

여성 교육사를 연구한 레베카 로제[16]는 지난 2세기 동안 교육계에서 상당한 변화가 있었다고 이야기한다. 여성이 교육계에서 차지하는 비중이 크게 늘어난 것이다. 오늘날 유치원 교사 가운데 여교사의 비율은 98퍼센트이며, 초등교육과정과 중등교육과정, 그리고 고등교육과정에서 여성이 차지하는 비중은 각각 78퍼센트와 56.7퍼센트, 34퍼센트다. (다만 대학교수의 여성 비율은 아직 16퍼센트에 불과하다.) 이로 미루어 알 수 있는 사실은 남녀 교수자의 성비가 교육 과정에 따라 확연히 달라진다는 점이다. 교육 연령대가 높을수록, 그리고 교육 내용의 난이도가 높을수록 여성 교수자의 비율이 낮아진다. 교육계에서는 생활 태도를 바로잡는 훈육이 아닌 지식 습득 과정으로서의 교육에 관한 한 남자 교수자가 더 적합하다는 인식이 지배적이다. '검은 제복의 경비병'[17]인 교사는 남자일 수밖에 없다는 것이다. 그런데 종교와 분리된 무상 의무 교육의 원칙을 천명한 쥘 페리 법의 제정으로 (비록 교내 공간은 가급적 성별로 분리되어 있었을 지언정) 여성의 채용 비중이 크게 늘어났다. 여학생과 어린 아이들을 맡아줄 교사 인력이 필요했기 때문이다. 여교사 양성을 위한 사범대학까지 생기면서 교사직은 이제 중하층과 서민층은 물론 노동자 및 농민 계층의 장래희망으로 자리잡는다. 하지만 여교사의 근무 환경은 그리 녹록지 않았다. 레옹 프라피에의 소설 『시골 여교사 L'Institutrice de province』(1897)에는 농촌 지역에서 근무하는 여교사의 열악한 상황이 상세히 묘사되어 있는데, 이에 따르면 보통 독신 미혼 여성인 경우가 대부분이었던 여교사는 남자 동료 교사보다 급료도 더 적고 자리도 한직에 배정됐다. 여교사에 대한 신뢰도 낮았을 뿐 아니라 괜한 오해를 받고 따돌림을 당할 때도 많았다. 특히 학교와 교회가 분리되기 시작하던 시기에 이러한 현상이 두드러졌는데, 브르타뉴 같은 일부 지방에서는 여자가 사제에게 맞서는 상황 자체가 용납되지 않았다. 여자들은 '당연히' 사제들 편에 서야 하는 사람이었기 때문이다.

그래도 교사라는 직업군은 상대적으로 평등한 축에 속했다(자크 & 모나 오주프).[18] 1920년 최초로 급여 평등이 실현된 공직 부문이었기 때문이다. 당대의 이상적인 부부상이었던 교사 부부도 점차 늘어났다.[19] 사회 참여 활동을 하는 여교사의 수도 적지 않았는데, 빅투아르 티네이르처럼 여성 교육 발전을 위해 싸운 이들도 있었고 루이즈 미셸처럼 혁명에 가담하거나 사회주의 운동을 하는 경우도 있었다. 그뿐만 아니라 제3공화국 아래서는 마리 기요(1880~1934)처럼 노조운동을 벌이는 여교사들도 눈에 띄었다. 여교사들은 페미니즘의 사상적 기반도 마련했고, 그 가운데 일부는 법정 공방도 불사하며 피임과 낙태에 찬성하는 입장을 보였다. 말하자면 여교사들이 1세대 여성 지식인층이었던 셈이다.

여교사들은 심지어 여교수보다 더 적극적이었다. 사실 초창기에는 여교수가 많지도 않았을뿐더러 대부분 개인주의 성향이 강했다. 학교 안에서도 여교수들은 고립된 위치에 있을 수밖에 없었다. 가톨릭계 소설가 콜레트 이베르가 쓴 바와 같이 쓸데없이 가방끈만 긴 '불청객'으로 간주되어 남자들의 멸시를 받았기 때문이다. 심지어 결혼 기피 대상이라 여자로서의 삶을 살기도 쉽지 않았다. 세브르 여성고등사범학교나 퐁트네 여성고등사범학교에서는 유수의 여성 지도자가 배출됐지만, 그렇다고 이 학교들의 명성이 파리 고등사범학교만큼 높은 것도 아니었다. 여대생들은 대부분 비인기 학과의 교수 자격시험을 치렀고, 인기 과목 중에는 (1929년 교수자격 시험에 합격한 시몬 드 보부아르의 경우처럼) 철학과 정도가 예외였다. 사범대 졸업생들의 유일한 취업 진로는 고등학교뿐이었으며, 당시의 여고 분위기는 마치 종교가 배제된 수도원 같은 느낌이었다. 규율도 엄격하고 단조로운 분위기 일색이었기 때문이다. 여성 고등 교원들의 삶도 항상 즐겁지는 않았는데, 마르그리트 아롱과 잔 갈지 같은 문인들의 회고록을 보면 이들의 지난 삶이 얼마나 암울했는지 알 수 있다.

대학에서도 여성들은 '초대받지 못한 손님'이었다. 특히 파리 지역에서 이러한 현상이 두드러졌다. 1930년대 소르본대학에서는 게르만어를 전공한 여성 학자 준비에브 비앙키를 교수 임용에서 탈락시켰는데, 심지어 함께 경합이 붙었던 남자 교수보다 우월한 실력이었음에도 임용에서 배제됐다. 여자는 목소리가 작아 대규모 계단식 강당의 강의에 적합하지 않다는 게 이유였다. 소르본대학에 임용된 최초의 여성은 마리 퀴리로, 그는 제1차 세계대전이 발발하기 직전 과학부 교수로 임용됐다. 이후 1947년에 마리잔 뒤리가 문학부 교수로 임용된다.

그러나 제2차 세계대전이 끝난 후에는 상황이 완전히 달라진다. 지금은 교직 대부분을 여성들이 맡고 있으며, 교사라는 직업 자체가 여성들에게 천직이라는 이야기까지 나오고 있다. 그러나 이 또한 그리 좋기만 한 상황은 아니다. 한 직업 내에 남녀의 성비가 고루 분포되어 있어야 평등인 것이지 상대적으로 여성의 수가 많다는 것은 오히려 불평등의 방증이기 때문이다.

이렇듯 오늘날 대부분의 고용이 이뤄지는 3차 산업 분야가 태동하는 과정에서 남녀의 경계는 조금씩 흔들리고 있었으며, 이 분야에서 여성들의 약진이 돋보인다는 것은 그만큼 여성들의 지식수준이 높아졌다는 뜻이다. 하지만 여성들은 여전히 권력관계의 서열에서 뒤로 많이 밀려나 있으며, 민간 부문 공공 부문 할 것 없이 책임급 직책은 대부분 남자들이 차지한다.

배우

배우는 여성에게 '맞는' 직업일까? 일단 그렇다고 볼 수 있다. 감정을 표현하는 여성들의 역량이 뛰어나기 때문이다. 여성들은 감정을 표현하고 재현하며 모사하는 데 탁월한 자질이 있으며, 타고난 목소리와 동작으로 타인의 삶을 훌륭하게 연기해낸다. 특정 이미지와 목소리를 나타내는 여성들의 역량은 외모와 관련된 여성성의 핵심이 아닐까?

그렇다고 여성들에게 권장되는 직업은 아니었다. 루소가 달랑베르에게 보낸 편지에서 알 수 있듯이 "자신을 드러내는 여자는 스스로를 욕보이는 것이기 때문이다. (…) 여자는 수치심이 없는 만큼 뻔뻔하다". 따라서 배우로 나서려면 수치심이 없어야 했고, 배우로 나선다는 말은 곧 화류계에 들어가거나 나아가 매춘까지 할 수 있다는 뜻이었다. 이에 세귀르 백작 부인의 손녀딸들도 연극 놀이를 즐기다가 주의를 받는다. "욜랑드는 제대로 된 교육을 받지 못해 생각 없고 영혼도 없고 신앙심도 없는 아가씨였어요. 커서 배우가 된 욜랑드는 병원에서 생을 마감했지요." 그러니 어린이 여러분은 조심해야 한다는 것이다.

사실 기독교는 배우들에게 그리 관대하지 않다. 교회에서 배우들은 이미 오래전 파문당한 존재였다. 프랑스에서는 공화정이 자리잡고 1849년 수아송 공의회에서 "희곡 배우 및 연기자들은 파렴치죄와 파문 대상에서 제외한다"고 발표한 후에야 배우가 사실상 파문 대상에서 제외된다. 다만 배우들이 불경하거나 음란한 공연을 하면 교회에서 성사를 받지 못했다. 사회로부터 소외된 존재이되 통제를 벗어나진 못했던 것이다. 군주들은 이러한 배우들을 이용하고, 또 경계했다. 연극을 좋아하여 예술학교의 역할을 강화한 나폴레옹도 크게 다르지 않았다. 그러다 1852년 헌법이 제정되었을 때 비로소 배우들이 평범한 시민으로 인정된다. 배우는 그만큼 소외된 집단이었으며, 여배우의 경우는 상황이 더 심각했다. 여자 희곡 배우는 흥

내나 내는 '사연' 있는 여자로 인식됐고, 그에 반해 무희는 상류층이 즐기는 고급 무대에 서는 존재로 여겨졌다. 셰익스피어의 나라로 배우도 작위를 수여받는 '레이디' 신분이었던 영국과 달리 프랑스를 비롯한 라틴어권 국가에서는 배우가 늘 창녀의 이미지를 수반했다. 졸라의 작품에 등장하는 금발의 육감적인 미녀 나나도 통속극이나 연기하는 배우로서 교태를 떠는 창부에 지나지 않았고, 비록 좋은 어머니였음에도 타락하고 실패한 여성의 대표적인 인물로 자리잡는다. 그리고 세귀르 백작 부인의 '욜랑드 양'처럼 결국 비극적으로 생을 마감한다.

그런데 배우들의 삶과 직업 세계에 대해 쓴 예술사학자 안 마르탱 퓌지에의 책[20]에 기술된 것처럼 19세기부터는 배우나 연기자, 가수, 무희 등도 서서히 사회 속으로 통합된다. 여배우들은 대부분 빈곤층이나 서민층 출신으로, 떠돌이 행상인 부모 곁에서 함께 노래를 부르다 공연계로 빠질 때가 많았다. '마드무아젤 라셸' 역시 독일계 유대인 행상인 부친과 함께 노래를 부르고 떠돌아다니다 콩세르바투아르Conservatoire(음악·무용·극예술 학교)에 발탁된 경우였고, 파리 오페라단 수습 무용단도 보통은 모친 손에 이끌려 오페라단 매니저에게로 넘어갔다. 사라 베르나르도 스스로 배우가 되길 원치는 않았지만 어머니 등쌀에 밀려 콩세르바투아르에 들어갔는데, 여길 나와야 배우로서의 실력도 키우고 인정도 받을 수 있었기 때문이다. 졸업 성적이 우수하면 최정상 극단 '코메디 프랑세즈'에도 들어갈 수 있었으나 낙제 점수로 졸업한 이들은 불명예스러운 낙향을 해야 했다.

물론 누구나 이렇게 정규 교육을 받고 배우의 길에 들어서는 것은 아니었다. 대부분은 현장에서 수습 배우로 실력을 쌓고 이 공연 저 공연 전전하며 지위를 높였다. 배우로 성공하기 위해서는 여러 가지가 필요했는데, 연기력은 물론이요 외모 경쟁력과 연줄도 있어야 했고, 인기도 많아야 했다. 명성이 생기고 호평을 얻으면 배우로서 계속해서 승승장구할 수 있었으며, '데뷔' 무대도 배우로서의 활동에 결정적인 역할을 했다.

또한 배우들은 열악한 생활과 불합리한 계약 조건도 감내해야 했다. 1914년 파리에서 정식 계약을 맺고 활동하던 어느 젊은 여배우에 따르면 배우는 "때와 장소를 불문하고 춤과 노래, 연기를 제공하도록 되어 있었으며, 해외든 지방이든 감독이 부르면 언제든 달려가야 했다. 하루에도 밤낮없이 수차례 무대에 서야 했고, 무슨 일이든 시키는 대로 다 해야 했다". 하루에 외워야 할 대사량도 많았으며, 무대에 서건 서지 않건 하루도 빠짐없이 공연 30분 전까지 극장에 와 있어야 했다. 이 모든 일을 하면서도 받는 돈은 고작 한 달에 200프랑 정도였으며, 그나마도 한 공연에서 1막 이상 공연을 해야만 받을 수 있었다. 아파도 의료비 지원이 없는 것은 물론이요 거주지도 반드시 파리 시내여야 했다. 극장에서 최대 15분 이상 걸리지 않는 곳에서 살아야 했기 때문이다. 그만큼 극단에 얽매인 채 열악한 삶을 산 것인데, 대신 사교계에 이름을 날리거나 돈독한 가족애를 다질 수는 있었다. 여배우들은 보통 애인이 있었고, 대부분 연애 기간도 길었다. 상드의 기술에 따르면 배우들은 아이가 생기면 "다들 지극히 다정한 어머니가 되었으며, 자식을 위해서라면 물불을 가리지 않았다. (…) 공연예술계 사람들은 그 누구보다 끈끈한 혈연관계를 자랑했다". 이에 상드는 여배우들이 (보통 재혼을 통해) 이룬 가정이 가장 이상적인 가족 모델이라 생각하기도 한다.

지방 순회공연은 배우들의 삶을 더욱 고달프게 만드는 요인이었다. 당대의 유명 배우 마리 도르발도 지방 순회공연과 관련하여 "대로변에 위치한 여관에서 피로에 절어 지내는 게 보통이고, 방 안은 옷가지와 짐들로 늘 어수선했다. 실력 없는 배우들과 지겨울 정도로 리허설을 반복하는 지루한 일상의 연속이었다"고 회고한다. 마리 도르발은 유명하기라도 했지만 인기조차 없는 무명 배우들은 이보다 더 열악한 상황을 견뎌야 했다. 숙소랍시고 제공되는 호텔은 허름하기 짝이 없었으며, 무대가 서는 극장 시설도 좋지 않았고, 난방 장치는 물론 환기 장치도 안 되어 있어 무대 뒤편 위생 상태도 형편없었다. 그래서 유명 배우든 아니든 병사하는 경우가 많았는데, 라셸도 성공적인 미국 순회공연을 마치고 귀국한 뒤 (1857년 니스에서) 결핵으로 생을 마감했다. 발자크가 여배우의 삶을 "실내 승마장 말과 같은 신세"라고 비유한 이유다. 물론 시간이 지나면서 배우들의 삶이 조금 개선되기는 했다. 소설 『방랑자』에서 콜레트는 과거 배우로서 순회공연을 하던 시절을 회고하며 당시 동료 배우들과의 우애도 돈독했고, 호텔 방 안에서 보내는 혼자만의 시간도 그리 나쁘지 않았다는 이야기를 전한다. 게다가 나름대로 즐거움이 있던 이 직업을 통해 콜레트는 어느 정도의 독립적인 생활도 보장받을 수 있었다.

하지만 공연예술계는 경쟁도 심하고 서열도 엄격했다. 일반 연기자보다는 오페라 배우가 더 급이 높았고, 희비극을 모두 하는 배우보다는 비극 전문 배우 쪽이, 그리고 엑스트라 발레단원보다는 수석 무용수 쪽이 더 대접을 받았다. 마리 도르발, 쥘리아 바르테, 폴린 비아르도, 라셸, 사라, 이베트 길베르처럼 공연장을 누비는 유명 스타와 평범한 뮤직홀 가수 사이는 그야말로 천지 차이였다. 여배우의 위신이 올라가고 처우가 나아진 데에는 이러한 스타 배우들의 공이 컸는데, 라셸도 자신의 배역에 대한 이해도가 높은 배우로 호평을 받고 맡은 역할마다 인상적인 연기를 선보이며 공연예술계를 선도했다.

사라 베르나르도 여배우의 위상을 바꿔놓은 인물인데, 그의 성공 덕분에 다른 여배우들도 경제적 측면에서나 생활 측면에서나 자신들의 요구 사항에 대한 목소리를 더 높일 수 있었다. 베르나르는 분장실 환경도 굉장히 쾌적하게 바꾸었고, 샤틀레 광장에 세운 전용 극장(지금의 '시립 극장')에서도 수준급 시설이 유지되도록 했다. 그는 공연 후 접대 관행에 대해서도 남자들의 월권이라 여기며 응하지 않았다. 배우로서의 인정과 존중을 원했던 베르나르는 페미니스트를 자처했으나 참정권을 주장하지는 않았다. 다만 여배우들이 동등한 급여를 받을 권리, (사생아로서 아이가) 아버지를 찾을 권리 등을 인정받도록 노력했다. 또한 드레퓌스 사건 때도 에밀 졸라처럼 드레퓌스 지지 의견을 표명하며 사회 참여 활동을 벌였다.

현대극 배우와는 분명 거리가 있었던 사라 베르나르는 헨리크 입센이나 안톤 체호프, 아우구스트 스트린드베리 같은 북구권 극작가를 좋아하지 않아 이들의 작품은 별로 연기하지 않았다. 베르나르는 위고의 작품 「뤼 블라Ruy Blas」나 에드몽 로스탕 작품을 특히 좋아해

「먼 나라의 공녀Princesse lointaine」도 연기하고 56세에는 「새끼 독수리Aiglon」에서 푸아레가 디자인한 의상을 입고 라이히슈타트 공작 (나폴레옹 2세)으로 분하기도 했다. 특히 수십 번도 더 공연한 이 라이히슈타트 공작 역할로 대중적 인기를 한 몸에 받았으며, 라이히슈타트로 분한 그의 극중 모습을 담은 우편엽서만 해도 수만 장이었다. 신여성의 표본으로서 '모던 스타일'을 이끌어가던 베르나르는 그 삶 또한 동경의 대상이었다. "미지의 세계를 맛보는 이 삶이 너무나 좋다"던 베르나르는 어마어마한 수의 수행원을 이끌고 유럽과 미국 등지에서 화려한 순회공연을 돌았고, 1880~1881년 순회공연 때는 수행원 수가 서른두 명에 짐 개수도 마흔두 개에 달했다. 그가 살던 고급 아파트 방 안에도 애장품인 동물 가죽과 각종 골동품으로 가득했으니 이런 그의 삶은 대중에게 환상을 심어주기에 충분했다. 사람들은 그의 진취적인 삶에도 열광했다. '그럼에도 불구하고'가 삶의 모토였던 베르나르는 "결코 멈추지 말라. 멈추면 그땐 끝이다"라고 말하며 한쪽 다리가 절단됐을 때도 「새끼독수리」의 라이히슈타트 공작 역을 연기했다. 교화적인 성향이 없지 않았던 베르나르는 1896년 '사라 베르나르 축제' 때 "나는 교화적인 예술의 기수이자 서정 문학의 충실한 사제"라는 말을 남기기도 했다. 그의 애국적인 서정성은 제1차 세계대전 때 정점에 달했고, 그렇게 베르나르는 조국을 노래하는 기수로 자리매김한다.

1923년 사라 베르나르가 세상을 떠났을 때, 장례식은 3월 23일 페르라셰즈 묘지에서 엄숙히 거행된다. 그의 시신을 팡테옹에 안치해야 한다는 말도 나왔으며, 파리 전역에서 수만 명이 운집하여 고인의 죽음을 애도했다. 추모 행렬 선두에는 정치권의 대표 인사들도 자리를 지켰다. 18세기 초에 활동했던 여배우 아드리엔 르쿠브뢰르의 장례식(1730년 3월 20일)이 소리 소문 없이 치러졌던 것과는 상당히 대조적이었다. 뛰어난 배우이자 볼테르의 연인으로도 유명했던 아드리엔 르쿠브뢰르는 주교가 기독교식 장례식을 치러주지 않아 결국 케도르세 주변 센강 제방에, 그것도 야밤에 매장됐다. 두 배우의 죽음을 비교한 안 마르탱퓌지에의 연구를 참고하면 200년이라는 시간 동안 여배우의 삶이 어떻게 달라졌는지 알 수 있다.

시간의 흐름에 따라 여배우에 대한 인식도 조금씩 개선됐으며, 심지어 상류층에서조차 여배우에 대한 시각이 달라졌다. 마틸드 공주는 여배우를 맞아들이는 데 별 거리낌이 없었고, 1920년대에는 사회 저명인사들이 배우 세실 소렐의 집을 찾는 일도 종종 있었다. 특히 배우라는 직업 자체가 이제는 어느 정도 존중을 받았다. 카를 마르크스의 딸인 엘리너 마르크스도 「인형의 집」 노라 역할을 연기한 배우였다. 그 밖에 시인 마르슬린 데보르드발모르나 기자 겸 페미니스트 마르그리트뒤랑, 동양학자 겸 페미니스트 알렉상드라 다비드닐, 작가 콜레트 등도 모두 배우로서 사회생활을 시작했는데, 이들의 공통점은 다들 사회 제도에 그리 순응적인 성향이 아니었다는 것이다. 이들은 전통적인 여성성의 개념과 거리가 멀었으며, (비록 그 가족들은 걱정을 내려놓을 수 없었을지언정) 여배우가 하나의 번듯한 직업이 될 수 있도록 노력했다. 오늘날의 유명한 프랑스 여배우 카트린 드뇌브나 이자벨 위페르, 그리고 고등사범학교에 들어간 뒤 배우라는 직업을 택한 잔 발리바르 등은 모두 어찌 보면 이들의 후예들이다.

무희들의 상황도 크게 다르지 않았다. 이와 관련하여 개인적으로는 1998년에 준공된 국립무용관Pantin(빅토르 위고가[注] 1번지)을 한 번 짚고 넘어가고 싶은데, 이곳은 두 여성 건축가가 리모델링한 건물로 2003년 건축계 최고의 상인 '에케르 다르장Équerre d'argent'을 수상했기 때문이다. 관장인 클레르 루지에는 개관 기념 전시로 '17~18세기 무용계의 여성성 구축'을 개최해 과거의 정신을 계승하고자 했다. 무용계에서는 남녀의 역할에 대한 인식 변화가 특히 흥미롭다. 과거만 하더라도 춤은 사실 여자의 일이 아닌 남자의 일로 여겨졌다. 그래서 춤을 추는 극단에서 여성들은 그 수도 적었을뿐더러 주요 역할에서도 배제된 채 공중곡예사나 광대들의 보조 역할만을 담당했다. 세례 요한의 머리를 얻기 위해 춤을 추는 살로메의 이미지가 부정적인 영향을 미친 것인데, "(살로메가) 춤을 출 때마다 세례 요한의 목이 떨어져 나간다"고 쓴 이탈리아 작가 베르나르디노 다 펠트르의 표현처럼 춤을 추는 살로메는 대표적인 악녀의 전형이었다. 그러나 18세기가 되면 무희들의 활약이 차츰 두각을 나타내기 시작한다. 낭만주의 발레의 영향도 무시할 수 없는데, 단순히 여성의 몸을 노출하는 수준을 넘어서서 이를 이상화하여 표현하고, 무용계의 디바까지 만들어냈기 때문이다. 이후 무용계에서는 남녀의 지위가 역전됐고, 무용은 곧 여성적인 분야이며 남자가 춤을 추는 것은 부적절하다는 인식이 생겨났다. 무용에 여성성이 결부되자 전통적인 성 역할에 대한 고정관념이 강했던 서민 가정에서는 (영화 「빌리 엘리어트」에서처럼) 아들이 무용수가 되려는 것을 강력하게 반대한다.

오늘날 현대무용에서는 마사 그레이엄이나 머스 커닝햄 같은 안무가의 영향으로 기존의 위계질서도 사라지고 장르의 구분도 무너진다.[21]

이렇듯 공연예술계에서는 남녀의 성 역할이 서로 중복되는 양상을 보였다.

5장

시민으로서의
여성

여성사와 관련하여 마지막으로 다뤄볼 주제는 바로 '시민'으로서의 여성이다. 시간의 흐름이나 공간적 변화에 따라 여성의 삶과 지위는 어떻게 달라졌으며, 또 전쟁을 비롯한 역사적 사건 속에서, 그리고 오랫동안 여성의 진입이 제한됐던 정치권 내에서 여성은 어떤 변화를 겪었을까? 오늘날 여성들의 주된 사회 참여 활동으로서 다양한 양상을 보이는 페미니즘을 비롯한 사회운동 분야에서 여성은 어떤 정치적 활약을 했으며, 타인과의 관계, 또 세상과의 관계는 어떻게 달라졌을까? 여성의 시민적 지위와 관련해서 짚어볼 내용은 다양하지만 여기서는 대략적으로만 가볍게 한번 살펴보고자 한다.

여성의 공간적 변천사: 이동 반경의 확대

우선 여성의 공간적 변천사부터 살펴보자. 여성의 이동은 상대적으로 제한된 느낌이다. 정주성은 여성의 미덕이자 의무였고, 여성은 늘 집에서 가족을 돌보거나 삶의 터전을 지키는 존재였다. 일찍이 페넬로페나 베스타 여신의 사제들도 집을 지키며 가족이 돌아오길 기다렸고, 칸트에게 있어서도 여자는 집과 동격이었다. 가족법은 집 안의 질서를 바로잡아주었으며, 가출에 대한 모든 의지를 원천봉쇄함으로써 여성을 집에 묶어두고 통제했다.[1] 무릇 여자란 강압적인 힘에 반발하며 불같은 성미가 있는 존재였고, 따라서 족쇄를 채워 가둬두고 도망치지 못하게 막아야 했기 때문이다.

여성을 가둬두는 방식도 다양했다. 중세 시대의 규방이나 하렘은 물론 수도원이나 사창가도 여성들을 한 곳에 모아두고 유폐하는 공간이었다. 여성은 응당 보호해야 할 존재였고, 여성의 성적인 매력도 감추어야 마땅했다. 여성의 몸을 베일로 가리게 된 이유다. 피타고라스도 "여자가 대중 앞에 나서는 것은 적절치 못하다"고 했으며, 루소 역시 달랑베르에게 쓴 편지에서 "자신을 드러내는 여자는 스스로를 욕보이는 것"이라고 적었다. 여자가 대중 앞에 나서는 것, 여자가 함부로 나돌아 다니는 것, 모두가 우려의 대상이었다.

남녀의 공적 활동에 대한 인식 차는 어휘에서도 드러난다. 대외적으로 공적 활동을 하는 남자를 이르는 '공인homme publique'이란 표현은 명예로운 호칭인 반면, 바깥으로 나도는 여자를 이르는 '만인의 여자femme publique'란 표현은 사창가나 거리의 여자를 가리키는 수치스러운 표현이기 때문이다. '탐험가'를 의미하는 단어도 마찬가지다. 새로운 문물이 발견되던 근대(1850~1940)의 '남자 탐험가 aventurier'는 영웅이었지만[2] '여자 탐험가aventurière'는 우려의 대상이었다. 사람들은 여자들이 밖으로 나도는 것, 특히 여자 혼자 돌아다니는 것을 걱정했으며, 일부 호텔은 위상이 떨어지지 않도록 여자들의 투숙 자체를 거부했다. 대표적인 예가 전국 일주를 하던 플로라 트리스탕으로, 프랑스 남부 지방을 지날 때 잠자리를 찾기가 여간 힘든 게 아니었다고 한다. 훗날 그가 외국 여성에게 쉼터를 마련해주자는 의견을 제안한 이유다(1835).

그러나 이 같은 제약에도 여성들은 결코 '가만있지' 않고, 집 밖으로 벗어나 여행도 다니고 이사나 이민도 다녔다. 서양 인구의 이동이 많았던 19세기와 20세기에는 교통수단의 발달로 여자들도 이에 동참할 수 있었으며, 남자들보다야 물론 이동이 적었지만 이동 인구 가운데 여자가 아예 없는 것은 아니었다. 먼저 이농 현상부터가 여자들과 무관하지 않았다. 가령 리무쟁 지역 석공들이 파리로 상경할 때에도 먼저 마을 여자 몇몇을 데리고 와 숙소에서 식사 준비를 맡기다가 나중에 자리가 잡히면 그때 아내를 불렀다. 농가에서 딸을 도시로 보내 가정부나 종업원, 여공으로 취직시키는 경우도 많았다. 도시로 오더라도 여성들은 여전히 공장 기숙사나 입주 가정의 통제 하에 있었지만 간혹 근무지를 바꾸고 감시에서 벗어나 자유를 누리기도 했다. 하녀인 경우 있던 집을 나와 다른 곳으로 자리를 옮겼고, 재봉사라면 작업실을 바꾸었다. 마르그리트 오두의 자전적인 소설 『마리 클레르』에 나오는 여성들도 남자들처럼 상당히 과감하게 이직

하는 모습을 보였다. 1879년 어머니와 함께 상경하여 재봉사로 일했던 잔 부비에나 그의 오스트리아 출신 동료 아델라이드 포프도 굉장히 이직 횟수가 많았다. 노조활동을 할 만큼 특이한 이력을 보유한 두 사람은 각각 자서전을 통해 이동의 자유로움과 도시에서의 삶을 긍정적으로 묘사한다.[3] 여성들을 망친다던 도시는 가족의 갑갑한 울타리에서 벗어나는 수단이자 미래가 없던 시골 생활로부터 도피하는 한 방법이었다. 도시로 나간 여자들은 약간의 사회적 신분 상승을 실현하는 한편 정략결혼에서 벗어나 연애결혼을 할 수도 있었다. 따라서 도시에서의 생활은 위험이 따르는 모험이었지만 스스로의 운명을 개척하는 하나의 방법이기도 했다. 말하자면 아름다운 도피였던 것이다.

가정교사도 여성들의 이동 반경을 확대한 직업이었다. 대개 교양 있는 중산층(대부분 개신교) 출신의 젊은 여성이 어려운 집안 사정 때문에 가정교사로 나설 때가 많았다. 교육 및 교양 수준이 높았던 이들은 (소설에서 교활한 캐릭터로 그려질 때가 많았는데) 유럽 전역을 돌아다니며 입주 교사나 방문 교사로 상류층 자녀들을 가르쳤다. 특히 1830년 혁명과 1848년 혁명이 실패한 후 정치적 혹은 학술적 차원의 망명이 늘면서 여성 망명자도 함께 늘어나 유럽 곳곳에 여성 가정교사 수가 증가했다. 말비다 폰 마이젠부크도 그중 하나로, 함부르크 출신의 말비다는 런던으로 옮겨가 알렉산드르 게르첸의 딸들을 가르친 뒤, 이 제자들과 함께 파리로 장소를 옮긴다. 그 후로도 이탈리아의 피렌체, 로마 등지를 떠돌던 말비다는 『어느 이상주의자의 회고록』을 출간해 19세기 유럽의 디아스포라 과정에서 몸소 겪은 일을 생생하게 전해준다.

실증주의 사상가 에르네스트 르낭의 누이였던 앙리에트 르낭은 동생의 학비를 벌기 위해 타지로 떠났지만 러시아의 니나 베르베로바처럼 타지에서 국내로 유입되는 이들도 있었다. 그는 파리에서 체재하며 보고 느낀 것들을 귀중한 재산으로 삼아 추후 작품의 밑거름으로 활용했다. 가장 이동이 활발했던 사람들은 유대인 여성인데, 이들은 유대인 박해를 피해 런던이나 취리히, 파리, 뉴욕 등지로 이동해 생계도 마련하고 학업도 이어갔다. 부득이하게 고향을 등져야 했던 이 여성들의 목표는 단순히 돈을 벌고 일자리를 얻는 것만이 아니었다. 뉴욕으로 간 어느 유대인 여성의 말처럼 이들이 원했던 것은 바로 '자유'였다. 러시아 출신 무정부주의자 에마 골드만도 회고록에서 여행이 개인의 자유와 정치적 해방을 위한 수단이었다고 이야기한다.[4]

19세기에는 인구 이동이 활발했지만 남녀 간에 이동 비율의 차이는 있었다. 다른 곳으로 이주할 때 보통은 남자가 먼저 정착한 뒤 여자가 따라왔으며, 남자 혼자 타지로 가고 여자는 고향에 남는 경우도 있었다. 여자까지 왔다는 것은 다시 고향으로 돌아가지 않는 영구 이주를 뜻했다. 그리고 20세기에는 각기 따로 살던 가정이 정부 시책에 따라 다시 합치곤 했다. 다른 곳으로 이주하더라도 여자들은 보통 기존의 전통적인 생활 양식이나 종교적 관습, 모국어, 음식 등을 그대로 유지했다. 로렌 지방에서 광업과 철강업이 발달하자 이주해온 이탈리아 여성들도 고향인 피에몬테 지역의 관습과 관행을 보존했으며, 뉴욕 이탈리아인 거주 구역 '리틀이탈리'의 시칠리아 여성들도 마찬가지였다. 세계 각지로 흩어진 유대인이나 프랑스의 포르투갈, 마그레브, 아프리카 이주민 여성들도 기존의 규범과 생활 관습을 그대로 유지했으나, 이민 2세대 여성들은 부모 세대와 달리 대부분 현지 사회에 동화되어 좀더 평등하고 현대적인 삶을 추구했다. 내지인이면서 동시에 외부인이었던 이민자들은 상반된 갈등 상황에서 이러지도 저러지도 못하면서 갈팡질팡했지만, 경계인으로서 이들의 역할은 사회 내에서 굉장히 중요하게 작용했다. (이에 관한 연구 자료는 파리 포르트 도레에 건립된 국립이민사박물관에서 찾아볼 수 있을 듯하다.)

따라서 여성들도 시대를 막론하고 다양한 이유에서 이곳저곳으로 이동한 셈이다. 다만 그 과정에서 남자들보다는 더 많은 어려움을 겪었고, 더 큰 용기가 필요했다. 떠나는 사유와 타지에서의 안전 보장, 주변의 지지 등 좀더 많은 이주 여건이 요구됐기 때문이다.

나탈리 다비의 저서[5]에서는 이러한 제약에도 모험을 떠난 여성들의 이야기가 소개된다. 다수의 화가와 판화가를 배출한 교양 높은 독일계 신교 가정 출신 생물학자 마리아 지빌라 메리안은 암스테르담에서 한 신비주의 종파를 따르던 중 기아나의 네덜란드령 식민지인 수리남으로 떠난다. 그리고 이곳에서 곤충에 대한 남다른 관심으로 곤충들을 관찰하고 그림으로 표현한다. "곤충들의 윙윙거리는 소리가 한시도 끊이지 않는 환경에서 살아가던" 메리안은 애벌레의 탈피 과정에 흥미를 느껴 애벌레에 대한 두 권의 책 (『애벌레의 경이로운 변태와 그 특별한 식탁Merveilleuse transformation des chenilles et des fleurs singulières qui font leur nourriture』(1679), 『수리남 곤충의 변태Métamorphose des insectes du Surinam』(1705))을 출간한다. 정교한 삽화가 실린 이 책들로 메리안은 화가로서뿐 아니라 학자로서의 명성도 확고해졌지만 세간의 지지는 크게 받지 못했다. 여자 혼자 제대로 된 학문 연구를 할 수 없으리란 생각이 지배적이었기 때문이다. 다비의 저서는 신대륙으로 떠난 전도사 마리 마르탱 이야기도 소개한다. 투르 출신의 마리 마르탱은 남편을 여읜 뒤 우르술라 수녀회에 들어가 수녀가 된 인물이다. 물론 그 과정에서 아들은 어머니를 잃었지만, 그런 아들에게 마르탱은 교회에 헌신할 수밖에 없는 자신의 상황을 이해해달라고 부탁한다. 그리고 퀘벡 지역의 '미개인'들을 전도하기 위해 캐나다로 떠난 뒤, 그곳에서 북미 원주민인 알곤킨족 언어까지 배운다.

이렇게 선교활동에 헌신한 여성들은 신교 구교 할 것 없이 많았으며, 이들은 식민지가 확대되는 경로를 따라 선교활동을 떠났다. 선교활동은 종교에 헌신하는 한편 다른 공간으로 떠나려던 여성들의 욕구를 정당화해주었다. 19세기에는 종교를 넘어서서 사회주의 전파를 위해 각지로 떠난 여성들도 있었다. 생시몽의 사제로서 적극적으로 사회주의 사상과 평등 사상을 전파한 것이다.[6] 프랑스 도처에서 생시몽의 가르침을 설파하던 사절단 가운데 하나였던 플로라 트리스탕도 1844년 전국 일주를 하며 노동자의 단결과 노동자 연맹의 결성을 주창했다. 그러나 노동자의 근로 환경 실태를 알아보느라 페루와 런던 등지를 헤매고 온 트리스탕은 이미 꽤 지치고 힘든 상태였다.[7] 결국 전국 일주를 하던 도중인 11월 14일, 그는 보르도에 있던 엘리자 르모니에의 집에서 세상을 떠난다. (르모니에는 훗날 여성들의 직업 교육에 있어 선구자적 역할을 하는 인물이다.) 그로부터 60년 후에는 루이즈 미셸 역시 순회 강연 도중 마르세유에서 객사한다. 국내외 각지로 돌아다닌 여성 활동가들의 삶은 고행 그 자체였다.

일 이외 목적의 여행도 힘들기는 매한가지였다. 남의 시선을 극복할 수 있는 용기도 필요했고, 자금도 만만치 않게 소요됐다. 그럼에도 19세기 자유를 추구하던 일부 여성은 여행의 맛에 매료되었으며, 자유로운 옷차림과 여행을 통해 해방감을 만끽하던 조르주 상드 역시 그중 하나였다. "우리에게 갈 곳이 있는 한 희망은 있다"던 상드는 뮈세와 함께 이탈리아를 둘러보았으며, 리스트 및 마리 다구와는 알프스를, 쇼팽과는 스페인을 여행했다. 상드는 스스로를 새의 후예라 여겼고, 여행자는 상드의 존재적 표현이었다. 그러니 그가 『어느 여행자의 편지Lettres d'un voyageur』라는 걸작을 남긴 것도 우연은 아니다. 상드는 여행을 즐기던 다른 여성들처럼 여행을 통해 새로운 세상과 새로운 사람들을 발견하고자 했다. 다행히 관광으로서의 여행이 조금씩 발전하면서 상류층을 시작으로 여성들도 좀더 편하게 여행으로 식견을 넓힐 수 있었으며, 영국과 미국 쪽 여성들은 손에 가이드북을 든 채 이탈리아 박물관, 미술관 이곳저곳을 돌아다녔다. 일부 부유층 가정에서는 개신교 집안을 중심으로 자녀들의 교양을 쌓기 위한 유럽 여행을 추진했으며, 마르그리트 유르스나르 역시 부친 덕에 이와 같은 '그랜드 투어'를 십분 누리면서 타지에 대한 관심을 키웠다.[8]

그러나 이자벨 에베르하르트나 알렉상드라 다비드닐처럼 단순한 관광이 아닌 모험 수준의 여행을 한 경우는 이보다 훨씬 적었다. 스위스로 망명한 상류층 가정의 사생아로 태어난 러시아계 프랑스인 이자벨 에베르하르트는 스위스에서 의학 공부를 하던 중 여성지 『르 투르 뒤 몽드Le Tour du monde』에 실린 리디아 파치코프의 기고문을 본 뒤 중동에 관심을 갖는다. 시리아나 팔레스타인 쪽으로 가서 그 유명한 팔미라 유적 등지를 돌아보고자 했던 그는 이슬람 문화에까지 심취하여 종교도 이슬람으로 개종한다. 북아프리카로 간 후에는 아랍 기병대 옷차림을 하고 저항 부족 편에 서서 싸우며 리요테 모로코 총감의 호감을 샀다. 스물일곱에 세상을 떠난 이자벨 에베르하르트는 마그레브 지역 빈민들에 대한 저서 한 권을 남겼고, 언론인 에드몽드 샤를루가 그 일부를 엮어 책으로 출간했다.[9]

동양학자 알렉상드라 다비드닐은 도서관 자료를 통해 먼저 불교를 접한 다음 티벳으로 떠나 30년간 이 지역을 탐사한다. 그는 짐꾼들과 함께 직접 발로 뛰며 라마교 승원들을 하나하나 돌아봤고, 프랑스에 남아 있던 남편이 세상을 떠나기 전까지 그에게 편지를 보내 여행기를 남겼다(이는 나중에 책으로 출간된다).[10] 다비드닐 역시 불교로 개종했으며, 아시아 지역에서 30년간 체류한 그는 1946년, 78세의 나이로 귀국한다. 사진을 포함해 이때 가져온 수많은 연구 자료들은 현재 디뉴의 다비드닐 생가 겸 박물관에서 소장 중이다.

디아 버킷과 바버라 호그드슨의 책을 통해 알 수 있는 바와 같이[11] 여성 탐험가의 사례는 이 밖에도 많은데, 그렇다면 이들도 과연 역사적인 모험가 앙리 드 몽프레처럼 진정한 탐험가였을까? 사실 딱히 그렇다고는 볼 수 없다. 여자로서 탐험을 떠나려면 뚜렷한 목표와 사유가 필요했고, 가서 할 일도 분명해야 했다. 즉, "남자처럼 옷을 입고" 남편과 함께 아시리아 궁수들의 벽화(현 루브르박물관 소장)를 발견한 잔 디윌라푸아처럼 고고학 유물을 발굴하거나 포교, 지원, 교육, 구조, 치료 등의 업무를 맡으러 가야만 현지에서의 새로운 '탐험'이 가능했다.

여성들의 생활 반경이 실질적으로 늘어난 양차 대전 사이에는 신생 학문이라 여자들의 진입이 가능했던 민족학 쪽으로 젊은 여성 학자들의 관심이 쏠렸다. 무의식이 발견되며 정신분석학이 자리잡던 초창기에 여성들이 이 분야로 몰린 것과 같은 이치다.[12] 여성들은 현지의 토착민 여성들에게 다가가 말을 걸었으며, 이에 드니즈 그리올과 제르멘 틸리옹도 각각 아프리카 지역과 마그레브(아프리카 북서부) 지역으로 떠났다. 사진 역시 비주류 장르였기 때문에 여자들이 쉽게 카메라를 손에 쥘 수 있었고, 마거릿 버크화이트나 지젤 프로인트 같은 일부 여성 사진작가들은 사진을 예술의 경지로 끌어올렸다.

물론 이렇게 세계 각지를 돌아다닌 여성의 수가 많지는 않았다. 심지어 양차 대전 사이에 특파원으로 활동하며 돌아다닌 것이었기에 고생도 이만저만이 아니었다(마르크 마르텡).[13] 그 가운데 앙드레 비올리는 가장 눈에 띄는 1세대 여성 특파원으로, 영어와 독일어를 완벽하게 구사하는 옥스퍼드 출신 인재였다.『르 프티 파리지앵』기자로 활동하던 비올리는 먼저 아일랜드 특파원으로 활동한 뒤 이어 1928년 소련 특파원으로 파견된다. 당시 나이가 이미 50세였으니 꽤 늦게 특파원 업무를 맡은 셈이었다. 이후 아프가니스탄과 인도로 가서 간디 인터뷰도 진행했고, 일본까지 날아갔음은 물론 스페인 내전 상황도 취재했다. 동료 기자들 사이에서도 평판이 좋았고, 그가 입원했을 때에는 대기자 알베르 롱드르도 친히 문병을 올 정도였다. 딸이었던 시몬 테리나 후배 기자 마들렌 자코브, 티타이나(본명은 엘리자베트 소비) 때는 그래도 상황이 더 수월했다. 당시 여성 참여 비율이 3.5퍼센트에 불과할 정도로 여성이 전무했던 언론계에서 두각을 나타내려면 가정이라는 제약도 없어야 했을뿐더러 상당한 용기와 뛰어난 능력이 뒷받침되어야 했다. 가령 티타이나도 3개 국어에 능통한 인재였다. 체제에 순응하길 거부하며 좌파적 이상향을 추구하던 이 여기자들은 공산 정권이 수립된 러시아와 공산주의가 득세했던 1918~1934년의 빈, 내전으로 몸살을 앓던 스페인 등 혁명의 무대가 된 곳이나 고된 삶의 현장들에서 관심의 눈을 떼지 않았다. 1936년 히틀러에게 호의적인 인터뷰를 진행하며 부역자의 길로 빠졌던 티타이나 정도만 제외하면 당시 여기자들 대부분은 좌파 성향을 보였는데, 앙드레 비올리도 사회주의자였고, 마들렌 자코브와 시몬 테리도 『뤼마니테L'Humanité』지의 기본 논조인 공산주의를 따랐다.

오늘날 신문이나 방송 기자로서 자진하여 현장에 파견된 여성 특파원들도 위험을 불사한 채 세계 도처에서 종군 기자로 활동 중이다. 이라크에서 현지 가이드와 함께 피랍된 플로랑스 오브나도 그중 한 명이었다. 다행히 두 사람 모두 무사히 풀려났지만 기자들은 때로 이렇게 목숨까지 걸고 위험을 감수한다.

여성들의 역사적 활약

여성들의 역사도 시간순으로 나눠볼 수는 있지만 그 내용이 될 만한 사건을 정하기란 쉽지 않다. 그러나 주류의 정치사와는 별개로 여성과 관련한 역사적 사건들도 엄연히 존재한다. 이는 특히 문화, 종교, 법률, 생물학, 기술 부문에서 두드러지며, 종교개혁이나 여성사의 주요 저작(크리스틴 드 피상의 『여성들의 도시』, 시몬 드 보부아르의 『제2의 성』 등), 재봉틀이나 타자기 같은 기술적 발견 등은 모두 여성사에 한 획을 그은 사건이었다. 그뿐만 아니라 자유로운 피임의 허용 또한 남녀 간의 관계를 완전히 뒤집어놓고 기존의 '위계질서'를 해체한 중요한 역사적 사건이었다. 그러나 이를 모두 다루자면 역사적 사건의 개념을 꽤 폭넓게 바라봐야 하고, 역사의 개념 자체도 확대해야 한다.

그런데 우리의 논의에서 중요한 것은 주류의 역사가 남녀 간의 성역할 변화에 어떠한 영향을 미쳤는가의 문제다. 남자든 여자든 한 시대를 관통하는 주요 사건이나 변화들은 모두 똑같이 경험한다. 물론 당시의 사회적 처지나 입장이 다른 만큼 이를 겪는 방식도 성별에 따라 다르고 때로는 상반되는 경우도 있지만, 그렇다고 경험이 한쪽 성별에만 국한되지는 않는다. 이에 여자들의 르네상스는 과연 어땠을까에 생각이 미쳤고, 연구 결과 여자들도 르네상스를 똑같이 겪었지만 그 양상이 남자들과는 사뭇 달랐음을 알게 됐다. 여성들의 경우 계몽주의보다는 외모의 중요성이 더 크게 작용했기 때문이다. 다만 르네상스를 통해 여성들에게도 배움의 기회가 확대되기는 했다. 종교개혁을 주장한 신교에서도 여성들의 교육을 긍정적으로 인식했고, 종교개혁을 반대하는 구교 쪽에서도 여성들의 교육을 도외시하지는 않았다. 그러나 신교와 구교 모두 마녀사냥에 열을 올리면서 이성적 판단이 흔들렸고, 근대사회로 이행하는 과정에서 희생양이 된 마녀들은 화형장에서 한 줌의 재로 사라졌다.

그럼 먼저 근대사의 주요 사건이었던 혁명과 전쟁, 즉 프랑스혁명과 제1차 세계대전을 중심으로 살펴보자. 이들 사건은 남녀의 역할을 어떻게 바꾸어놓았을까?

일단 프랑스혁명에서는 남녀의 희비가 엇갈렸는데, 여성이 인격적 주체로서의 개인이 아니라는 이유로 인권선언의 보편주의가 적용되지 않았기 때문이다. 그래도 (비록 참정권은 얻지 못했을지언정) 민법상의 권리는 주어졌다. 상속 및 혼인에 있어 남녀 모두가 평등한 권리를 부여받은 것이다. 여성들도 이제는 혼인에 대한 자유로운 의사 표현이 가능했고, 이혼으로써 혼인 계약을 파기할 수도 있었다. 그뿐만 아니라 혼인 계약에 의거해 재산을 운용할 권리도 있었다. 이는 대부분의 기존 관습과 분명히 선을 긋는 것으로, 특히 여성들에게 어떤 권리도 인정하지 않던 노르망디 지역의 관행도 이와 함께 폐지됐다. 그러자 노르망디 지방 칼바도스주에서는 피에르 리비에르 사건이 발생한다. "현재 여성들이 세상을 지배하고 있다"는 이유로 가족을 모두 죽인 것이다.[14] 이렇듯 대혁명은 국왕을 처단함과 동시에 아버지의 권리까지 박탈했다. 하지만 왕정복고 운동으로 이혼권이 폐지됐고, 조르주 상드가 "불공정한 개악"이라 칭했던 1804년 민법에서는 가부장제를 복원하여 남편과 아버지의 권력을 최고

치로 올려놓았다. 정신병자 피에르 리비에르는 어쩌면 미래를 예측하고 사건을 벌인 것일지도 모르겠다. 어쨌든 대혁명 때 (참정권을 비롯해) 정치 참여에서 배제된 여성들은 미성년자와 외국인, 빈민층, 정신이상자와 마찬가지로 모두 '소극적인 시민'이었다. (사람들의 지적 능력에 따른) 제한적 투표제를 주창하던 시에예스의 말처럼 "현재로선" 그랬다. 사실 '콩도르세의 역설'로 다수결의 맹점을 지적한 콩도르세 정도만 제외하면 여성의 참정권에 찬성하는 남자들은 별로 없었고, 이는 장차 페미니즘 운동의 근거가 된다.

실제로 혁명기 즈음부터 여성들 사이에서는 참정권에 대한 요구의 목소리가 높아졌다. 파리를 비롯한 도심 지역 여성들은 의회 연단에 서서 남성들을 향해 집요한 공세를 펼쳤다. 이들은 특히 도미니크 고디노가 이야기해주듯 뜨개질감을 들고 대혁명에 참여했던 '뜨개질하는 시민'답게 발언 중에도 손에서 뜨개질을 내려놓지 않았다. 스스로의 본분을 지키지 않았다고 수없이 지탄받은 올랭프 드 구주와 달리 '여자로서 할 일'을 결코 저버리지 않았음을 보여주려는 상징적인 행위였다. 물론 이런 여성들의 수가 많지는 않았다. 농민이나 소상공인, 가정주부 등의 대다수는 대혁명에 관심도 없고 심지어 별로 좋아하지도 않았다. '괜한 혁명' 때문에 평온했던 삶도 어수선해지고 (그토록 좋아해 마지않던) 종교활동에도 영향이 미쳤으니 말이다. 하지만 자코뱅파의 폐쇄적인 결사 조직에서 활동하던 소수의 진보적인 여성들은 그야말로 눈부신 활약을 보여준다. 그 가운데 가장 유명한 게 올랭프 드 구주였다. 배우 겸 작가로서 흑인 노예제에 반대하는 희곡까지 쓴 드 구주는 1791년 그 유명한 여성인권선언

〈여성 및 여성 시민의 권리에 대한 선언〉을 작성한 인물이다. 마리 앙투아네트에게 헌정되는 실수가 있긴 했으나 드 구주의 선언문은 1790년 여성의 공민권 인정에 대해 콩도르세가 쓴 글의 확장본이라 볼 수 있었다. "여성이여, 깨어나라! 이성의 벨 소리가 전 우주에 울려 퍼지니, 그대가 가진 권리를 인정하라!" 같은 표현이 사용되어 극적인 요소도 더 강했다. 또한 굉장히 진일보한 열일곱 개 조항으로 구성되어 있어 콩도르세의 글보다 더 구체적이었는데, 특히 "여성이 단두대에 올라갈 권리가 있다면 여성은 응당 연단에 설 권리도 가져야 한다"는 10조의 내용이 가장 많이 알려져 있다. 그러나 안타깝게도 2년 후인 1793년, 올랭프 드 구주는 결국 롤랑 부인과 함께 '단두대에 올라갈 권리'를 '실천'한다. 오늘날 뤽상부르 공원 근처 파리 6구의 세르반도니 거리에는 올랭프 드 구주를 기리는 현판이 남아 있다. 그 맞은편 즈음에는 콩도르세가 이 거리에서 죽기 얼마 전 남몰래 「인간 정신의 진보에 관한 역사적 개요」를 집필했다는 기록을 담은 게시판이 세워져 있다.

19세기에는 전반적인 사회 변혁 분위기에 따라 기존의 역학 구도에도 변화의 조짐이 일면서 양성평등을 주장하기에 유리한 풍토가 조성된다. 이에 1848년 혁명 또한 평등사회로 이행하기 위한 계기가 될 뻔했으나 실상은 그렇지 못했다. 외제니 니보예, 데지레 게이, 잔 드루앵 등 '1848년을 이끌어간 여성들'의 노력에도 불구하고 '보통선거'의 대상이 여전히 남성으로만 한정됐기 때문이다. 사회는 물론 정치 질서의 기본 단위인 가정을 대표하는 것은 오직 남자들밖에 될 수가 없었고, 프랑스 여성들은 1944년이 되어서야 비로소 참정권을 가진다. 그전까지는 참정권 확보를 위한 노력도 모두 부질없는 짓이었고, 여성 내부와 노동계 쪽에서도 이 문제에 무심했던 터라 여성의 정치 참여는 더더욱 사회적 논의에서 배제됐다. 1848년 혁명기에 그토록 활발했던 조르주 상드 역시 공화주의나 사회주의 동지들처럼 사회 문제를 더 우선시했고, 여성들의 투표권 문제는 시기상조라고 판단했다. 여성들이 여전히 예속 상태에서 벗어나지 못했기 때문이다.

전쟁 또한 남녀의 역할을 뒤집는 계기가 된다. 가령 제1차 세계대전의 경우, 워낙에 전쟁 기간도 길고 인적·물적 피해도 커서 남녀의 성 역할 변화에 상당한 영향을 미쳤다. 다만 이를 일차원적으로만 해석할 수는 없다. 사실 제1차 세계대전 초기만 해도 전통적인 관념에 따라 성 역할이 나뉘었다. 남자들은 전방에서 싸움을 하고, 여자들은 후방에서 이들을 지원하는 것이다. 따라서 여자들은 전쟁 중 남자들을 대체하고 치료하고 기다리고 애도했다. 하지만 이 과정에서 예전에 남자들이 했던 일까지 여자들이 도맡으며 능력을 발휘한다. 여자들은 직접 쟁기와 차, 전차 등을 운전했으며, 심지어 군수 공장에서 포탄까지 만들어냈다. 후방에서 예산을 관리하고 돈을 굴리던 여자들은 급료 또한 아쉽지 않게 받았다. 때에 따라서는 임금 인상 파업도 벌였는데, 1915년과 1917년 파리에서의 임금 인상 시위는 여성들의 자발적인 주도로 이루어진 것이었다. 여성들은 이곳저곳을 돌아다니며 담배도 피우고 자유로운 삶을 만끽했다. 남자들은 그런 여자들의 씀씀이를 지적하기도 했고, 과감한 옷차림을 한 여자들을 흘겨보며 불륜을 의심하기도 했다. 그동안 너무나 당연하게 여

겨지던 정조 관념은 완전히 사라졌고, 전쟁 중의 남녀관계가 새로운 이슈로 떠올랐다.[15]

전쟁이 끝난 후에는 기존 질서를 복원하려는 움직임이 나타난다. 민족주의 보수 성향의 '청회색 의회'[16]가 등장하는 등, 국가적 질서를 예전으로 되돌림은 물론 가정 내에서도 기존 질서로 회귀하려 한 것이다. 전장에서 돌아온 남자들은 예전의 특권을 회복하고자 했고, 그에 따라 여자들은 직장에서 자리를 내주어야 할 때가 많았다. 전쟁 중 서로 가치관이 달라진 부부들은 다시 함께 사는 것도 쉽지 않았는데, 전후 이혼율이 높아진 이유도 이로써 설명된다. 전후 세계는 그 이전과 완전히 달라졌으며, 1920년대에는 새 시대에 대한 열망과 함께 성 정체성의 위기가 나타났다. 이러한 변화가 당혹스러운 것은 여자보다는 남자 쪽이었다. 여자들의 경우 짧은 머리와 간소한 옷차림으로 당당하게 변화를 주도해나갔다. 남녀평등의 관점에서 보면 여자들은 확실히 전후의 시대적 변화에 따른 수혜자였으며, 전쟁은 '벨 에포크(제1차 세계대전 이전)' 시기에 태동한 변화의 양상을 더욱 가속화했다.

그러자 복고에 대한 의지가 뚜렷해진다. 바야흐로 모든 질서를 원래대로 돌려놓고 남녀의 성 역할을 예전처럼 바로잡아야 할 때였다. 1930년대 유럽 각국의 전체주의 정부(이탈리아 파쇼 정부, 독일 나치 정부, 스페인 프랑코 정부, 프랑스 비시 괴뢰 정부 등)에서는 모든 것을 종전 질서로 되돌림은 물론 남녀의 성 역할을 확실히 구분하고 성별 간의 위계질서를 복원하고자 했다. 전체주의 정부의 총통부터가 남자인 이유다. 그런데 이러한 남성우월주의는 역설적이게도 여자들의 환심을 기반으로 한다. 여자들은 총통에게 열광했으며, 언론 기사를 보면 히틀러를 옹호하는 대규모 집회에서 넋이 나간 채로 총통을 환호하는 여성들을 확인할 수 있었다.

그렇다면 여자들은 전후 질서 회복의 피해자일까 아니면 동조자일까? 이에 대한 역사적 논란은 많았는데, 특히 여성들 스스로가 성 역할을 어느 정도로 수용하고 따랐는지, 나아가 사회 주체로서 여성의 역할은 어땠는지에 대한 문제 제기가 주를 이루었다. 나치 전공 사학자 기젤라 보크의 경우, 일단 여성들을 피해자로 보는 입장이다.[17] 나치의 출산 정책에 동원됐을뿐더러 순혈주의를 위해 강제 불임 시술도 당했기 때문이다. 나치 치하에서 도구화된 여성의 몸은 국가의 절대적 명령에 완전히 복종할 수밖에 없었다. 클라우디아 쿤츠는 나치 여성 조직이 여성들에게 물질적·상징적 특권을 부여했다고 생각한다. '제3제국 조국의 어머니'들이 전후 질서 복구의 동조자라고 보는 시각이다. 초창기에 이 문제를 다룬 리타 탈만 역시 비슷한 생각이다.[18] 이들은 여성의 역사적 책임론에 방점을 두고 있으며, 여성을 역사의 주체로 인식한다면 틀린 말은 아니다. 탄압받는 존재라고 해서 무고하다고만 볼 수는 없다. 릴리안 캉델의 말처럼 "우리는 무고하게 태어나는 것이 아니라 무고한 사람으로 만들어지는 것"이니까.[19]

독일 점령기 비시 정부하의 프랑스에서도 유의미한 사례를 찾아볼 수 있다. 프랑스의 경우, 강도는 약하되 은근한 전체주의 분위기 속에서 전통적인 성 역할로의 회귀 조짐이 나타났다. '노동, 가정, 조국'을 좌우명으로 삼았던 페탱의 비시 정부는 일하는 여성을 경계하면서 강압적인 출산 장려책을 폈고, 1940년 가을에 포고한 법령에서는 (비록 법령 적용이 필요한 사례는 별로 없었지만) 기혼 여성을 공직에서 배제하여 가정으로 복귀시키기까지 했다. 낙태 역시 엄벌에 처하여 1943년에는 낙태로 사형 선고를 받아 실제 처형된 사례도 있었다.[20] 19세기 초로 완전히 돌아간 것이다. 또한 제도적 차원에서 '어머니'를 추켜세워 1920년대부터 어머니의 날이 제정된다. 여성 전문 교육 기관에서는 가사 교육과 육아 교육이 필수 교과로 지정됐고, 성모 마리아에 대한 숭배 사상도 나타났다. 불로뉴의 성모상[21]이 프랑스 각지를 돌아다니며 죄를 사하고 가톨릭 정신을 확산한 배경이다. 가톨릭 기반의 사립 교육도 권장되었고, 재속 성직자였던 수녀들은 다시 학교로 가서 수녀모를 쓰고 학생들을 훈육했다. 결혼이나 재혼도 크게 장려되었으며,[22] 패전 후 죄의식을 갖고 있던 여성들은 이러한 사회적 분위기에 휩쓸려 가정을 이루었다. 그러나 여성 내부에서는 전체적으로 이에 반대하는 분위기였다. 겉으로 내색은 안 해도 암묵적 거부의 분위기가 팽배했으며, 특히 젊은 여성들은 묵묵히 자기 갈 길을 갔다. 반정부활동을 벌인 여성들도 있었는데, 기밀 요원이나 운반책, 접대 및 중개 역할을 주로 했고 군사 행동이나 정치 활동에도 드물게나마 참여했다. 항독 투쟁 기간 동안 이 '어둠의 여전사'들이 벌인 활약은 훗날 뒤늦게나마 재평가되었다.[23]

이렇듯 주요 역사적 사건이 일어날 때마다 남녀의 성 역할에 대한 문제의식이 제기됐고, 기존의 인식이 뒤집혔다. 전체적으로는 평등을 추구하는 방향으로 나아갔는데, 여성들이 어떻게 했느냐에 따라 그 결과는 상이했다. 즉, 여성들의 요구와 단체활동에 따라 여성들의 사회적 지위도 달라진 것이다.

여성의 단체활동

여성이 대외활동을 하기란 쉽지 않다. 여성이 앞에서 나대거나 목소리만 높여도 비난이 일기 때문이다. 따라서 여성의 활동은 보통 사적 영역에만 한정되었으나, 그렇다고 공적 영역에서의 활동이 아주 없진 않았다. 심지어 그 방식도 굉장히 다양했다. 이에 대해 알아본 결과, 여성들의 대중활동은 보통 전통적인 성 역할과 관련되어 있었다. 식량 폭동이나 자선활동 등 기존 성 역할의 범주에서 크게 벗어나지 않는다면 여성의 대중활동에도 별 제약은 없었다. 문제는 여성이 남성과 똑같은 활동을 하려 할 때 생긴다. 민주 정치의 전성기였던 페리클레스 시대의 아테네든 크롬웰 시대의 런던이든 대혁명기의 파리든 정치권의 벽은 유독 견고했으며, 오랜 기간 정치권은 여성의 진입을 허용하지 않는 성역이었다.

그렇다면 여성이 나서도 크게 문제가 되지 않았던 식량 폭동부터 살펴보자. 식솔들의 먹을거리를 챙기는 것은 영원한 주부의 역할이었으므로 주부에게는 당연히 식량 문제를 신경 쓸 권리와 의무가 있었다. 주부들은 먹을 게 떨어지진 않았는지 수시로 살피며 곡물과 빵 가격의 추이를 지켜봤고, 다른 필수 식재료의 물가 변동도 예의주시했다. 이러한 주부들의 활약으로 18세기에는 '도덕 경제Moral Economy'의 개념이 대두된다. '도덕 경제'란 필수 식료품의 '공정 가격'을 우선하면서 해당 식료품의 모든 투기성 가격 인상을 반대하는 경제 개념이다. 20세기 초(1910년) 프랑스 북부 지역 주부들은 유럽 전역의 물가 상승으로 위기가 고조되자 버터 가격을 개당 10수sou

(약 1.5유로) 수준으로 유지할 것을 요구했고, 우유와 설탕 가격 인상에도 반대했다. 19세기에는 곡물이나 빵, 감자 같은 음식이 필수 식료품이었던 반면 그때와 생활 양식이 달라진 지금은 다른 음식들이 필수 식료품으로 자리잡았으므로 시간의 흐름에 따라 '장바구니' 안의 품목만 달라졌을 뿐 도덕 경제의 개념은 동일하게 적용된다.

식량 폭동은 이를 우려한 정부에서도 관련 기록을 많이 남겨두었고 학계에서도 연구가 많이 이뤄졌다.[24] 17세기에서 19세기 중엽 사이에는 식량 폭동이 꽤 빈번하게 일어났다. 시위에는 남녀 모두 가담했으나 점차 여성들의 역할이 커지면서 여성들이 소요 사태를 주도했다.[25] 철도가 깔리고 시장 규제가 이뤄진 뒤로는 사태가 차츰 완화되면서 여성들의 개입도 점점 줄어든다. 그렇다면 식량 폭동의 전개 양상은 어땠을까? 여성들은 일단 시장이나 방앗간, 거리와 도로로 몰려갔다. 밀 거래상, 제분업자, 제빵업자, 상인 등 식량을 손에쥔 사람들이 그 타깃이었다. 18세기에 매점매석과 투기로 악명이 높았던 이들은 사람들의 배를 굶겨 부당 이득을 취한다는 이유로 미움을 샀다. 18세기 말에 실시된 곡물 거래 자유권도 결과적으로는 소비자에게 유리했으나 시행 초기까지만 해도 이를 의심하는 눈이 많았다. 어쨌든 식량 기근이 생기거나 물가가 말도 안 되는 수준으로 올라가면 여성들이 나서서 경고의 목소리를 높이고 폭동을 일으키며 크게 반발했다. 상인들에게 달려가서 위협을 가하며 좌판을 뒤집어놓는가 하면 거리나 수로 근처로 몰려가 제품 운반을 방해하고 중간에서 화물을 탈취하기도 했다. 여성들은 시·도 당국, 나아가 정부가 나서서 빵이나 곡물 가격을 정해줄 것을 요구하는 경우가 많았다. 주부들이 직접 정치적 역할을 한 셈이다. 주부들의 활약은 대혁명 때 더욱 빛을 발했는데, 1789년 10월 5일에서 6일 사이 파리 중앙 시장에 모인 여성들은 남녀노소를 불문하고 제빵사란 제빵사는 다 그러모으기 위해 베르사유로 몰려갔다. 이들을 다시 파리로 데려와 빵을 안정적으로 수급받기 위해서였다. 여성들의 정치적 역할을 별로 인정하지 않는 역사가 쥘 미슐레도 혁명 당시 파리 지역 주부들에 대해서는 그들이 정당한 사회 감시 역할을 맡았다고 인정한다. 여성들은 자기 자식을 보호하듯 민중을 지켜냈고, 만인의 어머니로서 온 국민을 위해 움직였다.

먹고사는 문제에 관계된 만큼 식량 갈등은 다소 폭력적인 양상을 띨 때가 많았는데, 경우에 따라서는 극심한 폭동으로 번지며 사망자가 발생하기도 했다. 그에 따라 군대의 과격한 진압이 이뤄지기도 했고, 폭동 가담자에 대한 체포와 소송이 이뤄짐은 물론 사형 선고가 내려지기도 했다. 여성들도 예외는 아니었으나 그 자식을 생각하여 차마 과한 형량을 부과하지는 못하는 판사들도 있었다. 즉, 어머니였기에 살아남을 수 있었던 것이다. 그러나 여성들의 시위에 대한 인식은 좋지 않았다. 19세기에는 군중 심리가 곧 여성들의 속성이며, 군중은 여성들처럼 과민하고 신경질적인 양상을 띤다고 생각했다. 광부 아내들의 시위 장면을 묘사한 『제르미날』(에밀 졸라)에서도 마외드 부인을 선두로 식재료상 메그라에게 몰려가 그를 거세하는 여성들의 모습이 그려진다. 유례없을 정도의 잔혹한 장면이지만 이는 여성들이 보여주는 가공할 위력의 집단행동이 본질적으로 어떤 역할을 하는지 상징적으로 표현한 대목이기도 하다. 남자들의 무능

함을 그대로 보여주기 때문이다.

시장이 규제되면서부터는 여성들의 시위가 진압되고, 나아가 시위 자체가 사라진다. 이제 거리에서는 여성들이 눈에 띄지 않았으며, 19세기에는 바리케이드가 세워진 현장을 포함한 집회 자리에서 여성들을 보는 게 점점 더 힘들었다. 파리에서도 1848년보다는 1830년의 바리케이드 현장에 여성들이 더 많았으며, 1848년과 1914년 사이의 리옹 역시 시위의 주도 세력은 노동자와 남성들이었다. 이때부터는 여성이 집회 현장에 등장하더라도 눈에 띄는 상징적 역할을 맡을 때가 많았다. 노동절 때처럼 조직화된 노조 집회가 이뤄지는 가운데 여자들이 깃발을 들거나 왕관을 쓰고 등장하는 것이다. 가족 중심의 대중적인 시위임을 나타내는 '장식' 효과로서 여성을 앞세우는 경우도 있었는데, 여자가 말 그대로 집회의 '꽃'이 된 셈이다.

사실 노동자 파업의 경우, 주부들의 식량 폭동을 대체하진 못한다. 파업은 산업 근로자의 임금과 관련된 남성 특유의 시위 방식이고, 여성들의 시각에서 시도할 만한 방법은 아니었다. 파업에 참여하는 여성의 비중은 전체 노동자 가운데 여성들이 차지하는 비중보다 더 작았다. 그래도 남녀 모두가 함께하는 파업에는 여성들도 동참했으며, (광부 아내들의 경우처럼) 파업 현장에서의 역할도 지대했다. 참고로 광부들의 파업은 노동운동의 역사상 특히 완고했던 파업으로 유명한 1909년 마자메 지역의 양털 공장 파업이나 메뤼의 단추 제조 공장 파업처럼 기간이 꽤 길어질 때가 간혹 있는데, 특히 이럴 때 여성들이 함께 음식을 해서 식사 자리를 마련하면 노동자들의 집단의식을 고취하는 데에도 도움이 됐다. 여성들 단독으로 파업을 주도하는 경우는 드물었으며, 남성 노동자의 지지도 기대하기 힘들었다. 그래도 파업을 하는 경우에는 방어적인 성격이 강했는데, 주로 내부 규율이나 작업 시간에 관계된 내용으로 파업을 진행했다. 폭력적이기보다는 축제 양상을 보일 때가 많았고, 대부분은 파업의 목적을 달성하지 못한 채 실패했다. 물론 이러한 여성 노동운동의 양상에도 변화가 생기기는 했다. 여성 노동자가 늘면서 노사분규에 가담하는 여성들도 늘어난 것이다. 이는 특히 전쟁 기간 중에 두드러진다. 1917년에는 군수 공장 노동자와 여성 재봉사들이 파리 시내 거리에서 함께 가두 행진까지 벌였을 정도다. 좌파연합인민전선의 공장 점거 운동이나 1968년 5월 혁명 당시의 공장 점거 운동 때에도 여성들의 참여 비중은 굉장히 높았으며, 1970~1980년대에는 제조 공장이나 작은 기계 부품 공장에서 저임금 단순직 노동자의 수가 증가하면서 실질적으로 여성 노동운동이 크게 부상한다. 당시 여성들의 고용 비중이 높았던 르주앵이나 물리넥스 같은 공장에서는 아시아 쪽 제조업체들과의 경쟁이 워낙 심해 여성 노동자들이 격무에 시달리는 경우가 많았고, 그러다 공장 문이라도 닫히는 날엔 기약도 희망도 없는 노사 분규가 이어졌다.

　노조운동은 여성의 정치 참여를 위한 하나의 발판이 될 수도 있었으며[26] 대부분의 국가에서 노동쟁의권은 참정권에 선행했다. 프랑스만 하더라도 1884년 발데크루소 법에 따라 "직업이 있는 혹은 일을 하는 기혼 여성은 남편의 허락 없이 노조에 가입할 수 있으며, 집행부 활동에도 가담"할 수 있었다. 사실 당시 여성들은 일을 하는 것 자체부터 남편의 허락을 받아야 했다. 이러한 상황은 1938년(2월 18일 법)까지 지속됐지만, 그래도 1884년 법 개정에 따라 조금씩 변화의 조짐이 일면서 이후 변화의 물결이 차츰 더 확대된다. 1900년에는 여성들에게도 정부 산하 기구 노동최고위원회의 선거권과 피선거권이 부여됐고, 1907년에는 노사분쟁위원회의 선거권과 피선거권도 주어졌다. 늘 투표권에서 배제됐던 여성이 노조의 권리, 즉 오랫동안 명목상으로만 존재하던 시민으로서의 권리 일부를 어느 정도 인정받은 셈이다.

여성들은 서서히 노조활동에 발을 들였으나, 소수 근로자였던 여성들은 노조문화에 완전히 적응하지 못했으며 그 배우자들 또한 아내의 노조활동에 곱지 않은 시선을 보냈다. 노조원으로서 납입하는 갹출금도 마음에 들지 않았을뿐더러 쓸데없는 데 시간을 낭비한다고 봤기 때문이다. 여자들에게는 회의에 참석하는 것보다 더 '중요한' 일이 많았다. 초창기에는 직접 발언권도 얻지 못했는데, 프랑스 북부의 일부 노조에서는 여성 노조원이 발언하려면 남성 노조원 한 명에게 부탁해야만 발언권을 얻을 수 있었다. 영국의 상황은 이보다 더했다. 1830년대 차티스트 운동 때에는 여관이나 술집에서 회의가 열릴 경우 아예 여성들을 빼버렸다. 발언권도 빼앗기고 입지도 뒤로 밀려나자 여자들은 더 이상 노조활동의 전면에 등장하지 않는다. 노조운동과 노동자 운동은 그렇게 여성을 배제한 채 진행됐다.

프루동의 사상을 기반으로 직접행동주의 노선을 따르던 프랑스의 노조운동은 기본적으로 남성 중심주의적인 색채가 강했던 데다 여성의 노동 자체에 적대적이었다. (따라서 부득이한 경우에만 여성의 노동을 인정했다.) 1913년 '쿠리오' 사건은 여성의 노동계 진입에 대해, 그에 따른 노조활동 가담에 대해 회의적이었던 노동계의 분위기를 잘 보여준다. 사건의 장본인인 에마 쿠리오는 남편이 근무하던 리옹 인쇄소의 식자공으로, 당시로선 이 자체도 꽤나 이례적인 일이었다. 책을 만드는 일은 남자들만 할 수 있는 명예직이었기 때문이다. 그런데 에마는 한발 더 나아가 노조활동에 참여시켜달라고 요구한다. 요청은 당연히 기각됐고, 이후 노조에 들어가기 위한 에마의 지난한 싸움이 계속된다. 결국 프랑스 노동총동맹CGT 산하 전국도서연맹 차원에서 좀더 개방적인 방향으로 개입한 후에야 비로소 에마 쿠리오의 노조 가입이 허용됐다.

그런데 남녀 혼합 노조라는 사실은 조신한 여성들에게 오히려 진입 장벽으로 작용했다. 여성 노조운동이 여성 전문 직종에서 더 활발했던 이유다. 담배 재배나 꽃 장식, 깃털 세공 등 여성의 고용이 활발하던 분야에서는 여성 노동자의 요구 사항도 적극적으로 개진되고 여성 노조활동도 상대적으로 조직화가 잘 되어 있었다. 달변가로 유명했던 자코비(담배 재배업 종사)나 기품 있는 부바르 부인(플로리스트 겸 깃털세공사) 등은 연단 위에서의 공개 발언을 별로 꺼리지 않았을뿐더러 심지어 그런 대중 연설을 즐기기도 했다.

사실 여자들 입장에서는 남녀 혼합 노조보다 여성 단일 노조가 더 익숙했는데, 앞서 1870~1880년대에 이미 ('노동조합'보다 '협동조합' 성격이 더 강한) '여성상공회'가 조직됐었기 때문이다. 마리루이즈 로슈비야르의 여성 기독교 노조운동도 여기에 기원을 두고 있는데, 훗날 이 조직의 계보는 프랑스민주노동동맹CFDT의 전신인 프랑스기

독노동동맹CFTC로 이어진다. 이 조직이 출범 초기부터 여성 중심의 노조 문화가 강했던 이유다. (참고로 자네트 라오와 니콜 노타도 CFTC 출신이다.) 오늘날 프랑스의 3대 노조인 노동총동맹과 프랑스민주노동동맹, 노동자의힘FO은 남성 중심이냐 여성 중심이냐에 따라 크게 두 갈래로 나뉘며, 이 같은 구분은 지금까지도 여전히 유효하다. 마르그리트뒤랑과 세브린의 『라 프롱드』는 여성들의 노조운동과 파업을 지지했으나, 이 같은 '부르주아 페미니즘'의 지지로 인해 오히려 여성 노조의 활동에 대한 비판이 쏟아지기도 했다.

여성 노조는 한 번도 그 명맥이 끊긴 적이 없으며, 70년 후에는 여성 노조를 중심으로 '여성 문제'도 제기되기 시작한다. 여성해방운동에 참여하던 노동총동맹 내 여성 노조원들은 사회 내에, 그리고 노조 진영 내에 '여성 문제'가 존재한다고 지적했고, 노동총동맹의 여성 전용 월간지 『앙투아네트Antoinette』를 통해 이 같은 의견을 개진했다. 이들의 활동은 1977년 노동총동맹 총회 때 절정에 달했는데, 이후 그 주동자들(크리스티안 질, 샹탈 로주라 등)이 해임되고 이들이 운영하던 『앙투아네트』도 함께 좌초되었다. 여성 문제와 노조운동 사이에는 우선순위를 두고 늘 말이 많았다. 남녀관계는 노사관계보다 부차적인 문제이며 노사관계가 먼저 정상화된 다음에야 남녀관계를 논의할 수 있다는 식이었다. 자본의 지배가 곧 남자의 지배이며(따라서 자본의 지배 문제 해결이 선행되어야 하고), 여성 억압 문제보다는 프롤레타리아 계급에 대한 억압 문제를 먼저 해결해야 한다는 입장이다. 오늘날 프랑스의 소수 노조에서는 남녀 간의 성비 불균형이 뚜렷하게 나타난다. 남성의 노조 가입률은 11퍼센트인 데 반해 여성의 노조 가입률은 3.5퍼센트에 불과하기 때문이다. 전국 단위 조합으로 봐도 프랑스민주노동동맹의 여성 비율은 전체 인원의 42퍼센트, 연대단일민주노조와 노동총동맹은 각각 36퍼센트와 28퍼센트 수준이다.

이러한 제약에도 여성 노조는 여성들에게 있어 연대와 사교의 장이었으며, 세상으로 나아가고 본인의 책무를 다하는 하나의 통로였다. 특히 노조 총회 자리는 여성의 목소리를 내보내는 발판이었다. "900만 노예를 대표하는 노예" 위베르틴 오클레르 역시 그 유명한 1879년 마르세유 총회에서 남녀 모두의 완전한 권리 평등을 부르짖었고, 이에 좌중은 환호로 응답했다. 양차 대전 사이에는 여교사 노조도 발달했는데, 이들은 (당시로선 기소될 우려도 있었던) 산아 제한을 비롯한 여성들의 요구에 특히 관심을 기울이며 운동을 추진했다.[27]

그래도 여성들에게 더 적합했던 것은 노조보다는 일반적인 사회단체의 활동이었다. 여성들은 수많은 자선 단체 및 구호 단체에서 활동했다. 영국의 '런던선교협회'도 여성들의 활동을 기반으로 한 단체였고, 구세군 역시 이밴절린 부스 같은 여성을 앞세워 자선활동을 벌였다. 이외에도 환자, 가난한 이웃, 불우 아동, 노인, 죄수 등을 돕기 위한 수많은 사회단체가 있었으며(참고로 감옥으로 찾아가 자선활동을 벌인 인물로는 엘리자베스 프리 등이 있다), 이들 기관 모두 여성들의 에너지와 선의가 그 원동력이었다. 봉사활동을 통해 여성들은 사회에 이바지하는 한편 이름을 남길 수도 있었다. 노동계를 통해 대외활동의 포문이 열리면서 여성들은 사회봉사로까지 영역을 확대했고(그 가운데 일부는 르발루아페레의 마리잔 바소처럼 빈민촌으로 들어간 경우도 있었으며), 지역 내에서 세세한 요구사항들을 해결해주는 봉사활동은 여성들이 지자체에서 활동하는 발판이 됐다. 이는 좀더 큰 단위에서의 정치적 개입을 위한 기반이 됐고, 오늘날에도 여성들은 지역사회에서의 활동을 바탕으로 전국 및 유럽 단위로까지 활동 범위를 넓혀가고 있다.

정치권: 금단의 성역

어느 나라든지 여성들이 가장 넘기 힘든 벽은 바로 정치권의 굳건한 장벽이다. 정치는 의사 결정이 이뤄지는 중추로서 권력의 핵심이었던 만큼 그동안 남자들의 일이자 남성들의 전유물로 여겨져왔다. 고대 그리스에서도 여성은 외국인 및 노예와 마찬가지로 정치에서 배제되었는데, 그나마 나라의 존폐가 걸려 있는 위기 상황이 갑작스레 불거진 때에는 내국인 일반 여성들도 정치에 개입할 수 있었다. 하지만 이와 같은 '분란'은 끔찍한 재앙처럼 여겨졌다(니콜 로로[28]).

중세에도 상황은 전혀 달라지지 않는다. 주교들의 권력이 신성시된 중세사회는 여전히 '남성' 중심의 사회였다. 중세 시대 상류층은 가문의 이득을 위해 여성과 재물을 맞바꾸었고, 교회의 축복을 받은 정략결혼은 이를 위한 수단이었다.[29] 이례적으로 여성이 집권하고 여왕이 섭정을 하는 경우도 있긴 했다. 르네상스라는 예외적인 시기, (정신적 측면에서의 양성 평등을 추구하는 사상적 기반이 된) 신플라톤주의가 다시 부각되며 성 역할 논쟁의 불을 지폈기 때문이다. 당시 섭정으로 집권한 카트린 드 메디시스는 강인하면서도 남성 군

여성의 역사

주보다는 호전성이 덜했던 자신의 여성적 기질을 이용하여 지극히 남성적인 절대 왕정 체제의 강화에 힘썼다.[30]

남성 중심의 권력 질서란 측면에서 봤을 때 프랑스대혁명은 이전의 절대왕정 체제와 별반 다를 게 없었다. 여성의 왕위 계승을 반대하는 살리카 법전을 따르면서 고대의 논리를 갖다 대 여성의 정치 참여를 배제했기 때문이다. '소극적 시민'으로서의 여성은 인격과 재산을 보호받을 권리가 있었으나 보호를 '하는' 입장이 아닌 '받는' 입장이었다. 처벌에서도 대부분 면제됐는데, 법적 지위와 책임이 부여되지 않았기 때문이다. 이러한 피보호자 상황에서 벗어나려면 여성들 스스로가 자신을 책임질 수 있는 개인임을 입증해야 했다. 이런 면에서 민주주의는 보편성을 적용받을 잠재적 기회였다. 민주주의에서는 가족을 포함한 집단의 단위를 해체하고 각 개인을 주체로 내세우기 때문이다. 따라서 한 사람의 주체로서 인정을 받는 것, 그게 바로 여성들의 문제였다.

이를 해결하기 위해서는 일단 의식의 근대화가 이뤄져야 했다. 선진화된 관습은 물론 참정권 요구 같은 여성들의 주장도 필요했고, 전쟁 같은 급격한 사회 변화도 있어야 했다. 제1차 세계대전 후 다수의 국가에서 여성에게 투표권을 부여한 이유도 이로써 설명된다. 프랑스는 조금 늦은 편이어서 제2차 세계대전 직후에 비로소 여성도 투표권을 가질 수 있었다. 1944년 4월 21일 법령(제17조)이 나오고 나서야 알제 임시 국회가 이에 근거하여 "여성은 남성과 동일한 조건하에서 선거권과 피선거권을 가진다"고 공표했다. 하지만 마지막까지 여성의 참정권에 반대하는 사람들도 남아 있었다. 남편이 포로로 끌려가 집에 없다면 '제대로 된 방향'을 잡아줄 사람이 없어 여성들이 아무에게나 무작정 표를 던질 수도 있다는 것이다. 이들은 기독민주당 계열의 교회 선전에 넘어간 여성들이 우파에 표를 던질 것을 우려했다. 결국 프랑스 여성들은 1945년에서야 처음으로 투표권을 가졌다. 여성들은 실제로도 남성 유권자보다 우파 성향이 조금 더 강했으나 남녀의 정치 성향은 차츰 비슷해져갔다. 훗날 좌파연합 인민전선의 강력한 지지 기반이 된 것은 다름 아닌 여성들이었다.

그렇다면 왜 프랑스만 '유독' 여성의 정치 참여가 더뎠을까?[31] 이유는 여러 가지다. 우선 여성의 왕권 계승을 배제하는 '살리카 법'의 오랜 전통으로 프랑스에서는 '왕비'만 있었을 뿐 '여왕'이 존재하지 않았다(파니 코장데의 연구 참고).[32] 그러나 다른 유럽 국가들의 상황은 달랐다. 영국의 엘리자베스 1세, 러시아의 예카테리나 2세, 스웨덴의 크리스티나 여왕, 오스트리아의 마리아 테레지아 황제는 모두 어엿한 여성 군주의 위용을 뽐냈다. (참고로 마리아 테레지아 황제는 마리 앙투아네트의 어머니로, 딸의 프랑스 궁정 생활에 관여하며 정숙한 태도를 유지하라고 충고하기도 했다.)[33] 게다가 궁중 예법 및 연애 문화가 유독 발달한 프랑스는 이를 기반으로 남녀관계가 형성되어 여성은 보통 권력 다툼에 끼어들 계제가 없었다. 즉, 여자는 연애의 상대였지 싸움의 대상이 아니었던 것이다. 그렇다면 노동계에서는 왜 1848년 그토록 참정권을 외치던 여성들을 '외면'했던 것일까? 정치 사학자 안 베르쥐는 가족 전체론적 관점에서 그 이유를 찾는다. 가족이 사회의 기초 단위인 만큼 (가장으로 대표되는) 가족 전체의 의견이 중요하지, 각 개인의 의견이 중요한 건 아니라는 시각이 오래도록 지속됐기 때문에 그만큼 프랑스에서는 보통선거가 늦게 정착되었다는 것이다.[34] 그뿐만 아니라 교회에 대한 우려의 시각도 한몫했다. 교회가 여성들에게 영향력을 행사함으로써 이들을 매개로 암암리에 정권을 잡을지도 모른다는 우려였다. 고해실의 막후 정치를 우려한 쥘 미슐레도 같은 생각이었고, 나중에 급진파 역시 같은 정치 인식을 공유한다.

게다가 프랑스에서 공화정이 수립된 과정도 적지 않은 영향을 미쳤다. 국왕의 목숨과 맞바꾸어 획득한 '성스러운 시민권'은 (그 과정이 과격했던 만큼) 남성적이며 교의적인 속성이 있었고, 연약하고 가벼운 여성적 특징과는 다소 거리가 있었다. 아울러 시민권 개념의 보편성과 개인성도 여자들 입장에서는 꽤 복잡한 문제였다. 여성은 태생적으로나 그 역할로나 주체적인 개인으로 인정받지 못했기 때문이다. 따라서 여성에게 참정권을 주지 않기 위한 논거는 무궁무진했으며 40년 전부터, 특히 대혁명 200주년 즈음부터 이와 관련한 논란이 지속되면서 '보편주의'의 성격에 관한 고민에 다시 불을 지폈다.

이러한 역사적 배경 때문에 프랑스에서는 정치가 남자들의 손으로 얻어낸 남자들의 일이라는 인식이 강하다. 프랑수아 기조를 비롯한 민주주의 개척자들도 여성들의 살롱 문화와 정치를 분리하려 했다. 마리 앙투아네트의 선례를 들면서 여자들의 입방아와 정치를 따로 떼어놓으려 한 것이다. 여자로서 정치에 관여한다는 것, 나아가 여자로서 '정치인'이 된다는 것은 여성스럽지 못한 행동이었으며, 여자로서의 매력을 부정하고 그 의무까지 저버리는 행위였다.

그러므로 여자가 정부의 일원이 되는 것은 물론 정계에 발을 들이는 것 자체가 반대하고 막아서야 할 일이었다. 2001년 (정치권에서의) 남녀동수법이 표결되고 난 후에도 프랑스 국회에서 여성의 비중이 12퍼센트에 불과했던 이유다. 상원에서는 그 비중이 약간 더 높지만 중앙 정부에서 일하는 여성의 수는 더 적은 편이고, 여성의 정치활동이 두드러지는 것은 지방 당국 쪽이다. 그래도 프랑스에서는 여성 대통령에 대한 인식이 나쁘지 않은 편이라 여성이 대통령으로 당선되는 것에 대해 대부분의 프랑스인은 호의적인 인식을 갖고 있다.

정치권에서의 남녀 동수에 관한 논의를 처음으로 제기한 만큼 유럽은 그간의 다양하고 풍부한 경험을 발판으로 오늘날의 상황 개선에 좀더 이바지해야 할 듯하다.

페미니즘

페미니즘에 대한 평은 대부분 부정적이다. 대다수의 여성은 스스로가 페미니즘 운동의 수혜자임을 모르지 않음에도 페미니즘과 은근한 거리를 두며 "내가 딱히 페미니스트는 아니지만…"이란 식으로 말한다. 페미니즘 운동은 다양한 분야에서 여러 차례 일어났지만, 조직적인 운동이 아니었던 만큼 그 역사에 대한 사료도 기록도 별로 없다. 다만 최근 30년간 연구가 많이 이뤄진 덕분에 페미니즘 운동의 선구자도 규명되고 이들의 운동 과정과 목표도 알 수 있게 됐다.

관련 문헌도 꽤 많아서『페미니즘의 시대Le Siècle des féminismes』혹은 사회학자 겸 역사학자 크리스틴 포레의『여성 정치 및 역사 대백과Encyclopédie politique et historique des femmes』[35] 같은 총체적인 분석 자료도 찾아볼 수 있다. 이로 미루어볼 때 오늘날의 페미니즘은 기록에서 역사의 단계로, 나아가 (서구권에서만큼은) 비교사의 단계로 넘어갔다고도 볼 수 있다.

일단 용어부터 먼저 짚어보자. '페미니즘Féminisme'이란 말은 어떻게 생겨난 걸까? 이 용어의 기원이 명확히 밝혀지진 않았다. '사회주의socialisme'라는 말을 만들어낸 피에르 르루가 그 시초라고 보는 견해도 있고, 1872년 알렉상드르 뒤마 피스가 이 표현을 쓴 걸 그 시작으로 보는 사람들도 있다. 하지만 뒤마는 상당히 부정적인 뉘앙스로 이 단어를 썼다. 아내가 간통하여 체면을 구긴 남편들이 복수를 하기는커녕 오히려 아내 편만 드는 '유약한' 세태에 대해 '페미니즘'이라 일컬었기 때문이다. 말하자면 약해빠진 남자들을 가리키는 말이라는 것이다. 그러나 1880년의 위베르틴 오클레르는 달랐다. 프랑스에서 여성의 참정권을 요구했던 그는 스스로를 당당히 '페미니스트'라 일컬었다. 19세기 말에는 '페미니즘' 혹은 '페미니스트'라는 말이 유행처럼 번졌으나, 그렇다고 이 단어들이 '여권운동'이나 (영미권에서 선호하는) '여성운동'이란 말을 대체하진 못했다. 1975년까지도 영국의 역사학자 샤일라 로보덤은 어린 시절 자신이 본 페미니스트에 대해 "트위드 정장을 입고 뿔테 안경을 쓰고 머리는 하나로 질끈 동여매 틀어 올린 희한한 모습의 사람들"이라며 "굉장히 중성적인 느낌"이었다고 회고했다.[36] 여성해방운동가 앙투아네트 푸크 역시 같은 맥락에서 "나는 여성운동이 페미니즘 운동이 되지 않도록 노력했다"고 말한다. "어쩌면 내가 틀릴 수도 있겠지만 '페미니즘'이란 단어 대신 '여성'이란 단어를 사용해야 최대한 많은 사람에게 우리의 목소리를 전달할 수 있을 것 같았기 때문"이다.[37] 맞는 말이다. 하지만 그만큼 편견의 힘이 대단하다는 뜻이기도 한다.

그렇다면 '페미니즘'이란 말은 무엇을 뜻하는 걸까? '페미니즘'의 넓은 의미에서 봤을 때, '페미니스트'란 양성평등을 주장하고 이를 위해 싸우는 사람을 일컫는다. 따라서 15세기 말 『여성들의 도시』를 쓴 크리스틴 드 피상이나 17세기의 메리 아스텔 같은 인물들도 초대 페미니스트라 볼 수 있다.[38] 개별적인 차원의 활동이었을지언정 양성평등에 대한 본인의 의견을 표명했기 때문이다. 그러나 18세기 말부터는 좀더 조직적인 차원에서 페미니즘 사상과 운동이 전개된다. 특히 페미니즘의 기틀을 닦은 세 개의 글이 동시에 등장했다. 1790년에는 콩도르세의 글 「여성의 공민권 인정에 관한 시론De l'admission des femmes au droit de cité」이, 1791년에는 올랭프 드 구주의 「여성인권선언」이 발표됐고, 1792년에는 메리 울스턴크래프트가 쓴 「여성의 권리 옹호A Vindication of the Rights of Woman」가 세상을 떠들썩하게 했다. 그야말로 새로운 전환점이 도래한 것이다. 이들은 계몽 혁명이나 특히 프랑스대혁명 같은 대대적인 지각 변동이 일어나는 변혁의 틈을 타 과격하지 않게 자연스러운 변화의 흐름을 따라 반복적으로 대중들 사이에 파고들었다. 이에 평등에 대한 여성들의 요구는 기다렸다는 듯이 한꺼번에 쏟아져 나왔다. 요컨대 균열의 빈틈을 살피다 화산처럼 분출한 것이다.

페미니즘 운동의 전개 양상을 보면, 일단 페미니즘 운동은 지속적으로 이어지지 못하고 그때그때 간헐적으로 활성화됐다. 중앙에서 운동을 이끌어가며 재정을 보조해줄 만한 안정적인 조직이 없었기 때문이다. 정치화하려는 몇 번의 시도에도 결국 정당을 구성하기보다는 단순 운동 수준에 머무른 페미니즘은 고정적으로 활동하는 인물이나 집단을 주축으로 하지 못한 채 취약한 몇몇 단체만을 기반으로 움직였다. 중앙 본부가 소재한 물리적 공간이 없다는 점도 상황을 어렵게 만들었다. 1848년 참정권을 위해 투쟁한 여성들은 장소가 마땅치 않아 '의자가 많고 널찍한 방이 있는' 사람 집에 모여 집회를 열었다. 그래도 시간이 흐르면서 조직력이 조금씩 탄탄해지긴 했으며, 20세기에는 참정권 수호 단체도 늘고 고학력 출신 여성들의 지지도 있었을 뿐 아니라 연합 조직도 많아졌다. 1888년 워싱턴에서 여성의 참정권을 지지하는 국제여성연합ICW이 창설된 뒤에는 전 세계에서 산하 조직이 생겨났고, 프랑스에서도 1901년 프랑스여성연합CNFF이 설립된 후 1914년 28개의 국내 위원회가 결성됐다. 국제여성연합은 전체 총회를 조직해 여성들에게 발언권을 주는 한편 원정 집회와 국제 교류도 주도했다. 헨리 제임스의 소설 『보스턴 여인들The Bostonians』에는 이 한 많은 초창기 연사들의 모습이 잘 드러나 있다.

　페미니즘 운동의 양상은 굉장히 다양하다. 펜도 하나의 무기였는데, 영국인들이 특히 좋아하던 청원서 역시 펜을 이용한 방법이었다. 조르주 상드도 시민권이 없는 여성들에게 청원이라는 방식을 추천했다. 이에 여성들은 낙태에 관한 권리나 남녀동수법에 대한 자신들의 주장을 글로 작성하여 선언문 형식으로 발표했고, 이를 책으로 발행하는 경우도 있었으나 보통은 신문에 게재됐다(『르 누벨 옵세르바퇴르Le Nouvel Observateur』에 실린 낙태 허용 선언문은 당대의 큰 이슈였다). 신문은 1830년과 1848년 혁명 때도 여성들의 동지가 되어주었는데, 라이프치히의 루이즈 오토가 간행한 『프라우엔자이퉁Frauenzeitung』도 "자유의 왕국을 위해 여성 시민들만을 채용한다"는 기조를 내세웠다. 1868년 안나 마리아 모초니의 『라 도나La Donna』역시 유럽인, 나아가 세계인의 잡지를 자청했으며, 칼리로이 파렌의 『아테네 여성 신문Journal des dames d'Athènes』도 마찬가지였다.[39] 특히 마르그리트뒤랑의 그 유명한 『라 프롱드』는 여성이 주도적으로 기사를 작성 및 편집했고, 행정 역시 여성들이 도맡았다. 원래는 월간지로 발행되었으나 중간에 잠시 일간지로도 발행되고 다른 매체에 인용까지 되는 등 어엿한 종합 정보지로 발돋움했다. 이매체는 저명인사의 글로 유명세를 타기도 했는데, 이따금씩 콜레트의 글도 실렸고, 프랑스 북서부 렌에서 열린 드레퓌스 재심을 '커버기사'로 작성한 세브린 같은 재능 있는 전문 기자들의 글도 게재됐다. 이 신문은 드레퓌스 부부에 대한 지지 입장을 분명히 표했다. 드레퓌스의 아내 뤼시는 신중하고도 강단 있는 반려자로, 저서 『서신Correspondance』을 보면 그의 담대한 용기를 엿볼 수 있다.[40] 사실상 거의 날조에 가까웠던 드레퓌스 사건은 페미니스트들이 남성 중심의 사고에 대항하는 새로운 범주의 공적 주체로서 '지식인'의 반열에 오른 계기로 작용했다.[41]

집회 또한 페미니즘 운동에 사용된 방식이었다. 가장 유명했던 집회는 조지핀 버틀러의 성매매 반대 운동이었다.『폴 몰 가제트^{Pall} Mall Gazette』지의 충격적인 폭로로 버틀러의 지지자가 늘어나는 가운데, 1885년 8월의 어느 토요일 저녁, 런던의 하이드파크에는 백장미 꽃다발을 손에 든 사람들 25만 명이 운집했다. 이들은 부도덕한 성매매 행위를 비난하고 순결을 내세우며 "여성에게 투표권을, 남성에게 순결성을!"이라는 구호를 외쳤다. 다만 순결주의에 대한 생각은 페미니즘 내부에서도 의견이 엇갈렸다.

페미니스트들은 그동안 금단의 구역이었던 거리까지 장악하고 나섰다. 물론 "얼굴이 화끈거린다"던 어느 참가자의 말처럼 가두시위 자체가 당시 여성들로서는 선뜻 나서기 힘든 일이었다. 그래도 여성들은 질서정연하게 행진했고, 당시의 모습은 사진 자료나 캐리커쳐 자료로도 남아 있다. 보스턴, 런던, 파리 할 것 없이 여성들은 단정한 옷차림과 헤어스타일로 시가행진을 벌였으며, 각종 슬로건이 쓰인 깃발이나 플래카드를 내거는 한편 자신들의 요구 사항이 적힌 수건 등을 스카프처럼 목에 둘렀다. 양차 대전 사이 여성의 참정권에 대한 반대 여론이 있을 때에는 한 자리에 모이기보다 여러 곳을 돌아다니는 방식의 운동이 선호됐고, 여성들은 시장 등지를 돌아다니며 '프랑스 여성들은 투표를 원한다'는 내용의 유인물을 배포했다. 1970년대 초반에는 여성해방운동이 확산되며 베를린, 파리 할 것 없이 서구권 국가의 수많은 여성이 거리로 쏟아져 나왔다. 심지어 도쿄에서도 비슷한 움직임이 일었다. 이제 여성들은 다수의 '군중'으로서 활동했으며, 가두시위나 사회운동에 대한 여성들의 우려와 불안도 점차 줄어갔다.

여성들의 집회가 폭력 시위로 변질되는 경우는 거의 없었다. 여성 주간지 『라 시투아옌』의 발행인 위베르틴 오클레르는 결혼식이 있을 때마다 본인의 트레이드마크인 모자를 쓰고 시청 혼인 서약식 자리에 나타나 남편에 대한 여성의 복종을 요구하는 민법 조항에 항의하는 1인 시위를 묵묵히 진행했다. 마들렌 펠티에는 이보다 조금 더 과격했다. (사람은 크게 다치지 않는) 감자로 유리창을 깬 것이다. 양차 대전 사이에는 영민한 여기자 루이즈 바이스의 선동하에 상원 앞에서 연좌시위도 열렸는데, 상원이 좀처럼 뜻을 굽히지 않자 시위대는 서로의 맞잡은 손을 끊어버리는 상징적인 방식으로 시위를 이어갔다. 반면 이보다 더 '호전적'이었던 영국 참정권주의자들은 한층 과격한 방식의 시위를 선보였다. (비록 피해는 없었지만) 폭탄을 투척했다 체포된 경우도 있었고, 단식 투쟁을 벌인 이들도 있었다. 왕이 탄 말의 머리를 들이받아 미친 여자라는 욕을 들은 에밀리 데이비슨도 빼놓을 수 없다. 다만 이 정도가 페미니즘 운동에서 가장 과격한 양상이었고, 대개는 문화제 형식의 집회나 언어적 조롱 등의 방식을 더 선호했다. 따라서 집회 현장에 나가더라도 여성들은 기껏해야 노래를 부르거나 대걸레를 휘두르고 '불타는 행주' 같은 슬로건을 내걸며 깃발을 태우는 게 전부였다. 하지만 여자들이 권리를 주장하기 위해 길거리에 나섰다는 사실 하나만으로도 사회는 마치 이들이 사회전복적인 음모를 가진 것으로 치부할 때가 많았고, 여성들이 조금만 과격한 양상을 보여도 굉장히 폭력적인 것처럼 인식했다.

페미니즘 운동은 특정 인물이나 활동가를 중심으로도 전개됐는데, 한 사람 한 사람의 비중이 컸던 만큼 이들 모두를 엮어 편람으로 만들어도 될 정도다. 페미니즘 초반에 각자 따로따로 활동을 벌이던 여성 활동가들은 대부분 메리 울스턴크래프트, (블루스타킹소사이어티의 대표 주자) 레이디 몬터규, 조르주 상드, 플로라 트리스탕처럼 부유층이나 상류층 출신이었다. 이후 얼마간은 (여직공을 중심으로) 노동자 사이에서도 페미니즘이 확대되었으나, 페미니즘이 곧 부르주아적인 것으로 통했던 터라 노동계에서는 페미니즘 자체를 꺼리게 된다. 이에 따라 페미니즘은 결국 중산층 지식인들, 특히 신교 쪽 교사나 변호사(마리아 베론, 이본 네테르, 지젤 알리미), 의사(마들렌 펠티에), 기자, 작가 정도에만 한정됐고, 1970~1980년대 여성운동이 확산되고 난 후에야 비로소 서민층 지지 기반이 늘어났다. 페미니즘이 여성들의 양육권 주장에 힘을 실어준 덕분이었다.

그뿐만 아니라 페미니즘 운동은 자유주의나 사회주의 등 다른 사상과의 동맹을 통해 전개되기도 했다. 자유주의는 페미니즘이 결국 자유의 연장선상에 있다고 보았으며, 이제는 하나의 고전이 된 『여성의 종속』(1869)의 저자 존 스튜어트 밀도 페미니즘을 자유의 관점에서 바라봤다. 19세기 초반에는 사회주의와의 사상적 동맹도 이뤄졌는데, 생시몽, 푸리에, 로버트 오언, 피에르 르루 등은 노동자와 마찬가지로 억압 받는 존재인 여성이 프롤레타리아 계급과 하나로 뭉치길 바랐다. 하지만 이후 상황이 좀 복잡해졌다. 이론상으로는 성별 투쟁보다 계급투쟁이 더 우선했기 때문이다. 게다가 권력의 집행역시 정당, 특히 남성 중심의 프롤레타리아 계급 독재에 기반을 둔 만큼 여성해방 문제는 계급투쟁 문제와 동등한 위치에 놓일 수가 없었다. 따라서 여성 공산주의자들은 과격한 투사가 되던가 아니면 참한 주부가 되던가 둘 중 하나밖에는 선택지가 없었다.

페미니즘 지도자는 구교보다 신교 쪽에서 더 많이 나왔다. 신교가 여성들의 신비주의 성향을 경계하면서도 생각의 자유 자체에는 관대했기 때문이다. 프랑스 최초의 여성 프리메이슨단 지부를 설립한 마리아 드레즘도 그중 한 명으로, 그가 이끈 프리메이슨단은 (비록 어려움이 없진 않았지만) 피임을 합법화한 뇌비르트 법과 낙태를 합법화한 베유 법이 채택되는 데에 주효한 역할을 했다. 하지만 페미니즘 진영은 미국과 영국에서 활발했던 신맬서스주의로 인해 분열되는 양상을 보이기도 했다. 영국의 애니 베전트와 프랑스의 넬리 루셀, 마들렌 펠티에, 가브리엘 프티는 산아제한에 찬성했지만 대다수는 성의 문제에 대한 논의 자체를 꺼렸다.

가톨릭계 페미니즘도 있었는데, 이는 기독교 노조운동의 기반이 된다. 한때 시몬 드 보부아르의 모델이었던 레옹틴 산타 그리고 세실 드 코를리외의 사상 또한 가톨릭 페미니즘에서 출발했다. 에마뉘엘 무니에의 『에스프리Esprit』지는 1936년 "여자도 사람이다"라는 제호로 눈길을 끌었으며, 1949년에는 『제2의 성』에 관한 호의적인 분석 기사도 내보낸다. 그러나 가톨릭의 교리는 태생적으로 페미니즘과 양립할 수 없다. 독신인 주교 중심의 권력 체계도 그렇고, 여성의 지위나 피임에 대한 기본 인식도 페미니즘의 주장과는 거리가 멀다.

페미니즘은 대체로 현대사회 및 민주주의와 동반 성장했는데, 그 안에서도 주기적인 흐름은 있었다. 가령 19세기의 페미니즘은 남녀 간의 차이보다는 평등에 더 주안점을 둔다. 17세기 데카르트주의자들이 처음으로 제기한 평등이란 개념은 초반엔 다소 생소했으나 시간의 흐름에 따라 반복적으로 조금씩 다듬어져간다. 그런데 남녀평등 대신 남녀 간의 차이에만 주목하면 여성은 자연히 열등한 롤모델 속에 갇힐 수밖에 없다. 게다가 나라마다 성 역할도 다르고 정치적 토양 또한 제각각이다. 사회적 성 역할은 특히 영미권 국가에서 발달했는데, 스웨덴의 엘렌 케이로 대표되던 '육아우선주의'의 영향이 컸다. 엘렌 케이의 사상은 독일에서 특히 큰 반향을 보였으며, 마들렌 베르네 같은 프랑스 평화주의자들에게도 영향을 미쳤다.

그러다 20세기 후반이 되면 특히 1970년대 이후부터 본격적으로 여성의 '해방', 나아가 차이 안에서의 평등을 추구하는 페미니즘 운동이 전개된다. 여성들은 자신의 몸과 성별에 대해, 여자들의 성욕과 우정, 사랑에 대해, 그리고 여성 간의 연대와 동성애에 대해 새롭게 인식한다. 이에 따라 여성 동성애도 독립적으로 인정되었으며, 사회적 성별에 대한 새로운 인식이 자리잡힌다.

앞서 각 장의 내용을 통해 우리는 페미니즘의 주된 요구 사항들을 짚어보았다. 나라별로 시대별로 차이는 있었지만 어쨌든 여성의 역사는 이러한 요구 사항을 중심으로 흘러갔다. 여성이 주장한 권리 가운데 가장 오랫동안, 그리고 가장 지속적으로, 포괄적으로 요구되어온 것은 다름 아닌 지식에 대한 접근권이었다. 여성들은 학교 교육 차원에서의 공부뿐 아니라 전반적인 학습 자체에 대한 접근권을 요구했다. 여성해방과 여권신장은 물론 일을 하고 창작 및 여가활동을 즐기는 것도 모두 앎에 대한 접근권이 전제되어야 가능했기 때문이다. 그런데 여성이 지식을 접할 수 있으려면 먼저 글자를 읽고 쓸 줄 알아야 했고, 학교 교육도 받을 수 있어야 했다. 이 과정에 있어서는 나라별로 상이한 차이가 나타났다. 프랑스에서는 (쥘리 도비에에게 대학 입학 자격을 내주었듯) 공학 체계를 마련하여 여성의 교육 기관 진입에 문을 열어준 반면 남녀 구분이 확실했던 영미권은 (페미니스트들의 노력으로) 별도의 여성 전문 교육 기관이 발달한다. 그중 하나가 최초의 여성 고등교육 기관인 거턴칼리지로, 영국 여성 교육의 선구자 에밀리 데이비스는 친구들과 합심해 히친에 먼저 학교를 세운 뒤 이어 케임브리지 인근 거턴으로 학교를 옮겨 오늘날의 거턴칼리지를 설립한다. 당시만 해도 명문 케임브리지대학은 여성의 입학을 허용하지 않았고, 1948년이 되어야 비로소 조심스레 여학생을 받아들이기 시작했다.[42]

함부르크의 말비다 폰 마이젠부크도 1848~1850년 사이 베긴 수도원 같은 양상의 여성 단과 대학을 개설한다. 독일의 페미니즘은 특히 여성의 교육에 중점을 두었는데, 다만 독일의 여성 교육 기관은 웰즐리칼리지를 비롯한 미국 쪽 여성 전문학교와는 그 규모 면에서 비교가 되지 않았다. 미국의 여대들은 오늘날에도 힐러리 클린턴을 비롯한 다수의 여성 명사를 배출해내고 있다.

일하고 임금을 받고 직업을 갖는 노동권은 경제적·법률적·상징적 차원에서의 의미를 지닌다. 물론 사회 계층에 따라 노동권의 수요는 달라졌다. 가령 서민층 같은 경우 (비록 여성의 수입이 그리 많지 않을지라도) 여자가 벌어오는 돈이 필요했다. 반면 여성의 취미 생활이 부유층의 상징으로 여겨지던 중산층 계급에서는 아내가 취미 생활을 향유해야만 남편이 돈 많고 성공한 사람임을 입증할 수 있었다. 따라서 대혁명 이전 구체제하에서는 "아무 일도 하지 않아야 귀족처럼 사는 것"이라는 말도 있었다. 자본주의하에서는 상황이 좀 달라졌지만, 그래도 여성들은 아직 궁 안에서의 유유자적한 삶에 대한 향수를 갖고 있었고, 기존의 사교계 삶을 유지하고 있는지 여부가 여성의 생활 수준을 구분하는 요소였다. 여성이 일을 하는 게 떳떳하지 못했던 이유다. 노동은 힘든 고역으로만 치부됐고, 여자가 일을 하는 것은 곧 집안이 넉넉하지 못하기 때문이었다. 따라서 이는 사회적으로 당당히 내세울 상황이 되지 못했다. 중상류층 여성들은 일을 하고 있다는 사실을 들키지 않아야 했으며, 그나마도 여성이 하기에 적합한 서비스직 정도에서만 일할 수 있었다.

그다음으로 여성들이 요구했던 권리는 공민권이다. 법으로써 굳게 자물쇠가 채워져 있던 공민권의 성역은 프랑스보다 영국이 더 견고했다. 영국의 보통법Common Law에서는 기혼 여성을 완전히 남편의 그늘 안에 두었고, 아내의 수입을 포함한 모든 재산에 대한 절대적인 운용권도 남편에게 있었다. 이런 부분은 프랑스의 나폴레옹 법전(1804) 역시 마찬가지였다. 그리고 유럽의 이 '고약한 민법' 체계는 유럽을 넘어 전 세계로 확산된다. 영국이든 프랑스든 여성들은 자기 재산의 운용권을 손에 쥐기 위해 힘들게 싸워야 했으며, 자유롭게 일을 하거나 이혼을 하는 데에도 투쟁이 필요했다. 조직 내에서의 평등을 누리는 것도, 부모로서의 대등한 지위를 인정받는 것도, 여자들에겐 거저 주어지지 않았다. 주거지 선택의 권리를 위해서도 싸워야 했던 여성들은 오늘날 결혼 후에도 기존의 성씨를 유지하기 위한 투쟁을 이어가고 있다. 이 사회의 시민으로서 당연히 누려야 할 권리임에도 여성들은 그 하나하나를 얻기까지 매번 지난한 법적 싸움을 지속해야 했다.

이러한 공민권 투쟁의 사례에서 승리로 귀결된 최초의 싸움은 캐럴라인 노턴과 바버라 리 스미스 보디천의 투쟁이었다. 남편에게 자기 작품의 저작권을 빼앗겼던 노턴을 비롯한 두 사람의 싸움은 기혼 여성의 경제적 독립이라는 성과를 얻어냈다. 둘은 여성 노동자를 포함한 지지자들 다수의 서명을 받아낸 뒤 이를 바탕으로 의회에 압박을 가했으며, 1857년 '기혼여성재산법'의 제정으로 첫 번째 쾌거를 거둔다. 10년 후 이 법은 이혼권을 인정하는 '이혼법'(1867)의 제정으로 추가 보완된다. 프랑스에서는 제3공화국하인 1884년 나케 법을 통해 이혼권이 성립됐고, 재산 운용 관련 법이 바뀌기까지는 수년의 시간이 더 필요했다. 가톨릭 국가에서는 민법상의 권리를 인정받기가 특히 더 어려웠다. 교리상 결혼이 신성시되는 데다 교회 밖에서도 가부장적인 가족 개념이 지배적이기 때문이다. 하지만 여성 개개인의 지위가 신장되기 위해서는 평등한 공민권의 부여가 반드시 전제되어야 한다. 조르주 상드가 정치적 평등에 앞서 민법상의 평등을 우선적으로 주장한 이유도 바로 여기에 있다.

참정권의 경우는 크게 세 범주로 나뉘는데, 투표권과 대의권, 그리고 정부 관료로 진출할 권리다. 그리고 북유럽은 이 모든 면에 있어서 아랫동네 유럽 국가들을 앞서간다. 1901년 최초로 여성에게 투표권을 부여한 핀란드는 2000년 (깔끔한 통치 스타일로 유명한) 타르야 할로넨을 여성 대통령으로 선출함으로써 한발 더 나아갔다. 통치라는 것도 결국은 사물의 다스림에 지나지 않을 뿐이니 타르야 할로 넨처럼 강직하게 다스리면 그만이다. 핀란드의 사례는 모계사회의 전통이 유지된 인류학적 특징으로써 설명되기도 한다. 기본적으로 개신교 문화권의 페미니스트들은 가톨릭이나 라틴 문화권보다 참정권 획득에 더 적극적이었다. 여자이기에 다르게 다스릴 수 있다는 생각과, 아울러 국가 역시 커다란 '집'에 불과하므로 여성이 얼마든지 국정 운영에 기여할 수 있다는 생각이 있었기 때문이다. 그에 따라 북유럽 지역에서는 좀더 일찍 여성의 투표권이 확보됐고, 여성의 집권 역시 다른 지역보다 앞섰다. 북유럽 국가들이 여성의 정치 참여까지 독려하고 나선 반면 남성우월주의가 강한 라틴계 국가들은 가정이라는 울타리 안에서만 어머니를 높이 떠받들었다.

여성이 정치 참여를 하기에 프랑스는 문화적·정치적·역사적 장애물이 많은 나라다. 높은 진입 장벽 탓에 여자들이 먼저 포기한 경우도 많다. 1970년의 여성해방운동 역시 일상 속에서의 정치적 선진화를 앞세우며 의회에서 활동하는 데는 별로 큰 비중을 두지 않았다. 정치가 과연 그렇게 대단하냐는 것이다. 하지만 그렇다고 법적 차원에서의 운동까지 멈춘 것은 아니다. 내각 및 공직, 선출직에서의 남녀 비율을 동일하게 맞추는 남녀동수법이 유럽에서 발효됐기 때문이다. 지극히 급진적이었던 이 법의 탄생으로 페미니즘 진영은 크게 세 갈래로 나뉜다. 남녀평등에 찬성하는 입장과 남녀 간의 차이를 내세우는 입장, 그리고 정치권 내 남녀 통합에 반대하는 입장이었다.[43] 이 법의 실질적인 성과는 현재로선 제한적인 편이지만, 상징적인 영향력은 꽤 큰 편이다. 게다가 여성들도 조금씩 정치권에 통합

되어갔으며, 이제는 남성들의 마지막 보루였던 국방부를 비롯해 법무부 장관에서 총리에 이르기까지 지위 고하를 막론하고 정부 내 모든 직위에서 여성들이 직무를 수행하고 있다. 여론에서도 이제는 여성의 고위직 진출을 당연시하고, 나아가 바람직하게 볼 정도다. 프랑스 공화국의 상징 마리안이 드디어 성당 제단에서 내려와 본격적인 싸움판 위로 발을 내딛은 셈이다.

최근 페미니즘 운동의 동향은 몸에 대한 자유로운 권리를 주장하는 것이다. 보스턴여성건강공동체에서 펴낸 『우리의 몸, 우리 자신 Our bodies, Ourselves』[44]은 새 시대의 상징적인 도서로 수십만 부가 팔렸다. 지역을 막론하고 여성해방운동은 '슈아지르Choisir'(1971)를 세운 지젤 알리미가 저 유명한 보비니 재판(1972)에서 주장한 바와 같이[45] 기본적으로 피임과 낙태에 대한 권리를 추구하는 방향으로 전개되어왔으며, 프랑스에서도 '베유 법'(1975)을 통해 여성의 낙태를 법적으로 허용한다. 당시로서 이는 일대 혁명이었다. "내 아이는 내가 원할 때 내가 원하는 방식으로 낳는다"는 여성들의 생각이 받아들여진 것이었기 때문이다. 여성들에게 주어진 이 '기본적인 권리'는 전통적인 성 역할을 완전히 뒤집어놓았으며, 아울러 기존의 남녀관계를 무너뜨리는 기폭제로 작용한다. 이와 더불어 1980년대 서구권에서는 여성에 대한 강간과 직장 내 성희롱, 근친상간을 근절하고 매 맞는 여성을 지키기 위한 투쟁이 전개된다. 수많은 법이 표결을 거치면서 법정 소송도 늘었고, 이에 여성을 '피해자화'하는 것 아니냐며 '관영 페미니즘'이란 말이 나올 정도로 페미니즘 내에서도 의견이 분분하게 나뉘었다.[46] 그만큼 법적인 선을 정하는 것이 중요

여성의 역사

하다는 뜻이며, 한 사회의 법 규정은 남녀관계의 민주화 정도를 가늠하는 지표가 된다.

그리고 오랜 기간의 이러한 여성해방운동을 통해, 여성의 자유와 권리를 옹호하는 수많은 저작[47]을 발판으로 '페미니즘 사상'의 얼개가 그려진다. 실제와는 거리가 먼 보편주의를 비판하며 정체성과 차이의 문제, 그리고 성별의 서열에 대한 문제를 제기하는 사상이 마련된 것이다. 이러한 페미니즘 사상에서는 젠더(사회적 성별) 문제와 함께 젠더와 자연적 성별의 관계에 대해 질문을 던진다. 자연적 성별과 사회적 성별 가운데 무엇이 더 먼저이며, 그 정의를 내리는 주체는 누구인가? 아울러 페미니즘에서는 남녀 각각의 동성애에 대해서도 다루는데, 이는 각 개인의 권리일 뿐 아니라 또 하나의 새로운 삶의 방식이기 때문이다. 이에 퀴어 사상은 기존의 모든 트랙과 경계를 뒤흔든다.[48] 그러나 이러한 페미니즘은 과격한 반페미니즘을 불러오기도 하고,[49] 그 수위는 농담 수준의 여성혐오에서 (비시 정부의 반페미니즘 같은) 극단적인 정치적 비판으로 이어질 때도 있다.

페미니즘이 미친 영향을 가늠하기란 쉽지 않다. 어쩌면 일각의 주장대로 특권층 여성을 위한 압력 행사의 도구인 것인지도 모르겠다. 하지만 피에르 부르디외처럼[50] 페미니즘을 그 같은 로비 수단 정도로만 국한시키는 게 맞는 걸까? 다양한 상호작용 속에서 한 사회가 얽히고설켜 있는 가운데 페미니즘은 분명 남녀관계의 근대화에 이바지하면서 현대사를 견인했다. 페미니즘은 여성을 공적 공간의 주체로 내세웠으며, 여성들의 열망을 외연화했고, 여성들의 바람을 표출하는 목소리가 되어주었다. 그러니 페미니즘은 우리 사회의 자유와 평등을 실현하는 결정적인 요소이자 민주주의를 정착시키는 핵심 요인이 되어준 셈이다.

"여성들의 모든 역사는 남자들 손으로 쓰였다. 페미니즘은 단 한 번도 독자적인 운동이었던 적이 없다."

시몬 드 보부아르가 한 말이다. 하지만 페미니즘이 걸어온 길로 미루어보건대 꼭 그렇게만 볼 수는 없지 않을까.

오늘날의 현황

앞의 내용을 통해 몇 가지 기본 축을 중심으로 여성사의 궤적을 따라가보았다. 여성에 대한 사료와 이미지, 여성의 몸, 종교·교육·창작활동 등을 비롯한 여성의 지적 정신적 활동, 여성의 일과 직업, 여성의 대외활동과 시민권 등을 바탕으로 여성들이 걸어온 길을 살펴보는 동안 한 가지 끊임없이 제기되었던 질문 한 가지는 과거와 현재에 남녀관계가 어떤 식으로 진화해왔느냐는 것이었다. 그동안 성별의 차이는 과연 어떻게 달라졌을까? 변화의 계기가 된 사건은 무엇이었으며, 또 변화의 속도는 어느 정도였을까? 남녀 간의 역할 분담에는 어떠한 차이가 생겼고, 각자의 성 정체성과 성별 위계질서에는 어떠한 변화가 생겼을까?

이 책을 쓰면서 특히 마음이 쓰인 점은 특정 부분을 짚어보는 과정에서 행여나 안 좋은 면이 크게 부각되진 않을까 우려되어 차마

다루지 못한 내용이 많다는 것이다. 가령 여성의 정서 문제에 대해 논했더라면 여성의 격한 감정, 즉 광기에 대해서도 다뤄볼 수 있었 겠지만, 그럴 경우 자칫 그게 여성의 전유물인 듯한 편견을 불러올 수도 있다.[1] 세간에는 폭력이 곧 남자의 특징이고 광기나 실성은 여 자의 특징이라는 인식이 자리잡혀 있기 때문이다. 이는 여성을 육체 에 구속하고 무책임한 존재로 만드는 한 방식이었다.

사실 경범죄 및 중범죄의 발생률은 성별에 따라 극명한 차이가 나 기는 한다. 최근 들어 여성의 범죄 비율도 높아지고는 있으나, 기본 적으로 프랑스의 교도소 수감률은 남성이 96퍼센트, 여성이 4퍼센 트 정도로 남성 쪽이 월등히 높다. 즉, 여자의 범주에 들어갈 수 없을 정도로 지극히 소외되고 버려진 극소수의 여성만이 교도소에 수감 되는 것이라고 보면 된다. 이러한 교도소 수감 비율의 차이는 남성 이 유독 폭력적이라는 점을 나타내는 것일까, 아니면 일각의 주장대 로 그만큼 여성의 피해가 많다는 걸 의미할까? 아마 두 가지 다일 것 이다. 하지만 이러한 '징후'를 바탕으로 우리는 무엇을 유추해볼 수 있을까?

또한 이 책에서 다루지 못한 특정 범주의 여성들 이야기도 있다. 장애 여성과 노예로 팔려갔던 여성, 그리고 유대인 학살 당시의 여 성들 이야기다. 장애 여성의 장애는 성적 특징을 두드러지게 만드는 요인일까, 아니면 이를 없애는 요인일까?[2] 아프리카와 아메리카 대 륙에 성행했던 노예무역에서 여성의 비율은 어느 정도였으며 이들 의 지위는 어땠을까? 여성 노예는 무슨 일을 했고, 이들의 가사노동 력은 어떤 식으로 이용됐을까? 노예 여성은 어떻게 자식을 길렀으며, 자식을 낳음에 따라 삶에 어떤 변화가 생겼을까? 노예로 팔려간 여성들은 자신이 처한 현실에 적응했을까, 아니면 반발했을까? 이와 관련한 기록 자료로는 토니 모리슨의 저서 『빌러비드』 외에 또 뭐가 남아 있을까? 유대인 학살 시기의 여성들에 대해서도 미처 다루지 못했는데, 유대인의 수감과 말살 과정에서 성별의 차이는 중요하게 작용했을까? 유대인의 모계 혈통주의는 또 어떤 영향을 미쳤을까?[3] 사실 구 유고슬라비아 전쟁이나 보스니아 내전 같은 일부 인종 갈등에서는 (비록 이를 유대인 인종 청소와 비교하는 것은 무리겠지만) 여성의 몸을 둘러싼 쟁탈전이 벌어졌으며, (보스니아 내전 당시 피난민 주거지였던 스레브레니차에서도) 강간이 거의 무기처럼 활용됐다.[4]

상황을 막론하고 여성은 유독 전쟁과 폭력의 희생양이었으며, 남성들 스스로도 피해자였던 남성 중심의 지배 구조에 억눌려 있었다. 하지만 그렇다고 이러한 남성 중심의 구조가 남녀관계를 단순화한 것은 아니며, 여성들이 피해자로만 살아간 것은 더더욱 아니다. 여성들은 저항할 줄도 알았고, 어떻게 살아야 하는지, 스스로의 권력을 어떻게 구축해야 하는지도 잘 알고 있었다. 역사에는 여성들의 불행만이 기록되어 있는 것도 아니요, 행복만이 기록되어 있는 것도 아니다. 여성들은 그저 역사의 주체였다. 나 역시 여성들을 이와 같은 존재로 상정하고, 그러한 역사적 주체로서의 여성을 보여주고자 했다. 단순한 흑백논리의 관점에서 남녀 성별의 문제를 접근하기는 싫었던 것이다. 여성들이 언제나 억압 상태에만 있었던 것은 아니다. 여성들 또한 권력을 행사한 적이 있었고, 심지어 압제를 행하기도 했다. 여성들이 늘 옳았던 것도 아니며, 여성들은 행복할 때도, 사랑에 빠질 때도 있었다. 그러한 이들의 역사를 기록한 이유는 여성의 역사를 바로잡기 위함이 아니라 여성을 이해하고 싶어서, 여성에 대해 포괄적으로 알아보고 싶어서다.

연구에 있어 '시공간'적인 제약도 있었는데, 내게 좀더 익숙하고 자료도 더 풍부한 근대사, 나아가 현대사에 치중했기 때문이다. 하지만 자료가 상대적으로 빈약한 고대나 중세라고 해서 가져올 내용이 적은 것은 아니다. 근대사 쪽보다 원전 자료에 얽매이는 정도가 덜한 중세 및 고대 연구자들은 참고 자료에만 연연하는 우리보다 더 많은 상상력을 바탕으로 연구를 이어간다. 가령 『서양 여성사』에서 폴린 슈미트 팡텔과 크리스티안 클라피슈쥐베르 등이 담당한 고대 및 중세 파트에서는 인류학적 관점이나 신화적 혹은 신비주의적 측면에서의 해석을 엿볼 수 있다. 사실 관습이나 관행, 종교, 법, 가족관계는 물론 일상생활 및 정치활동에 관계된 부분에서는 사료에 입각한 접근 방식보다 이와 같은 해석적 접근 방식이 더 나을 수도 있다.

선사시대 역시 남녀 문제로 재해석해볼 수 있다. 선사시대 전문가 클로딘 코엔의 연구[5]를 보면 (미국 쪽 연구의 영향하에) 어떻게 여성에 대한 시각이 달라졌는지를 알 수 있다. 초창기 남성 중심적 사고에서 출발한 선사학에서는 여성들이 남긴 흔적을 종교적, 관능적, 신화적 의미에서 해석했다. 그러나 오늘날의 선사학은 여성의 다양한 사회적·성적 역할에 초점을 맞춰 연구하고, 아울러 당시 일상생활 속 여성의 지위를 파악하려 노력한다. 그렇게 하면 (원시 모계사회의 편견에 빠지지 않는다는 전제하에) 성 역할에 대한 고정관념에서 벗어날 수 있기 때문이다.

이러한 관점에서 선사시대까지 아우르면 우리는 그만큼 폭넓게 여성사를 조망할 수 있다. 게다가 연구 대상이 되는 지역적 범위도 넓힐 수 있다. 서구 여성사에만 한정된 연구에서 벗어나는 것이다. 사실 다른 지역을 포괄한 연구는 그만큼 더 흥미롭다. 인도는 물론 일본을 비롯한 극동아시아 지역에서는 여성과 젠더에 대한 역사 연구가 상당히 진전됐고, 남미 지역, 특히 브라질에서도 관련 연구가 활발하다. 아프리카의 상황도 비슷한데, 다만 아프리카 지역 연구에서 나타나는 특징은 다소 고착화된 민속학적 고정관념에서 벗어나기가 쉽지 않다는 점이다. 하지만 오늘날 아프리카 여성들은 상권의 발달은 물론 도시의 성장에도 기여하고 있다.[6]

세계적 차원에서 여성사를 조망할 경우, 저마다의 축적된 경험이나 보편적 가치가 지역별로 상이하다는 점을 고려해야 한다. 특히 문명의 충돌을 겪은 바 있던 이슬람이 그렇다. 이슬람 문화권에서는 남녀 차이의 문제가 우리의 상상 이상으로 복잡하다. 이와 관련해서는 현대 중앙아시아 지역 여성 지도층에 관한 하비바 파티의 책이 꽤 유용하다.[7] 1995년에서 1999년 사이의 현장 조사를 기반으로 한 이 책에 따르면 소비에트 붕괴 후 중앙아시아 지역 국가들에서는 여성들도 책임직이나 지도부 층 인사가 될 수 있었다. 그런 이들을 'otin'이라 부르는데, '여성들의 세계 속 신의 대리인'이라는 뜻이다. 이 여성들은 전통적인 종교 문화를 보존했고, 오늘날 이들 국가가 무슬림 국가로 남아 있는 이유도 바로 이 여성들 덕분이다. 그런데 지금은 이 여성들이 남성 중심적이며 원리주의 중심적인 또 다른 이슬람 문화를 내세우는 신와하비즘에 부딪히고 있다. 이렇듯 중앙아시아의 무슬림 문화권에서는 정부 권력의 문제와 국가 정체성 문제의 핵심에 여성이 놓여 있는 만큼 여성사가 중추적 역할을 한다는 점을 부인할 수 없으며, 서문을 쓴 올리비에 루아도 여성사는 소외의 관점에서 벗어나 그 자체로서 고려되어야 한다고 주장한다. 사실 그동안 여성사가 폐쇄적 관점에서 연구되어왔기에 이런 그의 지적도 틀린 말은 아니다. 여성들의 삶과 관행, 활동 공간 등을 중심으로 살펴보면 충분히 매력적인 연구가 될 수 있다. 특히 여성들의 침실이나 내실, 내면세계 등을 파고드는 것도 무척 흥미로울 것이다. 하지만 그렇다고 서로 간에 복잡하게 얽히고설킨 남녀관계를 고려하지 않고 여자들의 세계만을 짚어볼 수는 없다. 앞서 언급한 하비바 파티의 연구가 더더욱 흥미로운 이유다. 보편적 가치를 중심으로 살펴보며 남다른 반향을 일으키는 파티의 연구는 문화적·종교적 차이를 절대적으로 인식하지 않으면서 이러한 차별성을 그 내적 기능 속에서 분석한다.

이는 이슬람의 베일 착용 문제에도 적용해볼 수 있다. 여성이 머리에 베일을 쓰는 관행은 원래 지중해 기독교 문화권에서 출발했다. 여성의 종속성을 나타내는 상징으로서 베일을 착용토록 한 것이다. 하지만 여성의 베일은 쓰는 사람에 따라 그 의미가 달라질 수 있으며, 마그레브 지역은 물론 프랑스에서조차 그 용도가 제각각이다. 누군가에게는 신체 보호의 수단이기도 하고, 또 다른 누군가에게는 외출 시 필수품으로 여겨지기도 하며, 혹자에게는 장신구의 일종으로 인식된다. 그뿐만 아니라 적대적인 도시 환경에서 타인의 시선을 피하는 용도로 베일을 착용할 때도 있다. 아시아 제바르의 소설『처소 안의 알제 여인들Femmes d'Alger dans leur appartement』『사랑, 판타지아L'Amour, la Fantasia』『무덤 없는 여인La Femme sans sépulture』 등도 이 같은 맥락에서 여성의 베일을 다루었으며, 알제리 여성의 문화적 인식을 다룬 다른 작품들도 대부분 비슷하다. 알제리 출신의 아시아 제바르 역시 알제리 여성들의 문화를 부정하지 않은 채 초월적 관점에서 바라본다. 물론 이러한 상대적인 시각에도 한계는 있다. 남녀평등이나 개인의 자율성, 온전한 신체권 등 그냥 가만히 있어도 주어지는 것이 아니라 조금씩 쟁취되고 구축되어가는 보편적 가치들은 포괄하지 못하기 때문이다. 이러한 보편적 가치들은 언제나 현재 진행형으로서, 늘 미완의 상태였고 앞으로도 쭉 그러할 것이다. 끝없이 이어지는 역사 속에서 이 모든 보편적 가치가 완성된다는 것은 결코 있을 수 없는 일이다.

그렇다면 오늘날의 상황은 어떠하며, 현재 여성사는 어느 단계에와 있을까? 일단 여성사의 기록 자체는 (정도의 차이는 있지만) 도처에서 이뤄지고 있으며, 특히 서구에서 중점적으로 진행되는 상황이다. 그만큼 여성사의 정체성에 대한 인식과 기록에 대한 의지가 있었다는 뜻이다. 특히 성별의 차이, 즉 젠더의 차이를 기준으로 역사적 사건이나 진화 단계를 재해석하려는 움직임이 일고 있다. 그리고 남성 및 남성성의 역사 또한 이를 바탕으로 재조명된다.[8] 프랑스에서는 기록으로서의 여성사 연구도 활발히 진행되고 있으며, 관련 연구 집단과 연구지를 중심으로 생산적인 결과도 도출되는 상황이다.

학계에서보다 일반 대중으로부터 더욱 인정받는 분위기인데, 학계에서는 새로운 학문 영역을 받아들임에 있어 좀더 신중한 자세를 취하기 때문이다. 특히 집단주의를 조장할 위험이 있을 때는 더더욱 그렇다.

그럼 역사에 남은 여성들의 모습은 어떤 모습일까? 여성들의 역사적 성과를 하나로 결산하기는 무리다. 그때그때 상황에 따라 평가가 달라지기 때문이다. 어떨 때는 권리를 쟁취한 듯 낙관할 수 있을 때도 있고, 어떤 때는 또 그 모든 게 환상인 것 같은 회의감이 들 수도 있다. 서구권의 경우, 양성평등의 개념이 뒤늦게나마 정립되어 이제는 유럽연합 헌법에서까지 인정받는 하나의 원칙으로 자리잡았다. 여성들은 이제 다양한 분야의 지식에 접근함은 물론 그동안 남자들만의 성역이었던 정계로도 진출할 수 있게 됐고, 군인이나 경찰 같은 직업에도 종사할 수 있다. 성적 혁명의 핵심인 피임권을 비롯해 다양한 자유도 누리게 됐다. 이는 분명 부인할 수 없는 긍정적 성과다.

그러나 원칙과 현실 사이에는 여전히 수많은 괴리가 존재한다. 요직으로의 접근은 여전히 여성들에게 제한적이고, 직업이나 임금의 평등도 아직 완전히 실현되지 않았다. 프랑스에서는 종교계나 경제계, 정치계에서의 저항이 여전히 거센 편이고, 가사노동도 제대로 분담되지 않는다. 예술 분야도 조금씩 경계가 흔들리며 상황이 나아지고는 있지만, 남성들만의 또 다른 독점 분야도 생겨나고 있다. 그간의 노력으로 얻어낸 미약한 성과나마 언제든 뒤집힐 수 있으므로 남녀 간의 위계질서가 완전히 사라지기까지는 아직 시간이 더 필요할 듯하다. 상황은 언제든지 퇴보할 수 있다. 오늘날의 정치계와 종교계도 남녀 간의 위계질서와 여성들의 의존성을 발판으로 삼고 있다. 예기치 않은 악효과도 있었는데, 안 그래도 긴장된 남녀관계가 상호 대치와 (부부 폭력을 비롯한) 각종 폭력으로 얼룩지며 서로 간의 몰이해로 이어진 것이다. 그리고 이러한 상황은 정체성의 흔들림으로 더욱 눈에 띄며 악화되었다.

전 세계적으로 봤을 때도 (여성을 포함한) 취약 계층만 더 힘들게 만드는 세계화로 인해 여성의 삶은 나날이 악화된다. 가난과 빈곤에 시달림은 물론이요, 내전과 인종 청소의 무고한 희생양으로 고통받을 뿐 아니라 아프리카 지역에서는 급증하는 에이즈의 피해자까지 되고 있다. 심지어 성생활의 자유라는 미명하에 점점 확대되는 성매매 산업의 착취까지 당하는 상황이다. 여자든 남자든 비극의 역사를 겪고 있다고 해도 과언이 아니다.

따라서 우리가 알아보고자 했던 성 혁명은 여전히 미완인 상태다. 사실 이는 끝나지 않을 혁명이다. 역사에는 끝이란 게 없기 때문이다. 그러니 여성들의 이야기에도 마침표를 찍을 수가 없다. 그저 "과거에" 혹은 "옛날에"라는 말로 조심스레 그 이야기를 시작할 수 있을 뿐, 시작만 있고 끝은 없는 것이다.

이에 우리는 계속해서 이 역사를 따라가야 한다. 또한 만들어가기도 해야 한다.

주_註

1장

1. 앙드레 미셸은 '가족 모델'이란 제목으로 강좌의 문을 열어주었는데, 당시 학생들은 이 '가족 모델'이란 표현의 부당함을 지적했다. 학생들이 '모델'이란 단어의 의미를 오해했기 때문인데, 자신들은 더 이상 '가족 모델' 자체를 원치 않는다는 것이었다. 이후 미셸은 설명을 보강해 학생들을 진정시켜주었다.

2. 피에르 비달나케, 자크 르 고프, 에마뉘엘 르 루아 라뒤리, 장루이 플랑드랭, 모나 오주프, 장 셰노 등이 연구에 협력했다.

3. 이본 크니비엘레는 최초의 여성 연구지 『여성에 관한 연구 및 자료집 Bulletin d'information et d'études sur les femmes』을 발간했으며, '여성과 인문과학'이란 주제로 여성에 관한 최초의 학회를 개최하기도 했다. 육아, 출산, 여성, 보건 의료(의사 및 간호사) 등에 관한 그의 연구는 특히 권위가 높다.

4. 롤랑드 트랑페 및 마리프랑스 브리브.

5. 클로드 모세, 마들렌 르베리우, 베아트리스 슬라마 등.

6. 파리7대학 영미문명사 교수 프랑수아즈 바슈 덕분에 1970년대 초부터 영

미 쪽 연구와도 접점이 생겼다.

7. 므네모시네, SIEFAR(구체제하의 여성사 연구를 위한 국제 학회Société internationale pour l'étude des femmes de l'Ancien Régime), 여성해방운동 고문서자료보관소Archives du féminisme(앙제 고문서 보관소).

8. 이와 관련해서는 니콜 로로의 연구를 참고.

9. 『신약성서』「디모데전서」2:12-14.

10. 카트린 드 메디시스의 딸 마르그리트(여왕 마고)와 개신교 신자 나바르의 앙리(훗날의 앙리 4세)의 결혼식을 기념하기 위해 모인 개신교 신도들 1만여 명을 로마 가톨릭 군대가 학살한 사건으로, 신교의 영향력이 확대되는 것에 대한 드 메디시스의 우려가 불러온 참극으로 평가된다─옮긴이.

11. 쥘 미슐레, 『프랑스 대혁명사Histoire de la Révolution française』, Paris, Gallimard, 「플레이아드 도서관」컬렉션, 제1권, p. 254. "혁명의 전방에 선 이는 여성들이었다. 그도 그럴 것이 여성들의 고충이 더 컸기 때문이다."

12. 드니즈 기욤, 『여성에 대한 학교 교육의 변천사: 역사 교과서 및 사회적 인식을 바탕으로Le Destin des femmes à l'École. Manuels d'histoire et société』, Paris, l'Harmattan, 1999; 프랑수아즈 & 클로드 르리에브르, 『아이들에게 들려주는 여성 이야기l'Histoire des femmes publiques contée aux enfants』, Paris, PUF, 2001.

13. 이자벨 에르노, 「1791~1948년 여성사 기술에 있어서의 쟁점 및 여성사 학자들Historienne et enjeux de l'écriture de l'histoire des femmes, 17911948」, 파리7대학 박사학위 논문, 2004.

14. 마르그리트 티베르(1886~1982)는 여성 생시몽주의자(사회주의자)에 대한 초창기 역사적 가설을 제시했으며, 에디트 토마(1909~1970)는 폴린 롤랑, 조르주 상드, 루이즈 미셸 등 1848년의 여성들에 대한 다수의 책을 집필했다. 도러시 코프먼, 『에디트 토마Édith Thomas』, Cornell University Press, 2004도 참고.

15. 이 부분과 관련해서는 다음 책을 참고: 프랑수아즈 테보, 『여성사의 기술 Écrire l'histoire des femmes』, Fontenay-aux-Roses, ENS éditions,

1998.

16. 조르주 뒤비, 『중세의 결혼: 기사, 여성, 성직자를 중심으로Le Chevalier, la Femme et le Prêtre』, Paris, Hachette, 1981. (국내 출간: 새물결, 1999)

17. 『사생활의 역사: 고대에서 현재까지Histoire de la vie privée. De l'Antiquité à nos jours』, 필리프 아리에스 및 조르주 뒤비(감수), Paris, Seuil, 전5권, 1986-1987. 19세기와 관련한 부분은 필자가 감수를 진행하기도 했다. (국내 출간: 『사생활의 역사』(전5권), 김기림 옮김, 새물결, 2006)

18. 미셸 푸코, 『성의 역사Histoire de la sexualité 1: 지식의 의지La Volonté de savoir』, Paris, Gallimard, 1976. (국내 출간: 『성의 역사 1(지식의 의지)』, 이규현 옮김, 나남, 2004)

19. '감성파' 사학자로서 당시의 상황을 지켜본 알랭 코르뱅의 표현. 『19세기 리무쟁의 의고주의와 모더니즘Archaïsme et modernité en Limousin au XIXE siècle』(Paris, Marcel Rivière, 1975)에 관한 논문을 펴낸 뒤, 이후 처음으로 출간한 그의 책에서는 『어린 신부: 19세기의 매춘과 성노예Les Filles de noce. Misère sexuelle et prostitution au XIXE siècle』(Paris, Aubier, 1978) 문제에 대해 다루었다.

20. 프랑수아즈 피크, 『여성해방운동사Libération des femmes. Les années-mouvement』, Paris, Seuil, 1993.

21. 클로딘 에르만의 협회 '여성과 과학' 같은 단체가 대표적인데, 수학의 내용적인 측면에서라기보다는 여성의 교육 환경에 대한 문제의식이 더 컸다.

22. 프랑수아즈 콜랭, 에블린 피지에, 엘레니 바리카스, 『플라톤이 본 여성에서 데리다가 본 여성에 이르기까지: 여성에 대한 비평 선집Les Femmes de Platon à Derrida. Anthologie critique』, Paris, Plon, 2000.

23. 프랑수아즈 에리티에, 『남성성과 여성성 1. 그 차이에 대한 사유Masculin/Féminin. I. La Pensée de la différence』, Paris, Odile Jacob, 1996.

24. 이와 관련한 자료로는 조르주 비가렐로, 『미의 역사Histoire de la beauté: Le corps et l'art d'embellir de la Renaissance à nos jours』,

Paris, Seuil, 2004를 참고.

25. 아를레트 파르주, 『거리의 삶Vivre dans la rue à Paris aux XVIIIe siècle』, Paris, Gallimard, coll. ʻArchivesʼ, 1979; 『약자의 삶La Vie fragile. Violence, pouvoirs et solidarités à Paris au XVIIIe siècle』, Paris, Hachette, 1986.

26. 장 니콜라, 『반란의 프랑스La Rébellion française. Mouvements populaires et conscience sociale, 1661-1789』, Paris, Seuil, coll. ʻL'univers historiqueʼ, 2002.

27. 안마리 손, 『19-20세기 사생활을 통해 본 여성들의 삶Chrysalides. Femmes dans la vie privée, XIXe-XXe siècles』, Paris, Publications de la Sorbonne, 1996.

28. 아니크 틸리에, 『19세기 브르타뉴 여인들의 영아 살해 사건 기록Des criminelles au village. Femmes infanticides en Bretagne (XIXe siècle)』, Rennes, Presses universitaires, 2002.

29. 말비다에 관해서는 자크 르 리데의 전기를 참고. 『말비다 폰 마이젠부크 Malwida von Meysenbug. Une Européenne du XIXe siècle』, Paris, Bartillat, 2005. 이 책에는 『어느 이상주의자의 회고록』 내용이 대거 발췌되어 있다. 1869년 제네바에서 프랑스어본이 출간되었으며, 프랑스 판본은 가브리엘 모노드의 서문을 수록해 1900년 파리 Fischbacher 출판사에서 출간되었다. 1876년 독일에서 증보판이 출간된 바 있으나 현재는 소실된 상태다.

30. 2004년 갈리마르 ʻQuartoʼ 컬렉션 판본.

31. Garnier et Bordas 출간(1964-1971). 이후 티에리 보댕도 추가본의 서신을 모아 『되찾은 편지들Lettres retrouvées』을 출간한다. Paris, Gallimard, 2004.

32. 알퐁스 자코브는 상드와 플로베르가 주고받은 서신을 모아 『편지 Correspondance』를 출간한다(Ed. Flammarion). 플로베르가 상드를 부르던 호칭을 본떠 ʻ친애하는 선생님께Chère Maîtreʼ라는 타이틀로 2004~2005년 겨울 게테 몽파르나스 극장에서 낭독 연극이 상연되기도 했다(출연: 마리프랑스 피지에).

33. 폴라 코사르, 『25년간의 불륜: 1824-1849, 아델과 에메의 연애편지

Vingt-cinq ans d'amours adultères. Correspondance sentimentale d'Adèle Schunck et d'Aimé Guyet de Fernex, 1824-1849』, Paris, Fayard, 2005.

34. 필리프 르죈, 『그녀들이 들려주는 '나'의 이야기: 젊은 여성들의 일기에 관한 탐구Le Moi des demoiselles. Enquête sur le journal de jeune fille』, Paris, Seuil, 1993; 필리프 르죈 및 카트린 보가에르, 『일기: 역사 및 선집Le Journal intime. Histoire et anthologie』, Paris, Textuel, 2006.

35. 『카롤린 B.의 비밀 일기: 제2제정 시기 한 소녀의 일기Journal intime de Caroline B. Une jeune fille sous le second Empire』라는 제목 으로 발간된 일기. 조르주 리베유 및 미셸 페로 연구, Paris, Arthaud-Montalba, coll. 'Archives privées', 1985.

36. 페미니즘 고문서 자료 관련 협회 'Archives du féminisme'에서는 2005 년 12월 제9호 기관지를 통해 동 기록보관소의 자료 보관 현황 및 여성 의 기록과 관련한 제반 활동에 대해 보고한다.

37. 모나 오주프, 『여성의 말Les Mots des femmes. Essai sur la singularité française』, Paris, Fayard, 1995.

38. 한국어판은 『숙녀들의 도시』, 이봉지 옮김, 지식을만드는지식, 2011; 『여성들의 도시』, 최애리 옮김, 아카넷, 2012 — 옮긴이.

39. 아를레아 출판사의 세브린 오프레는 가브리엘 쉬용의 다양한 작품을 출 간한다. 그중 하나인 『나약하고 갈대 같다는 여성의 속성에 관한 소고 Petit traité de la faiblesse, de la légèreté, de l'inconstance qu'on attribue aux femmes mal à propos』(Paris, Arléa, 2002)는 17세기를 달군 여성에 관한 논란 가운데 하나였으며, 이 시기부터 남녀평등의 가 능성에 대한 논의가 제기되기 시작한다.

40. 안마리 티에스, 『1900년대 일간지 연재 소설의 구독 및 독자에 대한 연 구Le Roman du quotidien. Lentures et lecteurs à la Belle époque』, Paris, Le Chemin vert, 1983.

41. 니나 라트네르 겔바르, '17-18세기 여성 기자와 언론Les femmes journalistes et la presse(XVIIe-XVIIIe siècles)', 『서양 여성사 Histoire des femmes en Occident』 5권, Paris, Plon, 1991-1992.

42. 에블린 쉴로르,『프랑스 여성 언론사: 태동기에서 1848년에 이르기까지Histoire de la presse féminine en France, des origines à 1848』, Paris, Armand Colin, 1996.

43. 로르 아들러,『페미니즘 태동기: 초창기의 여성 기자들À l'aube du féminisme: les premières journalistes(1830-1850)』, Paris, Payot, 1979.

44. 미셸 리오사르세,『여성의 심판대 위에 오른 민주주의: 권력 비판의 세 가지 양상La Démocratie à l'épreuve des femmes. Trois figures critiques du pouvoir(1830-1848), Paris, Albin Michel, 1994.

45.『라 부아 데 팜La Voix des femmes』『라 팜 리브르』『로피니옹 데 팜 L'Opinion des femmes』등.

46. 로랑스 클레망 및 플로랑스 로슈포르,『제3공화국하에서의 페미니즘: 평등의 고취L'Égalité en marche. Le féminisme sous la IIIE République』, Paris, Presses de la FNSP/Des femmes, 1989.

47. 앙드레 비올리, '위기의 인도차이나Indochine SOS, 1935',『르 프티 파리지앵』취재 보도.   .

48. 실비 슈바이처와 다니엘 볼드만 참고.

49. 안 로슈 및 마리클로드 타랑제,『글을 쓰지 않은 이들의 이야기: 1914-1945 마르세유 지역 여성들을 중심으로Celles qui n'ont pas écrit. Récits de femmes dans la région marseillaise, 1914-1945』, Aix-en-Provence, Édisud, 1995, 필리프 르죈 서문.

50. 프랑수아즈 테보가 지도 편집한『여성 없는 역사는 없다Pas d'histoire sans elles』도 함께 참고. 오를레앙-투르 아카데미의 교육 자료 보관소 CRDP에서 '역사 속 여성'에 관한 역사 학회 당시 작성한 편람이다.

51. 마르그리트뒤랑도서관 주소: 79, rue Nationale, 75013. 리옹 교대 IUFM 내의 여성사 및 젠더의 역사에 관한 기록 보관소Aspasie도 참고.

52. 클로딘 코엔,『태초의 여성: 서구 선사시대에서 여성이 남긴 그림을 중심으로La Femme des origines. Images de la femme dans la préhistoire occidentale』, Paris, Belin-Herscher, 2003. 여성의 손 자취가 남은 벽화와 관련해서는『르 몽드』2006년 1월 10일 자를 참고. 매닝 지수(센트럴랭커셔대학)를 활용하면 손가락의 비율로써 여성과 남

성을 가늠할 수 있다.

2장

1. 알랭 코르뱅, 장자크 쿠르틴, 조르주 비가렐로(dir.), 『몸의 역사Histoire du corps』, Paris, Seuil, 3 vol., 2005-2006.

2. Paris, Plon, 1958.

3. 알랭 코르뱅, 『세계의 종Les Cloches de la terre』, Paris, Albin Michel, 1994.

4. 니콜 사비 주관 '근대 소녀전Les Petites Filles modernes'(1989).

5. 자크 로시오, '15세기 동남부 지역 도시 내에서의 청춘과 매춘의 사회적 문제Prostitution, jeunesse et société dans les villes du Sud-Est au XVe siècle', 『Annales ESC』, n. 2, 1976, pp. 289-325.

6. 나탈리 하이니히, 『여성의 삶: 서구 문학 속 여성의 정체성États de femme. L'identité féminine dans la fiction occidentale』, Paris, Gallimard, 1992.

7. 특히 '유럽의 노동자Les Ouvriers européens' 및 '두 세계의 노동자들 Les Ouvriers des Deux Mondes' 시리즈를 참고하면 19세기 서민층에 대한 여러 자료를 얻을 수 있다.

8. 보니 스미스, 『프랑스 북부의 중산층Les Bourgeoises du nord de la France』, Paris, Perrin, 1989. (영역본)

9. 아니크 틸리에, '18-19세기 의사들의 시각에서 바라본 폐경Un âge critique. La ménopause sous le regard des médecins des XVIIIe et XIX siècles', 『클리오: 여성과 역사, 그리고 사회』 '육아 및 출산 Maternités' 편, 2005년 21호, pp. 269-280.

10. 아들린 도마르, 『1815-1848 파리의 중산층La Bourgeoisie parisienne de 1815 à 1848』, Paris, 알뱅 미셸 및 스카를레 포발레 부투이리, 『대혁명 이전 과부의 삶Être veuve sous l'Ancien Régime』, Paris, Belin, 2001 참고.

11. 조르주 비가렐로, 『미의 역사』, op. cit.

12. 크리스티앙 브롱베르제, '모발학: 체모의 언어Trichologiques: les langages de la pilosité', in Pascal Duret, Jean-Claude Kaufmann,

David Le Breton, François de Singly, Georges Vigarello (dir.), 『몸과 나Un corps pour soi』, Paris, PUF, coll. 'Pratiques physiques et sociétés', 2005, pp. 11-40.

13. 『피부 자아Le Moi-peau』, Paris, Dunod, 1985.

14. 클로딘 아로슈 및 장자크 쿠르틴, 『얼굴의 역사: 16-19세기 초 감정의 표현과 자제Histoire du visage. Exprimer et taire ses émotions (XVIE siècle-début du XIXE siècle)』, Paris, Rivages, 1988, pp. 126-127에서 인용(재발행: 'Petite bibliothèque Payot', 1994).

15. 폴라 코사르, 『25년간의 불륜』, op. cit.

16. 오송빌 자작, '감옥에 관한 의회 보고Enquête parlementaire sur les prisons', 1872.

17. 2005년 1월 29일 France 2 채널 방송.

18. 실비안 아가친스키, 『성의 형이상학Métaphysique des sexes. Masculin/féminin aux sources du christianisme』, Paris, Seuil, 2005 중 '베일과 수염Le voile et la barbe' 참고.

19. 「고린도전서」 11 : 14-15.

20. 실비안 아가친스키, 『성의 형이상학Métaphysique des sexes』, op. cit., p. 183.

21. 관련 예시는 굉장히 많은데, 에쿠이 노트르담 대성당의 14세기 조각 작품과 루브르에 소장 중인 그레고르 에르하르트 조각상(1510)이 이에 속한다.

22. 클로드 키게, 『1900년대의 여성과 기계: 근대 양식에 대한 집착Femmes et machines de 1900. Lecture d'une obsession modern style』, Paris, Klincksieck, coll.(Bibliothèque du XXE siècle)』, 1979.

23. 보들레르 전집, Paris, Gallimard, '플레이아드 도서관' 컬렉션, 제1권, p. 38.

24. 『유혹자의 일기Le journal du séducteur』(Paris, Robert Laffont, 1993)에서 발췌. 프랑수아즈 콜랭, 에블린 피지에, 엘레니 바리카스, 『플라톤이 본 여성에서 데리다가 본 여성에 이르기까지: 여성에 대한 비평 선집』, op. cit., p. 541에서 인용.

25. 로진 A. 랑뱅, 『여성의 베일: 역사적, 사회적, 심리적 총론Le Voile

des femmes. Un inventaire historique, social et psychologique』,
Berne, Peter Lang, 1999; 장 클로드 플뤼겔, 『나체의 몽상가: 의복
장식에 관하여Le Rêveur nu, de la parure vestimentaire』, Paris,
Aubier-Montaigne(1930), 1982.

26. 특히 『하렘의 정신: 마그레브 지역에서의 성적 신화와 관행L'Esprit de
sérail. Mythes et pratiques sexuels au Maghreb』(Paris, Payot,
1988, 재쇄 1995) 및 『이슬람의 연애백과Encyclopédie de l'amour en
Islam』(Paris, Payot, 1995)를 참고.

27. 영국과의 해상 전투에서 이기고 돌아온 범선 '벨 풀'호를 기념하여 1778
년 맨 처음 생긴 범선형 머리 장식. 마리 앙투아네트가 즐겨한 머리 장
식으로 유명하다―옮긴이.

28. 조안나 피트만, 『금발의 역사: 아프로디테에서 마돈나에 이르기까지Les
Blondes. Une drôle d'histoire, d'Aphrodite à Madonna』, Paris,
Autrement, 2005(영역본).

29. 그자비에 포슈, 『빨강머리의 사회적 인식Roux et rousses. Un éclat très
particulier』, Paris, Gallimard, 'Découvertes' 컬렉션, 1997.

30. 크리스틴 바르, 『소년 같은 소녀: 1920년대의 유행과 동경Les
Garçonnes. Modes et fantasmes des Années folles』, Paris,
Flammarion, 1998.

31. '광란의 시대'란 대공황 직전인 1920년대 서구권의 경제, 사회, 문화 부
흥기를 일컫는다―옮긴이.

32. 플로랑스 타마뉴, 『1919-1939 유럽 동성애의 역사Histoire de
l'homosexualité en Europe. Berlin, Londres, Paris, 1919-1939』,
Paris, Seuil, 2000.

33. 로르 뮈라, 『간전기 파리 문인들의 삶Passage de l'Odéon. Sylvia
Beach, Adrienne Monnier et la vie littéraire à Paris dans l'entre-
deux-guerres』, Paris, Fayard, 2003.

34. 알랭 브로사, 『삭발당한 여인들의 못난이 사육제Les Tondues. Un
carnaval moche』, Paris, Manya, 1992.

35. 파브리스 비르질리, 『해방기의 삭발 여성La France ≪virile≫. Des
femmes tondues à la Libération』, Paris, Payot, 2000.

36. 토머스 라커, 『성의 구축: 서구사회의 신체와 젠더에 관한 소고La Fabrique du sexe. Essai sur le corps et le genre en Occident』, Paris, Gallimard, 1992(영역본).

37. 알랭 코르뱅, 『어린 신부: 19세기의 매춘과 성노예』, op. cit.

38. 히스테리Hysterie는 '자궁'을 의미하는 그리스어 '히스테리아Hysteria'에서 유래했다―옮긴이.

39. 니콜 에델만, 『19세기 히스토리의 변신Les Métamorphoses de l'hystérique au XIXE siècle』, Paris, La Découverte, 2003.

40. 브랑톰, 『프랑스 궁정 스캔들Vies des dames galantes』(1666, 국내 출간: 산수야, 2014); 피에로 캄포레시, 『사랑의 치유제Les Baumes de l'amour』, Paris, Hachette, 1990.

41. 조엘 길레Joëlle Guillais, 『타인의 육체: 19세기의 치정죄La Chair de l'autre. Le crime passionnel au XIXE siècle』, Paris, Olivier Orban, 1986; 안마리 손, 『19-20세기 사생활을 통해 본 여성들의 삶』, op. cit.

42. 마리조 보네, 『여성들 간의 연애Les Relations entre les femmes』, Paris, Odile Jacob, 1995(première édition, 1981); 『예술 속 여성들 Les Femmes dans l'art』, Paris, La Martinière, 2004.

43. 니콜 G. 알베르, 『세기 말 파리의 사포주의와 쇠락Saphisme et décadence dans Paris fin-de-siècle』, Paris, La Martinière, 2005.

44. 플로랑스 타마뉴, 『1919-1939 유럽 동성애의 역사』, op. cit., 로르 뮈라, 『간전기 파리 문인들의 삶』, op. cit.

45. 이본 크니비엘레 및 카트린 마랑 푸케, 『모성의 역사: 중세에서 현대까지Histoire des mères du Moyen Âge à nos jours』, Paris, Montalba, 1980(재출간: Hachette, coll. 'Pluriel', 1982); 이본 크니비엘레, 『1945년 이후의 출산 및 육아 혁명La Révolution maternelle depuis 1945. Femmes, maternité, citoyenneté』, Paris, Perrin, 1997.

46. 자크 젤리, 『나무와 결실: 16-19세기 근대 서구사회에서의 출산L'Arbre et le Fruit. La naissance dans l'Occident moderne, XVIE-XIXE siècles』, Paris, Fayard, 1984.

47. 루이자 무라로, 『어머니의 상징적 의미L'Ordre symbolique de la mère』, Paris, L'Harmattan, 2003(이탈리아어본을 프랑스어로 번역).

48. 에블린 피지에는 소설 『나이의 문제Une question d'âge』(Paris, Stock, 2005)에서 자신의 경험담을 이야기한다.

49. 뤼크 볼탕스키, 『태아의 조건La Condition fœtale』, Paris, Gallimard, 2004.

50. 아니크 틸리에, 『19세기 브르타뉴 여인들의 영아 살해 사건 기록』, op. cit.

51. 한정된 자원을 고려해 인구 억제의 필요성을 주장한 사상으로, 피임법을 그 중요한 정책 수단으로 채택했다. 한정된 자원을 식량 이외 전체 자원으로 확대했다는 점에서 기존의 맬서스주의와 구분된다―옮긴이.

52. 각각 영국과 미국에서 산아제한 운동을 전개한 활동가―옮긴이.

53. 마르탱 세브그랑, 『신의 아이들: 프랑스 가톨릭 교회와 임신의 문제에 관하여Les Enfants du Bon Dieu. Les catholiques français et la procréation(1919-1969)』, Paris, Albin Michel, 1995.

54 자닌 모쉬라보, 『사랑에 관한 법규: 1950년대 이후 부부관계에 대한 정부 정책의 변천Les Lois de l'amour: les politiques de la sexualité en France de 1950 à nos jours』, Paris, Payot, 1991.

55. 인류 박물관 전시, 2005-2006.

56. 카트린 롤레, 『제3공화국의 아동기 정책La Politique à l'égard de la petite enfance sous la IIIE République』, Paris, PUF/INED, cahier no. 127, 1990.

57. 로르 아들러, 『한나 아렌트의 발자취Dans les pas de Hannah Arendt』, Paris, Gallimard, 2005; 마르타 아렌트의 수첩(Unser Kind)은 아렌트의 기증 도서로, 현재 워싱턴 미국의회도서관에 소장되어 있다.

58. 마리빅투아르 루이, 『1860-1930 프랑스의 초야권Le Droit de cuissage, France, 1860-1930』, Paris, L'Atelier, 1994; 알랭 부로Alain Boureau, 『중세에 대한 환상에서 날조된 초야권Le Droit de cuissage. La fabrication d'un mythe』, Paris, Albin Michel, 1995.

59. 자클린 피조, 『중세 일본의 화류계 여성: 예인과 접대부의 경계Femmes galantes, femmes artistes dans le Japon ancien(XIE-XIIIE siècle)』, Paris, Gallimard, 2003. 이 책에는 거의 민속학 자료에 가까운 문학 자료가 풍부하게 소개되고 있다.

60. 크리스텔 타로, 『알제리, 튀니지, 모로코 등 프랑스 식민지하에서의 성매매(1830-1962)La Prostitution coloniale. Algérie, Tunisie, Maroc, 1830-1962』, Paris, Payot, 2003.

61. 낸시 휴스턴, 『포르노그래피 모자이크: 마리테레즈를 비롯한 창부들의 삶Mosaïque de la pornographie : Marie-Thérèse et les autres』, Paris, Denoël, 1982; 제르멘 아지즈Germaine Aziz, 『유곽에서의 삶 Les Chambres closes』, Paris, Stock, 1980.

3장

1. 에믈린 오베르, '여성에게도 영혼이 있는가?: 여성의 이성적 역량에 관한 논쟁사―마콩 공의회에서 현대까지La femme a-t-elle une âme ? Histoire d'un mythe, du concile de Mâcon à nos jours', 「여성과 종교La Religion et les Femmes」 학회 자료집(제라르 출비 정리), Montpellier, 2002, pp. 18-34.

2. 「창세기」 1장 27절: "(하느님께서는) 당신의 모습대로 사람을 지어내셨다. 하느님의 모습대로 사람을 지어내시되 남자와 여자로 지어내시고"(공동번역).

3. 「창세기」 2장 21-22절: "그래서 야훼 하느님께서 아담을 깊이 잠들게 하신 다음, 아담의 갈빗대를 하나 뽑고 그 자리를 살로 메우시고는 그 갈빗대로 여자를 만드신 다음, 아담에게 데려오시자"(공동번역).

4. 나탈리 다비, 『유대교, 가톨릭, 개신교의 세 여신도: 17세기 변방의 세 여인Juive, catholique, protestante. Trois femmes en marge au XVIIE siècle』, Paris, Seuil, coll. '20세기-21세기 총서La Librairie du XXE et du XXIE siècle', 1997(영역본).

5. 장 들뤼모, 『어머니의 종교: 신앙의 전파에 있어 여성의 역할La Religion de ma mère. Le rôle des femmes dans la transmission de la foi』, Paris, Cerf, 1992.

6. 서구 가톨릭 문화권에서는 교회 종탑에서 울리는 종소리로 여러 가지를 알 수 있었다. 사람들에게 각종 행사나 미사의 시작을 알릴 때는 물론 마을에 위험이 닥쳤을 때, 혹은 주민들을 집합시킬 때에도 교회 종이 울렸다―옮긴이.

7. 성모의 발현이 있었던 대표적인 가톨릭 성지 중 하나―옮긴이.

8. 에밀 졸라의 4복음서 시리즈 중 제일 마지막에 나온 작품이자 작가의 마지막 작품인 이 소설은 드레퓌스 사건 당시 강한 신앙심과 반유대주의에 사로잡힌 주느비에브와, 종교가 배제된 교육을 하는 교사 마르크 프로망 부부의 이야기를 다루고 있다.

9. 낸시 그린, '유대인 여성La femme juive', 『서양 여성사』, op. cit., 제4권, pp. 215-229; 넬리 라스, 『근대기의 유대인 여성들Femmes juives dans le siècle. Histoire du Conseil international des femmes juives de 1899 à nos jours』, Paris, L'Harmattan, 1996.

10. 클로디아 오피츠, '중세의 여성운동Un mouvement de femmes au Moyen Âge?', 『서양 여성사』, op. cit., t. 2, pp. 328-335.

11. 에스테르 코엔, 『악마의 신체: 르네상스 시기의 철학자와 마녀들Le Corps du diable. Philosophes et sorcières à la Renaissance』, Paris, Léo Scheer, 2004(스페인어본을 프랑스어로 번역).

12. 장미셸 살망, '마녀Sorcière', 『서양 여성사』, op. cit., t. 3, pp. 455-462.

13. 니콜 에델만, 『프랑스의 점술가와 치료사Voyantes, guérisseuses et visionnaires en France』, Paris, Albin Michel, 1995; 『점술과 심령술의 역사Histoire de la voyance et du paranormal. Du XVIIIE siècle à nos jours』, Paris, Seuil, 2006.

14. 미셸 르 되프, 『지식의 성별Le Sexe du savoir』, Paris, Aubier, 1998.

15. 프랑수아즈 와케, 『16-20세기 라틴어 혹은 기호의 제국Le Latin ou l'Empire d'un signe, XVIE-XXE siècle』, Paris, Albin Michel, coll. '인류의 진화L'évolution de l'humanité' 시리즈, 1998.

16. 클로드 뒤롱, '전환의 단계에서 창작의 단계로De la conversation à la création', 『서양 여성사』, op. cit., t. 3, p. 403-427.

17. 프랑수아즈 콜랭, 에블린 피지에, 엘레니 바리카스, 『플라톤이 본 여성에서 데리다가 본 여성에 이르기까지: 여성에 대한 비평 선집』, op. cit., p. 267에서 인용.

18. 프랑수아 기조, 『딸 앙리에트에게 보낸 편지Lettres à sa fille Henriette, 1836-1874』, Paris, Perrin, 2002.

19. 풀랭 드 라 바르, 『양성평등론De l'égalité des deux sexes』, 1671.

20. 프랑수아즈 콜랭, 에블린 피지에, 엘레니 바리카스, 『플라톤이 본 여성에서 데리다가 본 여성에 이르기까지: 여성에 대한 비평 선집』, op. cit., p. 602.

21. 스티븐 J. 굴드, 『인간에 대한 오해La Mal-Mesure de l'homme』, Paris, Odile Jacob, 1997. (국내 출간: 『인간에 대한 오해』, 김동광 옮김, 사회평론, 2003)

22. Paris, Belin, 2005, 모리스 고들리에 서문.

23. 마리클레르 후크드마를르, '독일에서의 읽기 및 글쓰기 작업에 관한 소고Lire et écrire en Allemagne', 『서양 여성사』, op. cit., t. 4, pp. 147-167.

24. 크리스틴 플랑테, 『발자크의 여동생: 여성 작가에 관한 고찰La Petite Soeur de Balzac. Essai sur la femme auteur』, Paris, Seuil, 1989.

25. 장드니 브르댕, 『이상한 가족(네케르 가문)Une singulière famille(les Necker)』, Paris, Fayard, 1999.

26. 마르탱 라이드, 『상드의 서명: 작품과 이름Signer Sand. L'oeuvre et le nom』, Paris, Belin, coll. 'L'extrême contemporain', 2003.

27. 「여성과 이미지Femmes et images」(『클리오: 여성과 역사, 그리고 사회』, no. 19, 2004)에 게재된 드니즈 노엘 논문 참고.

28. 1999년 해당 자료를 엮은 책이 한 권 출간된 바 있으며, 아지돔 출판사에서 모든 자료를 집대성한 책을 출간 준비 중이다. 콜레트 코니에, 『마리 바시키르체프의 숨김 없는 자화상Marie Bashkirtseff. Un portrait sans retouches』, Paris, Horay, 1985.

29. 마리조 보네, 『예술로 보는 여성』, op. cit..

30. 앤 히고넷, 『베르트 모리조 평전Berthe Morisot, une biographie, 1841-1895』, Paris, dam Biro, 1989(영역본); 『Berthe Morisot's Images of Women』, Harvard University Press, 1992.

31. 브리타 C. 드와이어, 『Anna Klumpke. A Turn-of-the-Century Painter and her World』, Northeastern University Press, 1999.

32. 자클린 루소뒤자르댕, '여성과 작곡계Compositeur au féminin', 주느비에브 프래스 외, 『지식의 행사권과 성별의 차이L'Exercice du savoir

et la Différence des sexes』, Paris, L'Harmattan, 1991.

33. 미셸 프리앙, 『오귀스타 올메스 혹은 금지된 영광: 19세기 여성 작곡가의 삶Augusta Holmès ou la Gloire interdite. Une femme compositeur au XIXE siècle』, Paris, Autrement, 2003.

34. 파니 코장데이, 'Marie de Médicis et le cycle de Rubens au palais du Luxembourg', 『클리오: 여성과 역사, 그리고 사회』, no. 19, 2004, pp. 63-83.

35. 미리암 시멘, 『음악계의 후원 양상: 제3공화국 파리의 살롱에서 콘서트 무대에 이르기까지Mécènes et musiciens. Du salon au concert à Paris sous la IIIE République』, Paris, Fayard, 2004.

4장

1. 아녜스 핀, 'A propos du trousseau, une culture féminine ?', in 미셸 페로 감수, 『여성의 역사란 가능한 것일까?Une histoire des femmes est-elle possible ?』, Marseille, Rivages, 1984, pp. 156-180.

2. 마르탱 나도, 『레오나르 회고록Mémoires de Léonard, ancien garçon maçon』(1895), Paris, Hachette, 1976.

3. 아르망 오디간, 『프랑스의 산업과 노동 인구Les Populations ouvrières et les industries de la France』, Paris, Capelle, 2 vol., 1860: 루이 레이보, 『가내수공업 체제에 대한 연구: 비단 직조공의 노동 환경Étude sur le régime des manufactures. Condition des ouvriers en soie』, Paris, Michel Lévy, 1859.

4. 로즈마리 라그라브, 『땅에 살던 여인들Celles de la terre. Agricultrices, invention politique d'un métier』, Paris, EHESS, 1987.

5. 『분노의 들판Les Champs de la colère』(Paris, Robert Laffont, 1998) 등을 비롯한 조엘 기예의 소설 참고. 그의 소설 속 르 페르슈 지방이 대표적이었는데, 참고로 이곳은 남성 우월주의 성향이 강했던 지역이다.

6. 장클로드 코프만, 『빨래와 세탁으로 미루어본 부부간의 관계 구조La Trame conjugale. Analyse du couple par son linge』, Paris, Nathan, 1992, Pocket, 1997; 『가사활동이론Le Coeur à l'ouvrage. Théorie de l'action ménagère』, Paris, Nathan, 1997, Pocket, 2000; 『냄비

를 둘러싼 사랑과 전쟁Casseroles, amour et crises. Ce que cuisiner veut dire』, Paris, Armand Colin, 2005.

7. 미셸 페로, '비단 공장 노동자 뤼시 보의 증언Le témoignage de Lucie Baud, ouvrière en soie', 『Le Mouvement social』 제105호, 1978년 10-11월호, pp. 133-138.

8. 아니 푸르코, 『간전기의 여성 공장 노동자들Femmes à l'usine dans l'entre-deux-guerres』, Paris, Maspero, 1982. 베르티 알브레히트는 총감독관 지위에 있었다.

9. 프랑크 마글루아르, 『여성 노동자Ouvrière』, La Tour-d'Aigues, L'Aube, 2003; 리즈 반데어비엘렌Lise van der Wielen의 자전적 소설 『전원의 리즈Lise du plat pays』, 프랑수아 크리비에 추천, Lille, Presses universitaires, 1983.

10. 마차의 일종이나, 다수의 승객을 태울 수 있었던 대중교통 수단. 초반에는 말을 이용했으나 나중에 자동차로 대체되었고, 근대식 미니버스라고 보면 된다―옮긴이.

11. 소위 '좌석법Loi des sièges'이라고도 불리는 1900년 12월 29일 법은 매장 내 여성 직원들의 근로 환경의 기준을 마련해준 법으로, 이 법에 따라 각 상점은 매장 내에 판매사원이 쓸 수 있는 좌석을 의무 배치해야 했다―옮긴이.

12. 기 튈리에, 『19세기 니에브르 지방에서의 일상의 역사Pour une histoire du quotidien au XIXE siècle en Nivernais』, Paris, EHESS, 1977, p. 191.

13. 이 대목과 관련하여 도움이 된 리옹 국제간호고등교육원의 마리프랑수아즈 콜리에르에게 경의를 표하고자 한다.

14. 프랑스어에서는 명사가 여성형과 남성형으로 나뉘는데, 직업명 또한 대부분 여성형 명사와 남성형 명사가 따로 존재한다. 다만 '의학박사docteur'처럼 남성형으로만 존재하는 직업명이 있는데, 이를 유감스레 여긴 마들렌 펠티에는 남성형(docteur) 대신 여성형(doctoresse)으로 불리길 원했다―옮긴이.

15. 안 부아절, '여성의 법조계 진출의 어려움De la difficile entrée des femmes dans la magistrature à la féminisation du corps', in 크리

스틴 바르, 프레데리크 쇼보, 미셸 페로 자크 G. 프티(dir.), 『19-20세기 여성과 형사 법정Femmes et justice pénale, XIXE-XXE siècles』, Rennes, Presses universitaires, 2002.
16. 레베카 로제(dir.), 『남녀 공학: 과거와 현재의 현안La Mixité dans l'éducation. Enjeux passés et présents』, Paris, ENS éditions, 2004(주느비에브 프레스 서문 수록).
17. 제3공화국하에서는 이들 교사가 모두 검은 제복을 입고 있었기에 '검은 경비병'이라는 별칭으로 불렸다—옮긴이.
18. 자크 & 모나 오주프, 『교사 공화국La République des instituteurs』, Paris, Gallimard, 1992.
19. 에밀 졸라의 작품 『진리Vérité』에는 이 같은 교사 부부의 모습이 잘 드러나 있다. 다만 이 작품에도 가부장적인 요소가 없지는 않았다. 남편은 곧 빛이었고, 미신에 빠진 아내를 공화국으로 개종시키는 내용이 등장하기 때문이다.
20. 안 마르탱퓌지에, 『여배우의 삶: 마르스에서 사라 베르나르까지 Comédienne. De Mlle Mars à Sarah Bernhardt』, Paris, Seuil, 2001.
21. 아니 쉬케, '무대, 몸이 춤추는 공간—인식의 실험실Scènes. Le corps dansant: un laboratoire de la perception', in 장자크 쿠르틴(dir.), 『몸의 역사』, t. 3, 「20세기 시선의 급변Les Mutations du regard. Le XXe siècle」, op. cit., pp. 393-415.

5장

1. 베르나르 에델만, 『칸트의 집La Maison de Kant』, Paris, Payot, 1984.
2. 실뱅 브네르, 『1850-1940 근대의 발견La Gloire de l'aventure. Genèse d'une mystique moderne, 1850-1940』, Paris, Aubier, 2002.
3. 잔 부비에, 『어느 여성 노동자의 비망록Mes Mémoires ou Cinquante-neuf années d'activité industrielle, sociale et intellectuelle d'une ouvrière(1876-1935)』, 1936, 개정판: 다니엘 아르모가트 & 마이테 알비스튀르, Paris, Maspero, 1983; 아델라이드 포프, 『어느 여성 노동자의 일기Journal d'une ouvrière』, Paris, Maspero, 1979.
4. 『어느 여성 아나키스트의 서사시Épopée d'une anarchiste, New York

1886-Moscou 1920, Paris, Hachette, 1979(영역본).

5. 나탈리 다비, 『유대교, 가톨릭, 개신교의 세 여신도: 17세기 변방의 세 여인』, op. cit.

6. 수잔 부알캥, 『어느 여성 사회주의자의 회고록Mémoires d'une saint-simonienne en Russie, 1839-1846』, Paris, Des femmes, 1977.

7. 플로라 트리스탕, 『한 밑바닥 인생의 수난기Pérégrinations d'une paria』(1837), Paris, Maspero, 1979; 『런던 산책Promenades dans Londres』(1840), Paris, Maspero, 프랑수아 베다리다 판본, 1978; 『프랑스 일주Le Tour de France』, Paris, Maspero, 스테판 미쇼 판본, 1980. 같은 시대를 살았던 베티나 브렌타노 폰 아르님 역시 베를린의 서민 지구에 관한 조사 연구를 수행한다. 『왕의 서Dies Buch gehört dem König(Ce livre appartient au Roi)』, 1843.

8. 마르그리트 유르스나르, 『영원의 발견Quoi? L'Éternité』, Paris, Gallimard, 1988.

9. 에드몽드 샤를루, 『동방의 매력: 이자벨 에베르하르트의 모험기Un désir d'Orient. Jeunesse d'Isabelle Eberhardt』, Paris, Grasset, 1988.

10. 알렉상드라 다비드닐, 『남편에게 보낸 서신집: 1904-1941 Correspondance avec son mari, 1904-1941』, Paris, Plon, 2000.

11. 디어 브리켓, 『Spinsters Abroad: Victorian Ladies Explorers』, Oxford, Blackwell, 1989; 바버라 호그드슨, 『여성 탐험가 이야기Les Aventurières. Récits de femmes voyageuses』, Paris, Seuil, 2002(영역본).

12. 엘리자베트 루디네스코, '최초의 여성 정신분석학자들Les premières femmes psychanalystes', 『1900Milneufcent』, no. 16, 1998, pp. 27-42.

13. 마르크 마르탱, 『현지 특파원: 근대 저널리즘의 태동Les Grands Reporters. Les débuts du journalisme moderne』, Paris, Louis Audibert, 2005. 특히 pp. 292~298, '여성 특파원Des femmes grands reporters' 부분을 참고. 이 대목에서는 앙드레 비올리스의 이름이 30여 차례 언급된다.

14. 미셸 푸코, 『내 어머니와 누이와 남동생을 죽인 나, 피에르 리비에르:

19세기 직계 존속 살해 사례Moi, Pierre Rivière, ayant égorgé ma mère, ma soeur et mon frère… Un cas de parricide au XIXE siècle présenté par Michel Foucault』, Paris, Flammarion, 1973.

15. 장이브 르 나우르, 『제1차 세계대전 중 성 문화 및 관습의 변화Misères et tourments de la chair durant la Grande Guerre. Les moeurs sexuelles des Français, 1914-1918』, Paris, Aubier, 2002.

16. 제1차 세계대전이 끝나고 구성된 의회에서는 국회의원 중 참전 용사들의 비중이 높았는데, 제1차 세계대전 중 프랑스 군대의 군복 색상이 호라이즌블루(청회색)인 것에 착안해 당시의 의회를 일명 '청회색 의회'라고 불렀다—옮긴이.

17. 기젤라 보크, '나치 체제 독일의 성차별 정책과 여성의 삶Le nazisme. Politiques sexuées et vies des femmes en Allemagne', 『서양 여성사』, op. cit., t. 5, pp. 143-167.

18. 리타 탈만, 『제3제국 치하 여자의 삶Être femme sous le IIIE Reich』, Paris, Tierce, 1982; (dir.), 『여성과 파시즘Femmes et fascismes』, Paris, Tierce, 1986.

19. 릴리안 캉텔(dir.), 『페미니즘과 나치즘Féminismes et nazisme』, 엘리자베트 드 퐁트네 서문, Paris, Odile Jacob, 2004.

20. 이는 클로드 샤브롤의 영화 「여자 이야기Une affaire de femmes」(1988)에서도 다뤄진 내용이다.

21. 7세기 불로뉴 연안에 나무로 된 성모 마리아 조각상이 등장하자 이 '기적적인 성모의 출현'을 기리기 위해 그 자리에 교회가 세워진다. 하지만 대혁명 중 조각상이 불타 없어졌는데, 제2차 세계대전 중인 1943년에서 1948년 사이 이 조각상이 프랑스 각지를 돌아다니며 세간의 신앙심을 고취한다—옮긴이.

22. 프랑신 뮈엘드레퓌스, 『비시 정부와 영원한 여성성. 몸의 질서를 기반으로 한 정치사회학에의 기여Vichy et l'Éternel féminin. Contribution à une sociologie politique de l'ordre des corps』, Paris, Seuil, 1996.

23. 프랑수아즈 테보(dir.), '레지스탕스 활동과 해방Résistance et libérations(France, 1940-1945)', 『클리오: 여성과 역사, 그리고 사회』, no. 1, 1995.

여성의 역사

24. 장 니콜라, 『반란의 프랑스』, op. cit. & 니콜라 부르기냐, 『무질서의 근원: 19세기 전반기 곡물 폭동Les Grains du désordre. L'État face aux violences frumentaires dans la première moitié du XIXE siècle』, Paris, EHESS, 2002.

25. 아를레트 파르주, 「여성 폭도들Évidentes émeutières」, 『서양 여성사』, op. cit., t. 3, pp. 481-496.

26. 미셸 장카리니푸르넬(dir.), 「직업, 그리고 협동조합과 노동조합Métiers, corporations, syndicalisme」, 『클리오: 여성과 역사, 그리고 사회』, no. 3, 1996.

27. 슬라바 리제크, 마리 기요. 『여성의 해방과 노조활동의 해방De l'émancipation des femmes à celle du syndicalisme』, Paris, L'Harmattan, coll. 'Chemins de la mémoire', 1994.

28. 니콜 로로, 『아테네 아이들Les Enfants d'Athéna』, Paris, Maspero, 1981: 『테이레시아스의 경험: 여성성과 그리스 남자Les Expériences de Tirésias. Le féminin et l'homme grec』, Paris, Gallimard, 1989: '고대 도시국가와 역사가, 그리고 여성La cité, l'historien, les femmes', 『Pallas』, 1985, pp. 7-39.

29. 조르주 뒤비, 『중세사회의 남성성Mâle Moyen Âge. De l'amour et autres essais』, Paris, Flammarion, 1988: 『중세의 결혼: 기사, 여성, 성직자를 중심으로』, op. cit.

30. 드니 크루제, 『종교전쟁 시기 카트린 드 메디시스의 정치 이성Le Haut Coeur de Catherine de Médicis. Une raison politique au temps de la Saint-Barthélemy』, Paris, Albin Michel, 2005: 티에리 바네그펠렌, 『카트린 드 메디시스의 여성식 통치Catherine de Médicis. Le pouvoir au féminin』, Paris, Payot, 2005.

31. 모나 오주프, 『여성의 말』, op. cit.

32. 파니 코장데이, 『프랑스의 여왕: 권력과 상징La Reine de France. Symbole et pouvoir, XVE-XVIIIE siècles』, Paris, Gallimard, 2000.

33. 나탈리 Z. 다비, 「정치권의 여성La femme au politique」, 『서양 여성사』, op. cit., t. 3: 16-18세기, pp. 175-194.

34. 안 베르쥐, 『가족의 선거권: 1789~1848 시기의 여성과 투표Le Cens de

la famille. Les femmes et le vote, 1789-1848』, Paris, Belin, 2002.

35. 크리스틴 포레(dir.), 『여성 정치 및 역사 대백과Encyclopédie politique et historique des femmes, Paris』, PUF, 1997; 엘리안 귀뱅, 카트린 자크, 플로랑스 로슈포르, 브리지트 스튀데, 프랑수아즈 테보, 미셸 장카리니푸르넬(dir.), 『페미니즘의 시대Le Siècle des féminismes』, Paris, L'Atelier, 2004.

36. 프랑수아즈 바레뒤크로, 『영국 페미니즘 운동의 어제와 오늘Le Mouvement féministe anglais d'hier à aujourd'hui』, Paris, Ellipses, 2000, p. 7에서 인용. 샤일라 로보덤은 영국 여성사 연구의 선구자적 인물이다. 『Hidden from History』(London, Pluto Press, 1973) 등의 저서를 참고.

37. Ibid.

38. 기욘 르뒤크, 『18세기 영국 여성의 교육L'Éducation des Anglaises au XVIIIE siècle』, Paris, L'Harmattan, 1999.

39. 엘레니 바리카스는 프랑스어로는 이례적으로 이 여성 언론지와 관련한 학위 논문을 작성했다(파리7대학, 1989).

40. 알프레드 & 뤼시 드레퓌스 부부, 『악마의 섬 일 뒤 디아블에서 주고받은 드레퓌스 부부 서신집Écris-moi souvent, écris-moi longuement... Correspondance de l'île du Diable』, 뱅상 뒤클레르 편집본, 미셸 페로 서문 수록, Paris, Mille et Une Nuits, Fayard, 2005.

41. 니콜 라신 & 미셸 트레빗슈(dir.), 『여성 지식인Intellectuelles. Du genre en histoire des intellectuels』, Bruxelles, Complexe, 2004; 『클리오: 여성과 역사, 그리고 사회』, no. 13, 2001, 「여성 지식인」, 마틸드 뒤베세 & 플로랑스 로슈포르.

42. 프랑수아즈 바레뒤크로, 『영국 페미니즘 운동의 어제와 오늘』, op. cit.

43. 이와 관련하여 선구적인 저작으로는 프랑수아즈 가스파르, 안 르 갈, 클로드 세르방슈라이버의 저서 『권력계로 진출하는 여성들Au pouvoir, citoyennes! Liberté, égalité, parité』(Paris, Seuil, 1992)을 꼽을 수 있다. 역사적 차원에서 접근한 조앤 스콧의 저서도 참고. 『남녀동수법: 보편적 가치와 성별 차이Parité! L'universel et la différence des sexes』, Paris, Albin Michel, 2005.

44. 1973년에 출간되었으며, 프랑스 번역본은 1977년『Notre corps, nous-mêmes』라는 제목으로 알뱅미셸 출판사에서 출간.

45. Choisir la cause des femmes, 『보비니 재판Le Procès de Bobigny』, 보비니 재판 속기록 통합본(1972년 11월 8일), Paris, Gallimard, 1973. 시몬 드 보부아르 서문; 2006년 재판본 발행, 지젤 알리미 서문 및 보비니 사건 당사자 마리클레르 발문 '나는 모든 것을 다 기억하고 있다Je me souviens de tout'(2005년 8월) 수록. (보비니 재판 사건은 미성년자였던 마리클레르가 성폭행을 당한 이후 낙태를 했다는 이유로 재판을 받은 사건을 말한다―옮긴이.)

46. 엘리자베스 바댕테르, 『잘못된 길Fausse route』, Paris, Odile Jacob, 2003.

47. 크리스틴 드 피상, 버지니아 울프, 마리 드 구르네이, 메리 울스턴크래프트, 루 안드레아스살로메, 시몬 드 보부아르, 모니카 위티그, 주디트 버틀러, 프랑수아즈 콜랭 등의 저서.

48. 마리엘렌 부르시에, 『퀴어 존Queer Zones. Politiques des identités sexuelles, des représentations et des savoirs』, Paris, Balland, 2001.

49. 크리스틴 바르(dir.), 『반페미니즘의 시대Un siècle d'antiféminisme』, Paris, Fayard, 1999.

50. 피에르 부르디외, 『남성 지배La Domination masculine』, Paris, Seuil, 1998.

오늘날의 현황

1. 야니크 리파, 『여성 정신이상자에 대한 감시: 19세기 여성의 정신 이상과 감금La Ronde des folles. Femmes, folie et enfermement au XIXE siècle』, Paris, Aubier, 1986.

2. 앙리자크 스티케르의 저서 『여성의 몸과 사회에 대한 역사인류학적 고찰』(초판 1982, 3판 2005, Paris, Dunod)도 참고.

3. 자크 피얄코프(dir.), 『유대인 여성과 비 유대인 여성: 고통과 저항Juives et non-juives. Souffrances et résistances』, Paris, Max Chaleil, 2004(라콘 학술대회 논문집).

4. 베로니크 나움그라프, 「전쟁과 성별: 제도적 강간 체제의 구축 (1991~1995 구유고슬라비아 내전)Guerre et différence des sexes: les viols systématiques(ex - Yougoslavie, 1991 - 1995)」, in 세실 도 팽 & 아를레트 파르주(dir.), 『폭력과 여성의 삶De la violence et des femmes』, Paris, Albin Michel, 1997.

5. 클로딘 코엔, 『태초의 여성: 서구 선사시대에서 여성이 남긴 그림을 중심 으로』, op. cit.

6. 카트린 코크리비드로비치, 『19 - 20세기 아프리카 여성사Les Africaines. Histoire des femmes d'Afrique noire du XIXE au XXE siècle』, Paris, Desjonquères, 1994.

7. 하비바 파티, 『중앙아시아 지역 전제주의 체제하의 여성들: 소비에트 이 후 이슬람 사회에서의 정체성 재구축과 선대 관행에 대한 연구Femmes d'autorité dans l'Asie centrale contemporaine. Quête des ancêtres et recompositions identitaires dans l'islam postsoviétique』, 올리비 에 루아 서문, Paris, Maisonneuve et Larose, 2004.

8. 안마리 손 & 프랑수아즈 텔라몽(dir.), 「남성성의 역사Vers une histoire de la masculinité」, in 『여성 없는 역사는 가능한가?L'histoire sans les femmes est - elle possible?』, Paris, Perrin, 1998, pp. 251 - 312. 앙드레 라우흐와 다니엘 벨처랑의 연구(『남성의 폭력성Les Hommes violents』, Paris, Pierre et Coudrier, 1991)도 참고.

여성의 역사

초판 인쇄 2023년 8월 29일
초판 발행 2023년 9월 13일

지은이 미셸 페로
옮긴이 배영란
펴낸이 강성민
편집장 이은혜
편 집 진상원
마케팅 정민호 박치우 한민아 이민경 박진희 정경주 정유선 김수인
브랜딩 함유지 함근아 박민재 김희숙 고보미 정승민 배진성
제 작 강신은 김동욱 이순호

펴낸곳 (주)글항아리 | **출판등록** 2009년 1월 19일 제406-2009-000002호

주소 10881 경기도 파주시 심학산로 10 3층
전자우편 bookpot@hanmail.net
전화번호 031) 955-8869(마케팅) 031) 941-5159(편집부)
팩스 031) 941-5163

ISBN 979-11-6909-147-3 03900

잘못된 책은 구입하신 서점에서 교환해드립니다.
기타 교환 문의: 031) 955-2661, 3580

www.geulhangari.com